Keeping The Love You Find

懂爱的你
跟谁相爱都幸福

[美] 哈维尔·亨德里克斯　　[美] 海伦·亨特　著

刘洁　译

北京理工大学出版社
BEIJING INSTITUTE OF TECHNOLOGY PRESS

版权专有　侵权必究

图书在版编目（CIP）数据

懂爱的你，跟谁相爱都幸福/（美）哈维尔·亨德里克斯，（美）海伦·亨特著；刘洁译.
—北京：北京理工大学出版社，2020.8

书名原文：Keeping the Love You Find

ISBN 978-7-5682-8460-8

Ⅰ.①懂… Ⅱ.①哈… ②海… ③刘… Ⅲ.①恋爱—通俗读物 Ⅳ.①C913.1-49

中国版本图书馆CIP数据核字（2020）第082470号

北京市版权局著作权合同登记号　图字：01-2019-6886
Copyright © 1992 by Harville Hendrix & Helen LaKelly Hunt
Foreword © 2018 by Harville Hendrix and Helen LaKelly Hunt
Originally published in English in the United States by Atria Paperback, an imprint of
Simon & Schuster Inc.

出版发行 /	北京理工大学出版社有限责任公司	
社　　址 /	北京市海淀区中关村南大街5号	
邮　　编 /	100081	
电　　话 /	（010）68914775（总编室）	
	（010）82562903（教材售后服务热线）	
	（010）68948351（其他图书服务热线）	
网　　址 /	http：//www.bitpress.com.cn	
经　　销 /	全国各地新华书店	
印　　刷 /	保定市中画美凯印刷有限公司	
开　　本 /	710毫米×1000毫米　1/16	
印　　张 /	24.5	责任编辑 / 宋成成
字　　数 /	252千字	文案编辑 / 宋成成
版　　次 /	2020年8月第1版　2020年8月第1次印刷	责任校对 / 周瑞红
定　　价 /	59.00元	责任印制 / 李志强

图书出现印装质量问题，请拨打售后服务热线，本社负责调换

 前言

找到真爱,是千百年来人们一直怀有的梦想。这个不灭的梦想正是神话、童话故事、诗歌,以及情歌的素材。隐含在这个普遍诉求之中的是:人们坚信,人海之中必定有一个特别的人是"专为我而生"的,只要找到这个人,"我将永远幸福地生活下去。"其实,真实情况是,我们渴望得到的并不是特别的某个人,而是具有某类个性的人;然而,具有此类个性的人有很多。如果发现某个人的性格与这种个性相配,我们就会坠入爱河,并且暂时在幸福的幻觉中生活一段时间。

与大多数单身人士所想的相反,对大多数人来说,问题不在于如何找到自己的"梦中情人",因为对方到来时有着许多不同的名字——想想你自从青春期以来曾多少次坠入情网就明白了。问题在于如何让他们留在我们的生活中,或者是我们留在他们的生活中。浪漫很快就变成冲突,梦想随之幻灭。"梦中情人"很快就变成了梦魇中的"恶魔"。恐惧之下,我们放弃了他们,并称其为"不适合我们的人",又开始寻找另一个"专为我而生"的人,并发誓再不会犯相同的错误。很快我们又坠入情网,并信誓旦旦地认为这个新人跟以前那个人不同,这次情况一定会更好。我们没有意识到的是,即使从表面看,眼前这个人可能跟以前的恋人一点也不像,但其个性中却隐含着微妙的相似之处。

本书旨在揭示有关爱情得与失的误解,不仅提供理论依据以便人们理解自己爱上一个人时潜意识在想些什么,而且还提供了具体实践步骤的方法来帮助

人们建立并且维持稳定的恋爱关系。

　　书中对此的诠释是建立在意象关系理论基础上的。这个理论很简单，它是指在童年时期，每一个人都有照料者未能充分满足自己某些重要需求的经历，这就导致了一些情感创伤的产生。这些情感创伤要么是真正生存必需的需求，要么只是我们认为的生存必需的需求。当这些需求在内心肆虐却得不到照料者的抑制或者满足时，心中就只剩下失望和恐惧了。正如一个精密的报警系统一样，我们对失望与恐惧本能的反应就是形成一个复杂的保护性行为模式，旨在防止进一步伤害并规避致命的结果。这些生存行为会在我们的个性防卫机制中重复并固定下来，而这个警报系统也会在潜意识中被吸收进我们的自我形象中。如果不加控制，那么这个警报系统会对恋爱产生破坏作用，而不是培育作用。

　　在人生初期，与照料者互动时，我们创造了一个意象并将其称作伊玛戈[1]。这个意象聚集了照料者所具有的一些满足了我们需求的特质，也包含了一些不能满足我们需求的特质。这个意象是照料者的印记，它帮助我们认出父母，同时，也是我们成年后寻找伴侣的模板。

　　遵循这个模板，我们一次又一次被引导到那些与照料者有相同特质的人身边。遇到自己的伊玛戈时，无论他们外形上是否与父母相似，我们都会爱上他们。坠入爱河时会怦然心动，这是因为我们以为这个人具有照料者那样的抚育特质。我们热切地渴望这个人，因为我们期待这个人可以满足童年时未能得到满足的需求。有这个动态因素在，问题立刻就产生了。我们选择的这个伴侣也承受着自己的童年创伤，他们带着类似的满足需求的期待以及相反的自我保护模式来跟你相处。这些共同的期待以及相反的自我保护模式的碰撞导致双方不能满足

---

[1] 指无意识意象，是对某个人（尤其是父亲或母亲）无意识的、理想化的精神意象。

彼此的需求，由此产生了核心冲突，若一发生冲突就分手，则会使你失去一次成长的大好机会，而当你再次产生新的恋情时，这个过程又会重演。为了能成长为成熟健全的成年人，你必须治愈自己的童年创伤，这样才能开始走上健全之旅。

本书通过"无意识的工作计划"来帮助你成长为清醒的自我，这样你就会同自己的无意识合作，共同努力，而非与之对抗。本书将引导你学会利用亲密关系来重启心理成长。

接下来的几点提示将告诉你如何使用本书来学习意象疗法，从而踏上治愈的旅途，让自己的人生完满并得到梦寐以求的爱情。

---

1. 本书的大部分练习课题以一个名人名言或插图为出发点来简要讨论单身生活或恋爱关系中的某个方面。讨论后，还有一个简单的任务或者练习，之后再进行冥想。
2. 书中共有365个练习课题，将持续一年。在此期间，你会经历许多震撼的自我袒露及建立关系的过程。
3. 本书的最终目标是建立理性的亲密关系，如果能让他人更多地参与你的练习过程，你就会获得更多的实战训练。
4. 你需要准备一个笔记本或者日记本用于完成一些写作任务。把每天的编号记在页面的顶端，这样，若进行后面的任务时需要查阅以前的信息，则能很快可以查到你所记下的内容。
5. 随着时间的推移，任务强度及完成任务所需的时间各不相同。轻松、有趣的任务会与更艰巨复杂的任务交替出现。

6. 大多数时候，阅读每个条目并完成任务所需时间不超过十分钟，但是，建议尽量留出二十分钟时间来冥想，因为这不仅是你用来思考所学内容的时间，也是在这个压力重重的世界里，你用来放松自己、关爱自己的时间。

在逐步完成本书练习的过程中，你将从冥想中得到宁静与慰藉；你会看到自己身上的变化，你会了解将来的伴侣以及你们将面对的问题；你还会看到自己生活中所有的关系都能得到改善。

祝旅途顺利！

目 录

第一部分　你的"完美伴侣"和潜意识中的自我……………001

第二部分　审视内心,创造自己与万物的联结……………035

第三部分　与你的无意识爱情告别……………069

第四部分　突破内心世界的牢笼,让自己重获自由……………115

第五部分　学会爱的语言,重新面对自己的童年创伤……………153

第六部分　成为一个值得被爱的人……………189

第七部分　了解关于自我的真相……………215

第八部分　剥去表象的自我,迎接真爱到来……………261

第九部分　通向真爱的旅程,每一步都让你更加完整……………315

第一部分

你的『完美伴侣』和潜意识中的自我

第1天 第一步

千里之行，始于足下。

——老子

单身者的生活，在情感上可能会波澜起伏。有时，我们期望找到天长地久的爱情，美梦会让我们在天空中翱翔，但有的时候，对此生能否找到伴侣的困惑及绝望又让我们坠入无底深渊。毫不奇怪，许多单身者干脆就此放弃寻求爱情。在经历了追求完满爱情必然带来的风暴后，他们勉强决定降低标准，以便能充分享受自己的单身生活。

可是，你不必勉强接受自己目前的处境。你能够，并且将会，找到并享有永久的爱情，只要你朝这个目标积极努力。这并不需要什么非凡的技能或运气，只需要你脚踏实地向前走。我们需要专心致志、一步一步慢慢朝目的地走去，而不是让自己一会儿飞上云端，一会儿又投入地穴。逐渐掌握新的观点和技巧，仅仅凭借积极改变带来的动力就足以帮助我们前行。

本书阐明了应如何实现找到固定伴侣的目标，此目标能帮助你治愈自童年以来累积的创伤，并给你带来生活中的最大乐趣。每一天都遵循本书的指导，并且相信自己，你通向真爱的旅程将会妙不可言，而且一帆风顺。

从今天起的一年内，让自己专注于做书中的练习。如果可能，选择一天当中某个特定的时段，持续地留出至少半小时用于练习：大约十分钟用来阅读课目并完成相应任务，用二十分钟冥想。

★今天，在这个万籁俱寂的时刻，我发誓要全身心投入即将开始的练习中。

第❷天 记日志

　　既然计划努力成为全面发展的人，并且想要完全建立稳定的伴侣关系，那么我们就应该为自己做个记录。记个人日志可能是一种有价值的体验，这并不需要高超的写作技巧，也不会占用大量时间，更不要求你文采飞扬。但是，需要你更加自尊自重，这是一种更加重视生活的态度，一种书面表达自己意愿的方式，一种保留自己最宝贵的思想、洞察与发现的强烈兴趣。如果忠实、认真地记日志，这将不仅仅是对人生旅程的记录，也是对内心最深处的探索。

　　本书中偶尔会有些条目要求你在笔记本上完成一些特定的写作任务，这些任务是加入意象治疗重要且不可替代的一部分。你也许会想用这个笔记本或其他笔记本一起来记录你生活中重要的日常事件，尤其是那些涉及爱情与自我成长的事件，或者，你可能还想记下自己的宏伟梦想或者富有启发性的头脑风暴内容。

　　如果你还没有这么做，今天就去买一本特别的笔记本或日记本，用来完成本书中的写作任务（如果你想的话，也可以用它们记录其他方面的日志）。

　　★今天，我的内心深处有一个想法：我的人生还是一本有待书写与阅读的书。

第 3 天 单身状态

学习是一种天然的乐趣，并非为哲人独有，而是为所有人共有。

——亚里士多德

大众神话杜撰者总是诱导我们认为单身是一种更好的生活方式。在媒体的描述中，无忧无虑的单身者们衣冠楚楚，从事着体面的工作，和他们性感的伴侣住在时尚的公寓里，生活过得轻松惬意。这确实是非常美好的画面，但情况并非仅仅如此。为何大多数单身者会抱怨生活的肤浅与苦闷——即使他们的生活确实如大众幻想的那样？既然独居已为社会所接受，为何如此多的单身者仍旧渴望找到一个终身伴侣？

答案很简单。每个人内心深处都存在寻找伴侣的无意识的渴望。作为个体，每个人都有需要治愈的情感创伤；在一定程度上，这些创伤只有在稳固的关系中才能治愈。每个人都怀有走向完满的精神驱动力，这种完满只有跟另一个人因为真爱而结合才能实现。

为了反映这些重要目标，单身状态这一概念需要重新界定。单身状态其实是人生的一个阶段，其本身并非目标生活方式或者人生目的，只是追求爱情伴侣途中的一个通关仪式。这种伴侣关系就是两个人生活在一起，并实现其人生潜力。

说单身状态是人生的一个阶段，而非终点，并未将个人成长的可能性降至最低。当我们还单身的时候，有宝贵的机会尝试，以期望能找到适合自己的人，并掌握与其相爱一生的技巧。

今天，花点时间记下自己都有什么愿望，希望从今天开始，六个月后自己能变成什么样，以及当你完成本书的训练后能变成什么样。

★我尊重自己的单身状态，因为我明白，在人生的这个阶段，充实地生活着就是在为找到健康而完满的伴侣做准备。

第 4 天 冥想

> 我很快意识到，没有哪个旅程能让你走得很远，除非，它延伸进我们周围的世界，并在我们的内心世界也走这么远。
>
> ——莉莲·史密斯

下面将要进行的冥想及祈祷是一种深入内心揭示自己的方式。这种揭示可以释放出一种内在的精神，我们可以利用它来发现新的可能性，并练习新的行为。若真心关爱他人，那就先从真心关爱自己开始吧！冥想正好可以提供这种关爱，能使我们更加接近生命的本源，是我们作为个体的精神与宇宙精神交汇的地方。每天拥有一段宁静的时光可以使我们生命的最深层次发生变化。

冥想可以采用多种形式进行。这可以是一个深入发掘信仰，因而有益于该信仰的体验；还可以是让人恢复精力的身心练习；这可以用某个特定的方式进行，或者只需你静静感受生活及内心的宁静与安详。当然，有时候，我们会觉得有一些冥想要比另一些更加容易，但是，正是每天的坚持才增强了我们对自我及宇宙的认识。

今天，为你的日常冥想做一些精心安排：点燃一根蜡烛或焚一炷香；选择一个特别的角落用于冥想；为这个角落增添一些灵动的氛围。

★ 今天，当安静下来专注内心时，我决定开始冥想，直到这成为一种美妙的体验，因为我知道，每天与内心深处的自我接触将给我带来更广阔的世界。

第 5 天 你真可爱

未经你许可，没有人能令你感到自卑。

——埃莉诺·罗斯福

单身者最大的敌人可能就是自己。由于不知道自己为何找不到固定的伴侣，因此，他们有时会责怪自己太没有吸引力。他们会说："我这个人就是不招人喜欢。"为了证明这一想法，他们可能会沉溺过去的恋情，以从中寻找证据，于是又将所有的指责、拒绝重新排练上演一番。

从某种心理程度上讲，为自己找这个借口很容易，甚至还令人欣慰。这样一来，这些人就不用为建立持久的、深厚的关系而面对更加复杂的挑战了。他们总是有理由接受生活中"不可避免的"事情——这就是孤独的生活。但他们心里很清楚，这样的生活没有前途。

如果决意要在过去的恋情中找出自己的问题来，我们必定能找到，但如果总是这样做就会削弱这种关系中的个人成就感。我们一定是很可爱的，不然，过去就没人会喜欢我们了！在回顾过去的恋情时，要专注于寻找我们的"可爱之处"存在的证据。

在日志中，简单回答下列问题：

在整个生活中，什么样的人喜欢我，甚至乐于跟我分享他们个人的生活细节？

他们都分别喜欢我的哪一点，这些点使他们信任我？（尽量回忆你实际受到的赞扬、听到的表示钦佩的言语。）

★进入那个宁静、安全的地方，我看到自己在雨中漫步。每个雨滴都是有关我可爱特质的积极话语。我倍感温暖与喜悦，对自己说："我真可爱。"

第 6 天 看见机会

我们找不到真爱、不能长久维持爱情,或者不能从逝去的爱情中恢复元气,这一切让人如此灰心丧气,以至于干脆想放弃,就如受伤的动物一样,躲回到自己的洞穴中,独自舔舐心灵的创伤。在漆黑的蜷缩之处,也许伤口渐渐地不那么疼痛,但是原本的勇气却再也无法恢复了。为什么要这样?因为如果拒绝到洞外冒险,我们自然不再需要勇气了。

我们习惯了待在洞穴里,而且还不愿意承认自己缺乏勇气,于是便说服自己相信找到天长地久的爱情是不可能实现的目标。确实如此,若我们不离开荒僻的洞穴去看看外面无限多的机会,则找到真爱的确是不可能实现的目标。

花几分钟时间在你的笔记本上列出一个"爱的机会"列表。列出可能建立这种关系的地点或情景,或者列出能帮你与可能约会对象见面的人,或者列出你愿意与之约会的人。对自己发誓,这一周你会试一试其中一个机会。

★今天,在独处的这段时间里,我走进那个洞穴里,那里存放着我对找到永恒之爱的绝望。内心越发放松,我渐渐能看见洞穴里有盏灯,它的光线将我引到洞穴的出口。我追随着灯光。

第7天 关于"完美伴侣"的误解

单身者常常会不由自主地根据自己私下里对"完美伴侣"的标准给约会对象或者可能的恋爱对象打分。通常,这个"完美伴侣"的形象包括一些详尽且耀眼的特质及成就。接下来将所有可能的伴侣与我们在报纸上找的征婚广告做比较:

征婚条件:身材苗条、性感、性格聪明、善解人意,年龄为30~40岁,有稳定收入,与摩羯座人相处融洽,喜欢金毛巡回犬、前卫爵士乐、美食,不抽烟、不喝酒、不打鼾。

具有讽刺意味的是,这些成了令爱情受挫的原因,因为一个接一个的候选人毫无希望地落选,因为他们均无法达到这种完美的要求。

真实的情况是,所谓的"完美伴侣"是人们虚构的,而非真实的人,只是将自己需求的条件拼凑在一起,将人类可能有的缺点、怪癖,或者异常都排除在外。也许,我们想要这样的完美"伴侣"来弥补自己在童年时期遭受的创伤,但其实我们真正需要的是真爱。当两个真实的人互相承认、接受,并且管理彼此的不完美时,真爱才会产生。

在你的笔记本上,写一则"征婚广告"来描述你的"完美伴侣。"这将帮助你更清醒地意识到自身存在的阻碍你找到真爱的错误观点。

★ 今天,走进僻静角落,我开始意识到自己寻找"完美伴侣"的幻想是多么不切实际。我鼓足勇气想要放弃这个幻想,让自己接受"人们普遍不完美"的真相,并将这个过程视为使我走向完满的一个机会。

第 8 天 爱的求索

　　发现并维持完满的爱情是朝拜之旅。为了确保成功，务必带上真心、理智与灵魂，然后运用这些生命最深处的资源，我们才可以将狭隘的自我及以前的老习惯抛于身后，稳步向前，成为一个更加完满的人，这样才能够理解、表达并接受超凡脱俗的爱。
　　对爱的求索源于我们对完整的人生的渴望。当关心别人的利益犹如关心自己的利益时，我们就实现了完整性。如果我们只顾自己的利益，那么就别指望能实现完整的人生。完整的人是指在寻找另一半的途中能发现他最高贵、最神圣的自我的人，完整的人还是指那个能跟别人完全分享生活的人。他很清楚，这意味着会过上比单身时更丰富的生活。

　　　今天，在你的日志中记下你追求爱情的承诺。

　　★在今天的冥想时间里，我想象自己已经踏上寻爱的旅途，并立下誓言："我一定要前往爱情的王国。"

第 9 天 自我认知列表

在充分了解他人并在此过程中找到真爱之前，我们必须先了解自己，但许多人其实从不停下来审视自己。我们自以为非常了解自己，从不曾问过自己那些我们常想对别人提出的问题。本单元将引导你仔细查看，你究竟是谁，你心里到底在想什么。

以乐观的态度列出你的自我认知表，就先从你目前的希望与梦想开始吧！把以下问题当作提示，将答案记在笔记本上。

我的人生目标是什么？我最想实现的目标是什么？

我有什么幻想？我经常期盼的或者为之做白日梦的是什么？

我心目中理想的工作或者事业是什么？理想的生活状态是什么样子的？理想的假期是什么样子的？

可能发生在我身上的最好的事情是什么？

★我静静地停歇一会儿，让思绪四处扩散，想想生活中的许多机会。因为没有作决定或者要解释什么的压力，所以想象着，在我的面前延伸出无数条道路。

第 10 天　自我认知列表

恐惧是受教育习得的产物，如果我们愿意，也可以学会将其排除。

——卡尔·门林格尔

恐惧与忧虑源于我们的不安全感。这一过程始于童年，那时，一切都是新奇的，因而也是令人不安的。从心理上讲，快速发育的身体，掌握新技能时的笨拙，对日益变化的社会环境的困惑不解，还有不完美的照料者，都会影响和控制我们的思维。我们会一遍又一遍地经历一些特定的忧虑模式，直到它们成为习得的行为。青春期再一次将我们抛入可怕的陌生世界，在那里，我们增加了诸多新的恐惧与忧虑。于是，这个过程就这样一直持续着。生活中的每一个变化都会重新激活旧有的忧虑模式，还可能带给我们新的忧虑模式。

恐惧与忧虑是不同的厌恶形式，可我们天生就不会去想这些事。由于我们的忽视，它们在内心悄然成长。好消息是，现在我们有方法可以去除恐惧与忧虑，但首先，我们必须勇敢面对它们，并且实事求是地找出它们。

今天，花点时间思考你的恐惧与忧虑，问自己以下问题：
在人生中，我最大的恐惧是什么？
哪一个技能领域或者社交情境最令我感到不安全？
在日常生活中，我最为担心的事情是什么？
最近几周以来，有什么特定的事情引起我的恐惧与忧虑？
当我感到害怕或者不安的时候，会表现出什么行为？

★我承认并感激那些阻碍我充分发挥潜能的恐惧。虔诚冥想时，我将恐惧想象成一段楼梯，它盘旋而上，带我进入宁静的日光中。

第 11 天 自我认知列表

> 我们的感觉是获取知识的最真实的路径。
>
> ——奥德莱·洛德

"我知道的也许不多，但是我知道自己喜欢什么！"纵然知道喜欢什么或者不喜欢什么并不能代替知识，但这是一个好的起点。

有时，我们会为不遵循自己的好恶而付出代价。例如，你可能因为想着某个人的好处，而一再卑微地留在他（她）的身边。直到某一天，你突然发现自己从来就没有真正喜欢过这个人，或者，你以前从不打牌，因为在你看来这很愚蠢，直到某个周末，你不再遵守惯例，才发现自己原来很喜欢打牌。也许，你以前周一到周五晚上就冲到酒吧去，只是因为觉得这样做很酷，却不肯承认——哪怕是向自己承认——其实并不喜欢在那里逗留到很晚，或者不喜欢那里乌烟瘴气的氛围，或者，你其实并不喜欢喝酒。随着对自己好恶的了解，我们可以开始学习如何满足自己的需求与欲望。事实上，为了能过上更加幸福快乐的生活，我们要了解的还有很多。

今天，花点时间区分一下你喜欢的事情与不喜欢的事情。以下问题有助于你理清自己的思路：

在我的人生中，我最喜欢什么？最不喜欢什么？

在日常生活中，我经常喜欢做什么事？什么事情常常令我不快乐？

一想到什么地方我就开心？一天当中，一周当中，及一年当中的什么时间令我感到开心？

一想到什么地方我就不开心？一天当中，一周当中，及一年当中的什么时间令我感到不开心？

★今天，让我进入内心最幽静之处，细细思索个人好恶。随着我更加强烈地意识到我是谁，我对自己有了一种深刻的接纳感，我欢迎独一无二的自己。

第 12 天 自我认知列表

谁看见另一半的自我，谁就发现了真理。

——安妮·卡梅隆

照镜子时看到的镜像是平面的。我们通常思考自己的方式——我们心里的自我形象——也同样是平面的。我们常常不愿意花时间仔细看看镜子里的自己。同样，当我们思考自己是谁时，也不肯从积极快乐的视角好好地评估自己。当有人问到时，我们就只是说些诸如"我是一个律师""我是一个意大利裔美国人，我来自费城""我是一个三十多岁、中产阶级的、普普通通的单身父（母）亲"之类的话，但关于我们自己的真相远比这复杂许多，而且是多面的，更加精彩的！

为了让别人更好地了解你，你首先要更好地了解自己。这是一个持续努力的过程，但值得为此付出。你将会惊奇地发现，原来你比自己所想的有趣得多！

今天开始更加仔细地观察你自己的内心形象，试着凭借心里的第一印象回答下列问题：

我认为自己的最佳素质是什么？最恶劣素质是什么？
如果可能，我愿意在哪个方面做出改变？
我最引以为傲的成就是什么？
关于自己，我有什么对他人隐瞒的秘密？
独处的时候，我是如何打发时间的？对此感觉如何？
在人生中，我认为什么是神圣的？
什么人或者事件对我的人生产生了重大影响？
我小时候是什么样的？青少年时期，又是什么样的？

★今天，进入内心的幽静之处后，我想象自己已经成为那些真心爱我的人想要的样子。如此操作后，我对自己有了一个神奇的新发现。

第13天 自我认知列表

对自己的真正了解，源于认知自己的力量。

——马克·拉瑟福德

对许多人而言，生活中最困难、最难过的事情莫过于回忆过去的恋情。这让人感到心痛，也许还感觉到困惑与愤怒。也许，有时我们会怀念那些从我们生活中消失的人，可一旦遇到他们，又使我们懊恼不已。也许，我们依然在为那燃烧不灭的欲望与愤怒之火而痛苦；或许，我们会为了那些浪费了的精力懊悔，并疲惫地叹息不已。又一次记起，我们与曾经深爱的人之间竟然有如此大的隔阂并且再一次感觉到，我们与他们、与我们自己之间形同陌路。

过去的恋情可能会让我们想起痛苦与失败，然而，若我们想在将来更好地选择伴侣，则它们也可能是揭示问题、创伤，以及待处理的冲突的宝贵渠道。每一段过往的关系都始于爱情与希望，如果我们能诚实地审视每一段恋情，那么就能看到那个一再重复的破坏模式和我们需要经历的创伤治愈过程，以及我们需要作出的改变，这样才能在将来做得更好。

今天，在心里回顾你过去的恋情，回答以下问题：
关于约会，我喜欢什么？不喜欢什么？
总体而言，应如何描述我的恋情？
在亲密关系中，我最好的体验是什么？最坏的体验是什么？
我坠入情网时通常感觉如何？如何表现？
亲密关系对我而言意味着什么？
关于性方面，我最喜欢什么？
在过去的恋情中，我和恋人是如何表达愤怒的？
我过去的恋情是如何结束的？

★今天，在这个寂静的时刻，我进入内心的幽静之处，给那些与我的生活有过接触的人以善意与爱心，并为在过去恋情中造就了今天的我的那些积极方式而庆贺。

第14天 自我认知列表

自我发现的快乐总是举手可得。

——盖尔·希伊

过去几天，你一直勇敢地探究自己的过去与现在。虽然这个过程的某些部分可能比较艰难，但毫无疑问，你已经发现，生活如此丰富多彩，充满种种梦想、挑战与机会。就像一颗未经加工的钻石，你是一个独特的、有多面性的人。自我发现之旅才刚刚启程，你将有许多机会去更细致地观察不同方面的自己。你也会发现，自己跟家人，以及跟恋人之间的经历是如何影响自己的内心的。了解了这一点，你才能行动起来，去解决上述那些影响可能已经造成的问题。最重要的是，你会了解，持续地接触自我不仅可以治愈创伤，而且还是快乐的主要来源。

继续学习与练习本书中的相处技巧之前，花几分钟时间想想你目前想要哪种伴侣关系。在笔记本上记录你对下列问题的回答：

1. 为什么稳定的关系对我很重要？
2. 我会为一段稳定的关系设定什么目标？
3. 在我看来，一段稳定关系的优势与劣势是什么？
4. 对于一段稳定的关系，我最害怕的是什么？
5. 我能为一段稳定关系带来何种心理上的、精神上的，以及情感上的特质？
6. 我希望从一段稳定关系中获得何种心理上的、精神上的，以及情感上的特质？

★进入内心的幽静之处，我眺望前方，让自己试着接受事物的共性，沉浸于曾经去过的地方，以及将来可能存在的各种机会。

第 15 天 希望

　　在花园里种下一颗种子就是一种怀有希望的举动。当我们将那颗种子埋进土壤时，也等于将自己希望它成长并在适当的时候开花结果的愿望及信念植根其中。随着内心花园里埋下种子的增多，我们的愿望越发强烈起来。

　　这种"刻意的"希望是朝积极自我转变努力不可缺少的要素。我们一定要坚信，自己的所作所为很正确，并且要坚持做下去。一定要每天都坚持运用新技巧、练习新行为来使我们的生活更丰富多彩。运用新技巧时，要培养由衷的信念，相信它们一定会为你带来好处。

　　今天，在你的人生中，至少找出三件你认为不可能发生的事情。例如，你可能会觉得几乎不可能找到——或者喜欢——某个约会对象；你可能会觉得试图给老板留下好印象、取悦母亲，或者是管理资金以便实现你盼望已久的梦想假期，都是徒劳的。对于你找到的每一件事情，至少想出一种方法来为它种下一颗希望的种子，并扭转消极态度。

　　★今天，在这个静默的时刻，我看见自己面前有一座花园，它的土壤肥沃，就等着播下一颗颗种子。我许下心愿，将种子种下，并给它浇水施肥。我摒弃了自己的怀疑与绝望。

第 16 天 忘记配对游戏

> 我并不祈求任何桂冠,而是希望每一个人都能获胜。我也不想征服任何一个世界,除了我内心的世界。请你做我的向导,用一只温柔的手牵引着我发现我内心的幸福王国,我于是才敢于做主。
>
> ——露意莎·梅·奥尔柯特

太多的单身者花费过多精力,费尽心机想要猎取一个伴侣,却没有意识到他们可能会掉进各种陷阱里。一些猎手太急于给可能的伴侣挑毛病,还有一些猎手则仓促地选了一个伴侣安定下来,接着又开始担心是否能与他相处愉快——结果却发现,他们其实非常悲惨。

没有找到相伴一生的恋人可能并不是你的过错,但你绝对有责任去寻找这样的人。第一步就是忘掉配对游戏!解决你的问题的答案不在于合适的装束、公寓、俏皮话之类的东西,而是在于你的内心。你需要深入自己的内心仔细察看,承认你能够成长,这样才能找到或者吸引能与你真正幸福相伴的伴侣。有了这个认识,你就要坚持训练这个能力。这个过程包含四个阶段,需要你做以下事项:

1. 教自己认识自己;
2. 教自己正确看待恋爱;
3. 进行恋爱技巧训练;
4. 尽你所能改变自己的行为及个性防卫机制,因为这些会阻碍你们保持相爱。

今天,宣布暂停配对游戏,直到你有时间借助本书实现自己内心的成长。在笔记本上记录该过程的四个阶段。

★今天,在这个静默的时刻,我要更加努力完成这四个阶段,这将帮我开启曾经关闭的心门,通往充实而完满的未来。

第 17 天 结伴

在跟某个人结成终身伴侣之前，尽可能在简单的亲密关系中练习，这对你大有裨益。好朋友或者临时的约会伙伴都可以陪你练习。除了吃饭、散步、打保龄球、看电影，你跟另一个人一起做的什么事情既有意义又有趣？在此，有一些建议你供参考：

设计并执行一个艺术装饰或家庭装修项目；
在花园里种植并照管你所栽种的东西：可以全部都种蔬菜，或者全部种花，或者二者各占一半；
加入一个俱乐部，并参与活动；
两人一起修习一门成人教育课程；
阅读同一份书单上的书籍，或者学习同一个科目，并定期比较你们的笔记。

在这些活动中共度时光，我们可以了解有关自己以及有关我们在意的人的宝贵信息；我们也会渐渐理解团队概念的重要性，因为这涉及伴侣关系。

今天，至少想出两个"亲密关系"项目，你可以跟自己生命中的重要人物提出这些项目。将这些想法记在笔记本上。如果有时间，可以细致地研究一下，这样当你提出某个想法时，就有必要的信息推进计划的实施了。

★ 今天，在这个静默的时刻，我想象着，自己可以是几个重要伙伴的伴侣。我感受到接触带来的力量以及共同创造的乐趣。

第18天 安全

我们降临在这个世界时,身上带着人类物种的历史编码,这在我们大脑新脑、旧脑的二分结构中格外明显。

新脑,科学上称为大脑皮层,是负责思考、记忆、决策、计划及创造的部分,是大脑中决定"人类"的那个部分。在这部分大脑之下的是更原始的旧脑,它由两部分组成:爬行动物脑和哺乳动物脑(这揭示了人类可以追溯到进化史如此久远的年代)。旧脑控制着旨在确保生存的无识功能,犹如恐龙一般原始、强大、不容忽视。每当恋人做了什么让我们难过的事情,旧脑就会本能地以下列五种基本方式来回应:躲藏、战斗、逃跑、惊呆、装死。新脑无法扼杀这些强烈的原始反应,能做的只是识别这些反应,并且以清醒的、妥善的方式来处理它们。这样,我们才能脱离那种将真爱赶走的被动状态,从而为真正的属于人类的爱与理解腾出空间。

回顾你目前以及过去最重要的恋情,并且回忆,是哪些事件引发了旧脑的"危险"反应?你可能会想起某一句批评的话语使你冲出门外,或者一时的嫉妒之情使自己怒不可遏。至少指出三个类似的时刻,以及你当时是如何应对的。将这些模式记在笔记本上,以供将来参阅。

★今天,在这个静默的时刻,我进入内心深处默默地体验。我想象出一个安全的场所,并意识到我旧脑的反应。我对自己许下这个诺言:"我将关爱这部分自我,因为它曾保护了我。"

第 19 天 安全

茧居：保护自己免受外面世界里严酷的、无法预料的现实带来的伤害之必需。

——费斯·帕帕考恩

你大脑中更为古老、原始的部分——就是你与恐龙以及进化史上其他爬行动物、哺乳动物共有的那部分——没有时间感，它确实完全存在于时间之外。在登记一个"危险"的情况时，它并不能辨别这种刺激是在婴儿时期妈妈没有回应你的哭泣而产生的，还是你的伴侣迟了一小时才从工作单位打电话给你取消约会造成的。小的时候，你可能以吮吸手指以及哼哼唧唧来回应；现在，你可能会以同种反应形式来回应相同的被抛弃的感觉。例如，你可能会吃下 500 克冰淇淋，或看几个小时无聊的电视节目来分散自己的注意力。

这种现象也适用于旧脑登记为"安全"的情况。每当我们带着发自内心的笑容，或者以亲吻、赞扬的话语问候别人时，他们的旧脑本能地感觉安全。于是，很可能会以同样的快乐与温暖来回应我们，正如他们还是婴儿时，父母对他们微笑，或亲吻、赞扬他们时一样。

今天，务必让一个人感觉在你面前很安全。避免发生冷淡、敌视或者戏弄的行为。想尽办法做到坦诚、温暖、包容及令人愉快，测试你是否能看出他们的不同反应。

★ 今天，在这个静默的时刻，我回忆自己的安全场所，体会他人对我怀有的恐惧。祈祷时，我许下誓言："我要让别人在我面前感到安全。"

第 20 天 可能的梦想

> 对人类大脑而言，还有什么能比这种辉煌的、无限的、多彩的可变性——形成的生命，更加迷人？
>
> ——大卫·格雷森

可以肯定地说，阅读本书的每个人都渴望拥有可以维持一生的恋情，这将令你的感官及头脑兴奋，提振精神，将你的生活转化为一场精彩的旅程。事实上，除了那些因宗教原因而决定过禁欲生活的人，世上还有谁不想过这样的生活呢？

那么，如果有如此多的人想过这种生活，为何那么多人未能如愿？

许多人可能会回答说，这种爱情几乎就是一个不可能实现的梦想。很少能有这种爱情，即便可能有，也纯粹是碰运气。这不是每个人都可以给自己设定的可实现的目标。

说这些话的人大错特错！这种爱情绝非梦想，而是我们的人生目的。对于每一个想要追求这种爱情的人而言，不论年龄大小、性别、性取向及婚姻状态是什么，这个梦想几乎都可能实现。这个梦想的实现对于作为人的完整性而言至关重要，而实现的过程正是生命自身的形成过程。本书旨在帮助你实现特有的爱情梦想，这是大自然想要你实现的梦想。

> 今天，花一点时间在笔记本上记下三至四个原因，说明你为何有时认为不可能实现自己的爱情梦想。之后，抄写下面这句话，并在这句话下面划线：这些消极思想阻碍我看见可能的梦想。

★今天，在这个静默的时刻，我将自己的消极思想想象成乌云，它们正在逼近我那个蓝色的真爱的梦想天空。我认识到，我的意识就是可以驱逐乌云的狂风。

第 21 天 慰藉

　　有时，孤独生活的压力与问题可能是你无法承受的。当遭遇艰难或失望的打击时（例如，工作中手忙脚乱、和好友吵架），或者是未能实现自己设定的目标时，我们就会失去抚慰的源泉。如果你跟某个足够亲近，能够懂你的人相处，他（她）自然会给你安慰。若没有伴侣，在情感的风暴中，我们则会感到极其孤独、无依无靠。

　　在这些时刻，我们必须知道做什么能让自己更平静、更安全。对一些人而言，可能仅仅是小睡一会，好好洗个澡，或者到附近的树林里走走就可以了；而对另一些人而言，则要花更多功夫才能找到慰藉：钓鱼、写一首诗、到城市另一端的小教堂，或者是跟某个挚爱的亲属共度一段时间。我们应该非常了解自己可以做的选择，这些选择都是基于我们的个性与资源而做出的。这个意识能使我们在真正需要的时候利用这些慰藉之源。

　　想想你过去承受的压力、悲伤或者失望的方式，至少选出三种，将它们记在笔记本上，当你下次需要的时候用来寻求慰藉。

　★ 今天，让我倍感慰藉的是，在压力重重的时刻，我有安慰自己的资源。

第 22 天 扩大你的恋爱人选范围

运气是真实存在的，你越是努力，就越幸运。

——无名氏

尽管你已经将重点从全力寻找伴侣转变为自我意识与自我改变，但这并不意味着你不再对男女之情感兴趣了，可是，羞怯、恐惧、矛盾的情绪，以及过去糟糕的约会体验都可能强烈地压抑你。你本能的做法就是待在家里看电视，寄希望于上班路上能与你的梦中情人邂逅。无法回避的真相是，为了发展恋情，你必须将自己置于与他人相识的有利位置上。这并非是让你在身上挂个广告牌，上面列举着你所有的美德，在繁华的街道上走来走去，而是让你尽可能地利用合理的机会来扩大你的恋爱人选范围。

探索每一个可能的渠道！试着参加适合单身者的活动、各种兴趣俱乐部，或专门针对单身者举办的活动。这种集体互动会促进人们相识，记住，没有人能靠坐在家里等着快递公司将梦中情人送上门而遇见他（她）的伴侣。

今天，想想你能做些什么来扩大你的伴侣圈，可以先翻阅当地报纸、杂志来找灵感。拿出笔记本列出你的择偶标准。

★今天，在虔诚的静默中，我挖掘自己内心深处蠢蠢欲动的冒险精神，并发誓要将自己贪玩的精力用在寻求伴侣上。

第 23 天 功利性约会

我说,你暂时还找不到你在找的朋友。

——沃尔特·惠特曼

很自然,我们会希望此生的挚爱神奇地出现在眼前,令人神魂颠倒,但我们在等待完美伴侣出现的同时,最好还要钻研好恋爱技巧。要做到这点的最佳方式就是从云端降落,回到真实的世界中,在这里,我们会慢慢喜欢上许多不同的人,并向他们学习,直到我们开启最宏大、最非凡的探险活动:一次真正的恋爱!

功利性约会是指利用友好但不固定的约会情境来为将来的伴侣练习新技巧与新的行为模式。这种类型的约会的关键是,它发生在低风险氛围中。你有很好的理由跟你喜欢但并不为之疯狂的某个人约会。也许,你独自生活一周后,特别渴望那种一对一的谈话;也许,你几个月来都没有享受那种浪漫的夜晚了,或者,你不想再在周六的夜晚独自待在家里反复听自己最喜欢的 CD。你没有理由拒绝享受这种功利性约会,并可以将此当作训练来练一练与人相处的技巧。

今天,承诺利用临时约会情境来测试你在本书中学到的新技巧和新的行为模式。列出一个你可以与之练习的人员名单。如果实在没有这样的"临时约会"人选,你可以将朋友或者家人加进名单中。

★我意识到自己经常处于找到理想伴侣并与之幸福生活到永远的幻想之中,于是就进入虔诚的冥想中。我想象,自己在一个真实的恋爱中试验、学习,并成长。我接受这个真理:"先去爱别人,才能学会如何爱。"

第 24 天 功利性约会

但问题是，如果你不愿冒险，你将冒更大的风险。

——埃里克·乔恩

功利性约会不仅只是将平时无聊的场合变成实现个人成长机会的好方法，而且意味着你敢于尝试新的行为模式。开始时你可以先问一些更亲密但不具威胁性的问题，这可以帮助你更好地了解其他人的观点。

"你觉得这部电影（这场晚会）怎么样？"

"如果你想摆脱这一切，你会怎么做？"

你也可尝试改变个人行为。例如，如果你知道自己缺乏自信，那么就试着与他人拉开一些距离；如果你通常在两人的关系中比较主动，那么就试着表现得被动一些。

最宝贵的是，你可以试用一些在本书中学到的特定相处技巧。你无须告诉他人你要做什么，但如果你愿意，那也无所谓。你也许能说服你的功利性约会对象同样也这么做，这样也就等于将其转变成友好的协作者了。

看一看你在本单元开始时拟定的名单（第23天），指出那些能让你舒适地与之谈论所学到的相处技巧的人，然后在他们的名字旁加个星号，并承诺要在他们身上运用这些新技巧。

★ 今天，我不再愿意陷于惯例或者常规中。在内心深处，我放松身心并计划去冒险。我承诺尝试探索新的行为模式，并将向他人展露平时不愿其看到的那个自己。

第 25 天　与精神共存

我开始了解，生活中简单、纯净的事物才是最为真实的东西。

——罗兰·英格尔斯·怀德

什么构成了精神生活？跟一些人所想的相反，这并非指像牧师、修女或者拉比那样生活，也不是说，这一定要让你一周参加一次礼拜，或者每天做两次祷告。这不是用特定行为或者特定的时间来衡量的。精神生活是一种具有万物合一意识的特别生活，这种生活的每一刻时光中都能发现生命的目的与生命之美。

对那些用世俗的眼光看世界的人而言，万物都是彼此孤立的，而且常常是毫无意义的。没有任何事物曾让他们激动不已，因为他们对什么都不抱任何期望。许多东西对他们而言简直令人感到无聊、失望透顶，或者丑陋不堪、惨不忍睹；然而，对于那些有超验意识的人来说，世界是一个神圣的地方，万事万物彼此关联。其结果是他们会拥有感情丰富的生活。精神生活会带来一种深刻的归属感，这是一种对每一段阅历的投入及感激之情，不论这个阅历有多么肤浅。仅仅是为朋友做一顿饭、拥抱一个孩子，或者是在街上捡垃圾，从精神视角来看，都可以触动人的灵魂。敞开心灵体会每一刻，你会渐渐明白，每一个单独的行为都对整个宇宙有影响。

回顾过去的一天，试着找出在你看来具有某种精神特质的时刻，在那时，你目睹或体验到事物之间是如何产生关联的，或者找出一些当时看来不具有精神特质的时刻，但如果你能稍微敞开心扉，就能揭示出这种精神的特质。

★在今天的冥想中，我专注于呼吸的节奏、心脏的脉动。我开始听到外面的声音：风声、雨声、孩子玩耍的声音，或者是救护车的警报声。这一切都存在于我的意识中，我逐渐意识到我与这一切事物之间有联系。

第 26 天 敏感性测量表

虽然大体上，我不是个自私的人；但实际上，我这一生一直都很自私。

——简·奥斯丁

要是有一种可以戴在手腕上的敏感性测量表就好了，这样，如果我们对身边的人不够敏感，或者对别人做的事过于敏感时，它就会记录下来。作为单身者，我们有时会难以置信地只考虑自己，因此，我们会对下列情况感到吃惊：有的人会突然怒气冲冲，仅仅因为我们说了一些认为无伤大雅的话而已，诸如"你可能不喜欢戏剧""你是否考虑过做鼻子整形？""如果没有别的事，我也许会想跟你一起看电影。"或者，有时我们会对某个人异常恼火，尽管，他显然不是有意要伤害我们。也许，我们会因为朋友在我们吃橙子时弄了一脸果汁发笑而斥责他们，或者，会因为未受邀请去打网球而生闷气——尽管我们从未对此表现出有兴趣。

除非发明出敏感性测量表，否则我们只有一件事情可做：尽可能有意识地、经常地将自己置于他人的处境，将自己的意识扩展延伸，从他人的角度考虑事情，而非仅从自己的角度。

在今天的对话与个人互动中，多加练习从他人的视角看待事情。例如，密切关注他人的话语、语调、面部表情及身体语言，来更加准确地判断他们的感觉如何，他们对你的言行如何反应，或者他们的行动与话语之下的隐含意思是什么。在笔记本上记下你开始从他人视角看待事物的事例，或者记下你回想起的自己过于自我的时刻。

★在冥想的静谧时刻，我认识到，我的生活体验并非生活的全部体验。我鼓励自己从他人的体验中学习。

第27天 充满活力

> 充满生命力的我们……就像是森林中的一棵棵树木。枫树与松树也许是用它们的树叶相互间窃窃私语……但是在黑暗的地底下，不同树木的根部彼此盘根错节地交织在一起。
>
> ——威廉·詹姆斯

当你有一种超越时空及自身界限的感觉，或者当你感觉生命是富足的、宇宙间万物彼此和谐美好时，你是否曾经历过这样的一刻，就是刹那间，一阵难以言传的幸福感涌上心头？例如，在观看日落时，或者闻到一股刚刚修剪过的青草的气味时，或者惊奇地看着一群鱼儿或一群小鸟整齐地游动或飞翔时，你也许会感受到，一种不可名状的感觉在控制着你。你所体验到的是一种充满活力的感觉。

平常，我们很少能体会到或者识别出这种整体感。我们习惯于对自己与其他人或事物之间的分离状态保持清醒的认识，只有在片刻的狂喜或者受到启示、深切的关心的时候，才会感受到一点暗示，原来我们与其他人是紧密相连的。如果幸运的话，有时我们会感受到自己与整个宇宙都紧密相连。

为了能理解一段恋情能为精神成长所作的贡献，我们考虑问题时需要超越日常的自我。要认识到我们与所有人类，及最终与所有生物之间的根本联系。在本单元接下来的几天里，你将会更好地理解如何通过关爱他人来帮助自己重建自己最为根本的活力感。

今天，花一点时间回忆并且再次感受一下过去生活中的一些时刻，即你突然之间感到的超验幸福感及同宇宙连为一体的片刻。

★做完深呼吸后，我在内心深处放松下来，释放了所有的恐惧与戒备。我感受到自己的脉动，我的意识逐渐蔓延开来，将我置身于其中，并将与我相连的广阔宇宙也包含在内。此刻，我感到自己与宇宙万物合为一体。

第 28 天 充满活力

创造力在发明、试验、成长、冒险、违规、犯错，而且还在自得其乐。

——玛丽·卢·库克

充满活力之感强烈地震撼着我们，它们到底源自何处？这些感觉试图激活什么记忆？它们源于早已为人忘记的人们之间、万事之间的联系，源于我们孩童时精神上的整体感。这种原始的一体感记忆使人类对于彼此相连、对于爱，有一种普遍而基本的渴望。在寻求与建立理性而持久的恋情时，一定要记住，我们不是在寻找从未拥有过的东西，而是在努力寻找童年时期丢失的东西。那时，由于情感受到伤害，于是开始认为我们是彼此分离的。尽管有时不会承认这点，但我们对恋爱私下怀有的目标并非如电影剧本中描述的爱情幻想那样纯粹。正相反，我们是在回应一种同另一个人一起复原的冲动，以便能恢复到生来就有的轻松愉悦的状态。

在笔记本上记下童年时的某些时刻，即你感觉跟某一个人特别亲近，或者有特殊联系的时刻。你也许会想起一些亲戚和朋友、一个来家里打扫房间给你讲故事的女人、一个当地药店柜台后面的男子（他总是友好地问候别人，或者一个不太熟悉的人，一个曾与你的生活有过短暂接触却令你难忘的人），记下这些时刻带给你的幸福、信心、活力感及万物一体的感觉。

★我静静地闭上眼睛做深呼吸，以此来释放所有的忧虑与欲望。我想起了童年，那时，我比现在更清楚地意识到我与生命之源之间的联系。我专注于这些话语："我与世间万物相连。"

第 29 天 充满活力

精力充沛是永恒的快乐。

——威廉·布莱克

为了充分展现潜力及作为个体的整体感，你必须超越简单的生存冲动，真正寻求一种活力感。为了获得这种感觉，你必须明确知道自己如何度过生命中的每一刻。每一天，你会以各种不同的方式提到这种活力。"我感觉好极了""我完全晕头转向了""我觉得自己没有做错什么""我的身体感觉像灌了铅一样沉重"。这些话语是对活力强度的现场评述。对这样的评价多加注意，是向积极扩大你的"活力系数"迈出的第一步。

这里有一个练习可以帮助评估你在生活中这个特别的时刻感受到的活力。将以下陈述分行抄写在笔记本上，在每一行末尾留出一些空白。在每一行的空白处给每句话打分，分值为 1~5 分（5 分表示你非常认同这句话）。

1. 大多数时间，我都感觉清晰、警醒。
2. 大多数时间，生活令我兴奋不已。
3. 我常放声大笑。
4. 有我爱的人陪伴的时候，我通常感觉很快乐。
5. 我大多数的感觉都清晰而且强烈。
6. 我有许多有创造性的想法。
7. 我对许多事情感兴趣。

★我潜入内心最为幽僻之处，让自己进一步松弛下来。我感觉着自己的脉动、心跳、呼吸。释放出所有的不安后，我感受到活力带来的喜悦。

第 30 天 充满活力

活力感是每个人在人生中都会追求的感觉。我们以多种方式来尽力获得这种感觉，如从竞争性的游戏及职业晋升中，从汽车、公寓、游船、美食中，从名牌服装、一夜情、跳伞运动、舞蹈、慢跑、在沙滩上行走中，从音乐、电视、电影中。有时，这些"活力"刺激物似乎能起作用，至少能暂时起作用，而有时，它们非但没有起到正面作用，还会起到反作用，这让我们意识到，自己离酣畅的、真正的快乐——那种孩童时所理解的精神整体感及力量，有多么遥远。

我们要认识到，活力感不是来自物质方面的。如果我们自己不主动努力实现它，活力感也不会在恋情中显现。只有真正投入人生中，我们才会产生旺盛的活力。

在笔记本上列出所有帮助你获得活力感的事物。可能的"活力"刺激物包括：音乐、恋爱、酒精、社交、工作、运动、锻炼、阅读、食物、游戏、看电视、购物、爱好及旅游。想一想你寻求从每一个刺激物中得到什么积极结果（例如，"我想让人们钦佩我"或者"我希望身体感觉兴奋"）？之后，再想想，同样的刺激物可能在哪些方面令你感到失望，或者可能给你消极的体验（例如，"我感觉自己很无能"或"我觉得身体很不舒服"）。

★ 在这个静默的时刻，我回想起童年时的快乐记忆：奔跑、玩耍、开怀大笑——这些无不表达了活着的自然愉悦。在回想起这些快乐的记忆与感觉时，我感觉自己抛弃了现在使用的用来刺激自己感受自然愉悦的那些非自然方式。

第 31 天 充满活力

如果问题的答案是爱，可以请你将问题换个说法吗？

——莉莉·汤姆林

总而言之，对于如何获得旺盛的活力，答案在于爱。为了能感受到旺盛的活力，我们需要超越个体之间的分离，并再一次感受自己与生命之源在精神上的联系，但我们无法独自完成这一壮举，只能借助于一条爱情之路来重获活力，这是实现重新体验整体性及深刻的内心愉悦的坚定旅程，而且，这种整体性与内心愉悦曾是原始自我的特质。我们只有努力满足伴侣的需求才能获得旺盛的活力。

真正的爱情伴侣能治愈你的创伤，而你也会治愈伴侣的创伤。我们无条件的爱使伴侣毫无顾忌地敞开心扉。随着时间的推移，这会让伴侣逐渐建立起对我们的信任，进而重新建立起整体性，于是，他们就会感觉到自身的一体性及整体性。由于爱爱相生，因此，伴侣无条件的爱也会对我们产生同样的作用。

通向理性爱情的道路是大自然的伟大设计中的一部分，这让我们重享原始的快乐。这是大自然的修复过程，以便让我们再次拥有充满活力的感觉。

今天，回顾你过去五天以来获得的关于个人活力的感悟。再次回想你曾深刻感觉到的跟所有生物连为一体的记忆（第 27 天和第 28 天），然后，再想想现在的生活，哪方面不能给你带来这种类似的喜悦感与一体感（第 29 天和第 30 天）。这个回顾将帮助你认识到，你在一段恋情中还有多大的成长空间，以便帮助你更好地感受旺盛的活力，有助于为你提供灵感来活跃目前的生活。在本书后面，你将看到一些提供具体活动建议的单独条目。

★进入今天的祷告时间，我回忆起自己的安全之所。在一片静谧中，我立下誓言：“通过爱情，我要全身心地体验活着的快乐。”

第 32 天 改变

有两种面对困难的方式：你要么改变困难，要么改变自己去面对它们。

——菲莉斯·博顿

对大多数单身者来说，关于恋爱，最难接受的一个真相就是，为了让人爱我们，我们必须先去爱别人。我们必须先要心甘情愿努力治愈另一个人，这样他（她）才能治愈我们。真正的恋爱需要我们付出所有的精力与努力，这样它才能进行下去。

说起来容易做起来难。我们身上的一些根深蒂固的行为会出人意料地伏击一段正在发展的恋情。我们必须努力改变这些行为和态度，即使潜意识对此极其抗拒，即使我们很容易找借口说人们很难改变自己，应该接受他们本来的样子。由于经常听到类似的话语，我们甚至对此不再发问，但事实真相是，我们能够改变。这种改变不仅仅是为了获得能治愈创伤的恋情，而且也是为了获得个人满足感，因此，我们必须改变。

今天，证明你可以变得更好。至少找出两个具体的方法让你变得更加善解人意，或者变得对生活中的某个重要人物更有帮助。将它们记在笔记本上，以便你回顾改变的进程。

★在这个静谧安详的时刻，我让自己放松一会儿。我思考保持自己原样带来的不适，以及改变自己带来的不适。我秉持这个真理："改变是永恒的，而稳固则是虚幻的。"

第二部分

审视内心,创造自己与万物的联结

第 33 天　第 1 条规则

把握时间，在任何一段恋爱中都起到很重要的作用。聪明的恋人总能辨别出什么时候可以接吻、拥抱、开玩笑或者打闹，什么时候不可以。他们费尽心思地把握时间，既不能将对方追得太紧，也不能太慢。当然，他们也会精心设计约会，尽情享受恋爱。

在意象治疗过程中，关于把握时间的第一条规则是，所有批评、愤怒、伤害的表达只能通过事先约定进行。这条明智的策略也适用于安排快乐的约会。安排一次约会来表达可能引起不快的情绪（方便的话，尽可能早做安排），会使双方都在情感上做好准备。若"接收"的一方已经预期到会有一场严肃的讨论，则他（她）就不会感觉遭到突袭，也就不会采取防卫态度了；同时，"发出"的一方因为相信事情会得到解决，也会有一段冷静期来组织思想。这样就可以避免爆发一场破坏性的、可能造成终生遗憾的冲突。

更重要的是，这样的安排确保了问题能得到双方一致的注意（这本该如此），而不是对此不予理会，任其发展，直至问题埋没于忙碌的生活中。留出专门的时间来处理棘手的问题，你们将会拥有更多的时间来分享爱情中轻松愉悦的一面。

　　今天，跟你喜欢的某个人达成以下协议：所有关于愤怒、批评的表达只能通过事先安排约会来进行。如果你愿意，也可以跟这个人安排时间一起做本书中的一些作业。

★今天，进入内心的圣地，我珍视这个真理："尊重另外一个人，是尊重自己最明确的标记。"

第 34 天 基本技巧：目的性对话

大多数的对话不过是在目击者面前做的独白。

——玛格丽特·米勒

与其他物种不同的是，两个走到一起的人感到有危险或者冲突时，并不完全受"原始刺激—反应模式"的控制。相反，两个人可以进行对话——不仅是为了更有效地交流，也是为了个人成长，以及能够更好地爱他人。通过对话，一个人能够暂时中止自己的意识，而让另一个人的现实体验进入并启发其思想。通过对话，两个人可以摆脱对主导权赤裸裸的争夺，从而对彼此有更深入的了解。

意象治疗过程中核心的相处技巧——你将在本书中学习的其他技巧的基础——就是目的性对话。这是一个有意识的、有组织的交流方式，可以使对话双方更好地了解彼此的感知。利用这个技巧，两个人可以尽可能安全且富有成效地解决问题。目的性对话包含简单却有效的三个过程：镜像反射、确认他人的权利、表达共情。在接下来的四天里，你将会学习镜像反射过程的基本技巧。

想想过去跟某个你喜欢的人的一些对话。在对话中，你认为很难跟他（她）讨论一些重要的个人问题。也许，你想要这个人知道你将来的计划、一种私密的不安全感、一个小小的烦恼、一件较大的伤心事，或者一种压抑的情感。将你认为的最大的困难源头记在笔记本上。这次回顾可以让你了解，通过目的性对话可以将哪些类型的对话做得更简单有效。

★ 我回忆过去与我生活中重要人物之间的对话，同时，在安全之所放松下来，并且释放出所有误解与被误解带来的焦虑和紧张情绪。我让自己接受使用新方式交谈的意象。

第 35 天 目的性对话：镜像反射

你不可能真正在一边听某人说话，一边干某件事情。

——M. 斯科特·派克

当我们与某人交谈时，很容易沉浸于自己想要说的话中。我们光顾着想如何表述自己要说的下一个话题，或者在想今天晚上做什么吃的，却没有听对方都说了些什么。出现这种情况是因为我们只是在被动地听，只用了一只耳朵听另一个人在谈论什么。这时，我们理解那个人并成功地与其交流的机会就大大减少了。与其说这是对话，不如说这是平行的独白：两个人滔滔不绝地讲话，却都不怎么用心听对方讲的话。

积极倾听时，你的注意力主要集中在真切地听另一个人要说什么，这是镜像反射技巧的核心。这样能够确保你开始适应另一个人的心理状态，也是确切了解你到底在跟谁交谈的最佳方式，因此，你也会知道如何更好地表述自己要说的内容。

今天，至少跟两个人练习积极倾听。让你"内心的话唠"安静下来，对你听到的话语保持警觉。关注与你交谈之人的具体话语，以及他们说话的语调。当你独自一个人时，记下你身边不同的声音：如一辆路过的汽车的声音、火炉里发出的嗡嗡声、远处的狗吠声、坐在你周围的人们的交谈声。注意耳朵可以给你带来多少信息。

★进入内心的圣地后，我鼓起勇气，忘记恐惧，让自己面对别人的世界。我认识到"积极倾听"是爱的首要要求。

第 36 天 目的性对话：镜像反射

当你在目的性对话中反射某人时，必须有意识地尽力精确地反映出这个人在说什么，这样，对方才能感觉到你在听他（她）说话。当人们感觉被误解时，本能的反应是停止分享。目的性对话可以帮助人们敞开心扉，从更深层次与他人分享心中的想法。

镜像反射的实际技巧很简单。你重复对方的话语，或者将其话语换个说法——尽可能贴切地捕捉住其话中的意思。重复这个过程，直到你能正确完成。下面有一个例子，其中，听话人一开始没有正确地反射说话人的话语：

"有时候，我需要自己一个人待着。"
"那么，你是说，你不想要我在你身边？"
"不是，我说的是，有时候，我需要自己一个人待着。"
"好吧，有的时候，你需要一些独处的时间。"

刚开始时，镜像反射似乎枯燥机械，但你练得越多，就越来越顺畅了。在你使用这个目的性对话工具时，你和你的对话伙伴会加深彼此的接触。随着技巧日益娴熟，镜像反射会成为习惯，你们将不太可能被误解或者误解别人。

今天，至少跟另外一个人练习三次镜像反射。为了使你的镜像反射更加自然，你可以在回答前先铺垫一句话，诸如，"如果我没听错，你刚才说……"或者"我听见你说……"你可以再说一句"我说得没错吧？"以此来提示对方确认。

★藏身于内心的安全之所，我意识到，自己总是将对话中听到的内容射偏，而不是做镜像反射。

第 37 天 目的性对话：镜像反射

家不是你的住所，而是你为人理解的场所。

——克里斯蒂安·摩根斯坦

镜像反射有助于你将自己想象成一面既不凹也不凸的平镜。平镜才能精确反射事物的形象，而凸镜或者凹镜则会扭曲事物的形象。被曲解的交流只提供了一种解释，而不是精确的表述。由于解释只是你理解的意思，而不是另一个人所说原话的意思，因此，常常引起沮丧、愤怒，甚至冲突。

我们常常在应对他人的话语时歪曲他们的意思，导致他们的想法被扭曲、情感受到轻视，或者将他们的话夸大其词；然而，当你原样反映出另一个人的话语时，跟你说话的人会产生一种巨大的、让人欣慰的安全感。对方能在你的声音中听到他们自己的话。简而言之，另一个人跟你在一起感觉很"自在"。

继续跟与你亲近的人一起练习镜像反射。改进你的风格，让自己表现得更自然、更热情、更有支持力。务必记得，在镜像反射结尾时要说"我说得没错吧？"来检查你镜像反射的准确性。

★今天，在内心的安全之所，我将自己想象成一面平镜，以精确的复述馈赠别人，直至对方感觉跟我在一起很"自在"。我专注于这个思想："建立联系是神圣的工作。"

第 38 天 目的性对话：镜像反射

交谈很廉价，因为供大于求。

——无名氏

恭喜恭喜！你已经花了三天时间提高镜像反射的技巧，对于掌握目的性对话的技巧，已经有了很好的起点。也许，你还是觉得反射技巧有点生硬；也许，咽下了这么多你原来不假思索就甩给别人的话语，你的喉咙都有点疼了，但是想想你以此换来的成就，也就值了！显然，你已经向对话伙伴表达出你在听他们讲话了。无疑，你也开始理解镜像反射使你和他人更加亲密的原因了。

很快，你将学习目的性对话技巧的另外两个步骤：确认他人的权利与表达共情，同时，你还要继续练习镜像反射。不论一个对话有多么随意，或者多么情绪激昂，镜像反射都会让它变得使双方倍感温暖、富有启迪，且令人满意。

今天，先休息一下，不做严肃的个人问题对话了。相反，谈一谈有趣的新闻，分享一些滑稽的故事或者言论，或者分享一下有关将来娱乐的想法或者幻想。只是要记得时不时反射这句话：这是小菜一碟，业精于勤！

★今天，在一片静谧祥和的氛围中，我宣告以下真理："对话是建立关系的道路。"

第 39 天 无快速疗法

虽说我们可以，而且也应该对爱情持理想化的态度，但我们必须对将要承担的艰难工作保持清醒，以便能找到并永远拥有这种爱情。与任何值得拥有的事物一样，爱同样需要付出努力、奉献与坚持，才能面对令人难以置信的挑战；然而，事情还有一个可取之处。在做那项艰难的工作时，我们可以很快就看见结果，会更好地了解自己。我们对周围的世界以及生活在这个世界中的人们会有更多的了解。我们会明白恋爱的实质是什么，可以看见自己的改变，以便为这种我们孜孜以求的关系做更充分的准备。我们打破了过去恋情中的破坏性行为模式，并为现在及将来的恋情建立了创造性的行为模式。

回顾你过去 39 天里已经学过的内容，以及你所发生的变化。在笔记本上记下你的积极变化，然后做点什么庆贺一下。

★ 在祷告的时刻，我深深放松下来，我承认，为了实现梦想与目标，我要做的工作非常艰难。我认识到，我有能力与力量发挥自己的潜力。

第 40 天 唯一的游戏

要大胆。如果你准备犯错,那就来一个异乎寻常的,别害怕出击。

——比利·吉恩·金

爱情是件艰难的事情。爱情是一项风险极高的游戏,我们游戏技巧的高低决定了其能否茁壮成长。我们最好还是学会区分真假游戏规则,这样,才能尽最大努力来玩好游戏,并赢得真爱这项大奖。

本书提供了游戏计划,但实施要靠你自己。在游戏过程中,我们必然会在一些地方得分,而在其他地方则可能会失分。我们不得不承担一些较大的风险,这意味着至少会有几次较大的失败。有时,我们可能心有余而力不足——至少暂时是这样的——或者,有时虽然我们有技巧支持,却依然笨拙。每一个时刻(尤其是在我们懊恼、沮丧、疲倦的时候),我们都需要专注于目标。在你需要鼓励的时候,最好的办法就是重复以下的句子:"爱情是唯一值得玩的游戏,而任何值得玩的游戏都值得你玩好。"

今天,在笔记本的某页中加上以下标题:"如何在游戏中东山再起"。在本页,写出三件你能做的事情,这样,如果你在爱情游戏中受挫,可借此来恢复精神。也许,有一首特别激奋人心的歌曲可以用来鼓励你,或者有一首诗正好表达了你当时的情感,你可以读一读让自己重返游戏;也许,有一个特别给人以启示的地方可以供你游览,例如,公园里的某个石窟,或者博物馆里某间你挚爱的展室。

★在这个虔诚静默的时刻,我挖掘内心的勇气,让自己为这场爱情游戏做好准备。这场游戏中既有挫折也有收获。

第 41 天 像孩子一样

每一个孩子在有自我意识之前都是自发而忘我地行动的，而且全身心投入。如果你花点时间跟孩子们待在一起，你就会知道，他们对什么都感兴趣。他们会一直转圈，直到头晕，一直向前跑，直到摔倒；他们还会疯狂地画画，无意识地唱歌。

我们以前也曾是这样，活力满满，让这种感觉在不同的表现形式中泛滥。不幸的是，现实生活强行闯了进来。或许因为父母并不总理睬我们的哭泣；或许因为生活中没有足够的拥抱；或许因为新出生的小妹妹来了；或许因为我们在与人分享重要的想法时受到嘲笑，于是，我们开始恐惧，以至于失去了充满活力的感觉，因为这种感觉只有在我们感觉安全时才能存在。

那个孩童时代的自我被掩埋了。我们不再放声大笑，不再高声歌唱或者忘我地跳舞。我们需要再次发现童年的快乐。

今天，花点时间出去重新寻找小时候体会到的那种自然的、充满活力的感觉。就你自己，或者最好是跟某个人一起做一些自由自在，有点冒傻气或孩子气的高兴事。比如，站在镜子前做鬼脸，直到把自己逗笑；高声而快速地说一些无人能懂的傻话；像个托钵僧一样快速旋转，直到你感觉头晕（如果和伙伴一起做，就拉着手，脚并拢，尽可能快地转圈）；玩捉人游戏，直到你们都筋疲力尽；或者加入孩子们的故事接龙游戏。

★ 在今天的冥想时间里，我想象自己是一个忘我旋转的孩子。我保持着这个意象，并记住这句话："从本质上讲，我就是快乐的。"

第 42 天 拓宽视野

在你寻找所爱之人时，你需要去爱某个人。

——希拉·德兰尼

这么说，你已经加入单身者保龄球联盟，还参加了本地自助中心组织的每一次单身者讲习班，并且，每次去大商场购物时，你都会进宠物店溜达一圈。当你的朋友们给你提出这些建议时，听起来都像是可以认识新朋友的好办法，可是，你还是没有碰到多少浪漫邂逅的机会。

是到了该认真做些自我评估的时候了。除了经常去更多的地方来增加认识潜在伴侣的机会外，你也可以试着拓宽选择伴侣的标准，选择可接受约会对象的条件越是细致，范围越窄，可供你选择的范围就越小。不经意间，你拒绝了数千个可能的伴侣，而你甚至没有给他们一个机会来赢得你的心。

为了改善社交生活，你要给新朋友和自己一个大的突破。要拓宽你的视野！去跟那些看起来表现或想法不一样的人约会。例如，如果你习惯性地排除羞怯的知识分子类型的人，而偏爱那种上进的运动型的人，那么，就做一次不符合你习惯的事，去追求下一个吸引你的羞怯的知识分子类型的人。如果你被某个在你看来平淡无奇或者特别魅力四射的人吸引，不要打退堂鼓，试试看吧。即使最终未能产生新的恋情，单凭这点已经能够扩大你的伴侣选择圈了。

在下周的某段时间里，努力去更好地了解某个人。这个人，你通常不会将其考虑为约会对象。也许你心目中已经有几个人选，你总是在单位的电梯里远远观望他们，却从不敢接近。许诺去跟他们其中的一个人约会。

★ 在这段安静的时间，我让那些通常会限制自己思路的局限性消散，从而开拓了更为宽广的旅途。

第 43 天 获得清醒的意识

大多数人在恋爱中基本保持无意识状态，让自己的旧脑来管理情感事项。旧脑很简单而且也不强人所难。当事情顺利时，旧脑会让它们顺其自然；可是当事情不顺利时，旧脑就会迫使它们大声咆哮，或者急忙掩盖，或者干脆崩溃。对细节视若无睹，而且，对看不见的东西也不会放在心上。

愤怒时的口不择言会摧毁花了很长时间才建立起来的信任与安全感。为了让一段恋情能维持并最终发展到真爱的阶段，我们无意识的目标必须转变成有意识的意图。必须征召新脑——我们的认知功能——来实现旧脑的生存目标。这些目标是用来寻回安全感、治愈创伤、重新恢复我们充满活力的感觉。当旧脑在为实现这些目标努力的时候，我们是在一个无意识领域行动的。在那儿，一切都不在我们掌控中，然而，当新脑被征召上岗时，我们对自己的反应状态就获得掌控，并创造了更大的潜力来发现真爱。这个转变要求我们对自己、对过去的伴侣、对周围的世界，以及对培养新技能以便有效应对我们所见到的事物，有清晰的认识。

回顾过去的一周，在你与生命中重要人物的关系中，哪些行为或者反应让你觉得是属于旧脑的，或者是无意识的；而非属于新脑，或者是有意识的。将你的分析记录下来。

★在今天的冥想中，我想象自己待在一间屋子里。昏暗的房间里，只有一点光亮。随着我的专注，光亮开始蔓延，逐渐照亮了房间中的更多地方，于是，房间里摆放的物品进入我的视线。我做出一个决定："我要变得完全清醒。"

第 44 天 伊玛戈预览

我们并非生活在包办婚姻的年代，但这并不意味着我们可以自由选择爱情伴侣。我们追求的伴侣的意象在生命的早期就已经铭刻在我们的潜意识中了，这个意象称作伊玛戈，即潜意识意象，这是我们生命初期的照料者们的复合类似体。

随着我们日渐成熟，伊玛戈一直伴随并影响着我们对他人的爱情吸引力。由于受伊玛戈的影响，我们下意识地想要得到童年时没有得到的东西，并首先寻求从那些与曾经未能给我们所需的人相似的人那里得到满足。

在接下来的几天里，你将努力描述自己的伊玛戈并进一步揭示爱情之谜。你将审视自己早期照料者的特点，以及对你的童年产生最大影响的特质和行为；你将追踪伊玛戈对你过去恋情产生的影响。

> 想想你生活中的重要恋情。指出你婴儿时期主要的男性照料者和女性照料者（通常是你的父母；有时会是某个兄弟姐妹、某个亲戚，或者是另一个人），然后，再指出你成年后两段最重要的恋情（可能的选择包括你高中时热恋的人、大学时的恋人、同居的情人、固定的约会对象，或者你的婚姻伴侣）。将人名以及他们所起到的作用记在笔记本上。这些人是你在接下来的几天里要仔细审视的。

★今天，我坐在神圣的静默之处，继续审视自己的内心，我站在一个新的视角来看自己。随着呼吸的慢慢加深，我干脆就让意识尽可能地深入自己的内心，直到感觉不舒服。

第 45 天 伊玛戈预览

> 我们所有人……都是由占据在我们内心的过去的体验所塑造的。记忆不仅是一个旅程,而且还是一个结构体……
>
> ——约翰·伯格

如同小斑马本能地围着妈妈一圈又一圈地走,这样就将妈妈的条纹图案铭记在心一样,孩童时期的大脑也会印下我们的照料者独有的特征。在更深层次上,大脑会将照料者的积极与消极的特质都记下来,由此产生一个为我们熟悉并且吸引我们的模式,这就是合并到我们的伊玛戈中的意象。

当我们长大成人时,无意识大脑会寻求治愈童年时创伤的方法,以便在此过程中可以恢复它的完整感。为了达到此目的,无意识大脑会寻找那个像我们的伊玛戈的人。这样,它就可以跟同类型的情感照料者一起完成童年时遗留下的未完成的事情。事实上,我们注定要爱上某个与我们不太完美的父母具有相同的积极与消极特质的人,也就是那个符合我们深藏于内心的无意识意象的人。

今天,特别想一想你的母亲(或者母亲的化身)。在笔记本上写有"母亲"的新一页上,画出两个列表,一个是"积极的特质",一个是"消极的特质"。在每一个列表中,用简单的形容词或短语来描述某个特定的特质。例如,积极的特质可能是"和善的""优秀的画家""耐心的""对我爱护有加"等;而消极的特质可能是"悲观的""对我期望过高""可怕的""吝啬的"等。

★今天,我放松下来,进入内心深处赋予我勇气的地方。在那里,我可以让自己客观地看待我的童年。我同情自己儿时没有受到应有的照料。在冥想时间结束前,我给自己一个大大的拥抱。

第 46 天 伊玛戈预览

我的父亲是谁并不重要，重要的是，我记忆中的他是谁。

——安妮·塞克斯顿

绝对不要低估童年意识的能力！从形成那一刻起，它就废寝忘食地忙着记录你早期照料者的方方面面。这些记录中包含照料者发怒时说话的嗓音、高兴时的笑容、身体的气味及形态，以及他们的食物与衣着。接着，它会将所有的信息印刻在你的伊玛戈中。现在，这个伊玛戈已经成了一个无法消退的意象，你将此作为模板来寻找爱情伴侣——某个让你极其关心在意的人。

在你小的时候，原始的旧脑最关注的事情就是生存。由于照料者主要负责你的生存，因此，这些意象能深深印入你的潜意识中，这完全能讲得通，但不幸的是，同样能讲得通的是，你童年大脑吸收的最生动、最强烈的印象都是一些不好的经历。没有什么能比照料者似乎威胁到你生存的行为产生更大影响。不论好坏，你学会的在一个关系中的生存方式，即你整体的情感安全系统，是根据童年经历组织起来的。

今天，特别想一想你童年时所了解的父亲（或者父亲的化身），在写有"父亲"标题的另外一页上，画出两个列表，一个是"积极特质"，一个是"消极特质"。在每一个列表中，用形容词或短语描述特定的特质。

★ 今天，走进内心世界，我开始发掘自己力量的核心。当意识到我有能力保护并治愈自己时，我开始巩固心中的力量之源。

第 47 天 伊玛戈预览

心自有其原因,但理智对此一无所知。

——帕斯卡

当我们强烈地受到某个新人的吸引时,其实是再次遭遇某个旧东西,即自己的伊玛戈。伊玛戈是一个始终伴随我们的幽灵伴侣。当我们在某个人身上又遇见我们的幽灵伴侣时,就会发生一种化学反应,于是,我们坠入爱河,而这个坠落又使我们陷入儿童时期关于爱、需求、欢乐与痛苦的强烈体验中。

起初,我们深信这个让我们神魂颠倒的人一定会把我们生活中的一切都搞定,可惜,不幸的是,在伊玛戈的影响下,我们几乎必然会选择与照料者有类似消极特质的人,于是,这一次我们能获得更积极结果的概率又微乎其微了。你将要进行的练习,尤其是本单元的练习,以及整本书中的练习,都旨在使你更清晰地意识到什么东西渗入了你的恋情中,这将会增加你从中获得更多收获的机会。

今天,特别聚焦于你成年后最重要的一个恋人。思考一下他(她)在你们恋爱期间表现出的所有不同特质。回忆当你刚刚爱上他(她)时,你所注意到的有关情况;接着再想想你第一次感觉事情不对劲的时候,以及你更清晰地意识到这个人身上的不同特质的时候。最后,记住那些与你们分手有关的特质。

★在安静的冥想中,我信任自己,并且相信我挖掘出的知识能够指引自己走上通往理性爱情的道路。这将赋予我真爱。

第 48 天 伊玛戈预览

> 所有事情总有相同的必要性，即深入挖掘下去，不论有多艰难，下面总有一个事情的真相。
>
> ——梅·萨顿

恋爱本质上是神秘的。我们必须接受这个事实，即我们不可能绝对准确地预测自己为何会爱上某个人，或者预测某个恋情会如何终止，然而，作为一个在寻求心仪伴侣的单身者，改善你的前景的最佳方式就是从生活的表层深入探究下去。

挖掘过去的恋情会让你发现宝贵的信息，诸如你的价值观是什么、为何会做出某些特定的选择、将来要注意什么……如果你能诚实而且理性地整理出过去恋情的记忆，能分辨出你在其中看到的"好的"特质与"坏的"特质，那么你渐渐地就会看出自己伊玛戈的大致图像了。这是理想化的伴侣形象，神秘而又难以抗拒地使你受其吸引。

也许我们并不能阻止将来人际交往中难题的发生，但通过深刻反思过去的恋情，你可以对恋爱中的痛苦与快乐之源、对恋爱中反复出现的行为模式，以及你必须成长及改变的方面有所洞察。

今天，聚焦于你成年后相处过的另一个重要恋人，思考一下这个人身上的所有特质。在笔记本上另外一页，以这个人的名字为标题加在页面上端，然后画两个列表，一个是"积极"特质，一个是"消极"特质。在每个列表中，用形容词或短语描述你观察到的每个具体特质。

★在今天的冥想中，我让自己诚实地探究过去的恋情。我认识到，分析这些坦诚的时刻能产生一种让自己将来可以依靠的力量。

第49天 伊玛戈预览

将来与过去非常相像，而且只会更加相像。

——费斯·帕帕考恩

我们都是过去经历的产物，因此，也从未真正将过去抛于身后。我们注定要爱上的人与我们早期的照料者之间有许多共同点，这绝非偶然。尽管我们可能并未完全意识到这一点，但跟每位恋人在一起时，我们都在重演童年生活，并希望这一次能真正得到满足。

这样做是因为我们的无意识大脑没有线性时间感。对于无意识大脑而言，基于伊玛戈的成年伴侣基本上是作为我们早期的照料者的复合体而存在的。通过选择与早期照料者有相同的积极与消极特质的人，即具有相同的养育与伤害我们的能力的人，我们试图重新拾起童年时期遗落的东西，希望最终能从伴侣身上得到满足。

回顾你笔记本上列出的父亲（父亲化身）、母亲（母亲化身）以及过去两个重要恋人的积极与消极的特质。在每一页上，圈出这四个人共有的或者至少是三个人共有的积极特质。接着，在每一页上，在这四个人或者至少是三个人共有的消极特质下方画线。

★我静坐于一片神圣的静默之处。我宣告要完成这项引领自己走上清醒意识之路的任务。

第 50 天　伊玛戈预览

> 你的任务不是寻找爱，而仅仅是寻找并发现你内心的障碍物，这是你自己打造的爱情障碍。
>
> ——《奇迹课程》

为了能预览你想要的未来伴侣——而且，如果你想让童年创伤能治愈的话——你必须审视自己的灵魂。你的伊玛戈匹配者不是一个抽象的理想化的人，也不是一个既体贴又美丽的完人，他（她）并不能预期并满足你的每一个欲望。相反，你的伊玛戈匹配者是你的理想化的个性与素质——这是一个你可以与之共同努力去实现更好、更神圣的生活的人。

关于完美伴侣的神话是从书籍、杂志、电影、电视中派生出的静态形象。它代表了你生活中所缺乏的事物——这是一个闪着微光的、貌似不可企及的幽灵，它没有任何深度，也不容许任何改变，无论是积极的变化还是消极的变化。相反，伊玛戈则不仅源于生活本身，而且还源于你自身独特生活的意象。这是一个神秘的存在，它有深厚的根底，并有极大的成长潜力。

你的伊玛戈画像绝不会像完美伴侣形象一样光彩照人，它其实是相当昏暗模糊的，但如果你将完美伴侣形象置于现实生活中细细审视，你会觉得它越看越呆滞，而且污迹斑斑，而你的伊玛戈则会变得更加清晰、更加光彩夺目。

今天，在笔记本另外一页上写下这个标题："我的伊玛戈画像"。在本页上画一个圆圈，将圆圈水平分为两半。在上半个圈内，写下你昨天（第 49 天）圈出的所有积极特质；在下半个圈内，写出你昨天加下划线的那些消极特质。得到的结果就是你自己的伊玛戈画像。

★在我恢复精神的时刻，我认识到，自己对将来的想象画面已经发生改变。对未知怀有恐惧的幽暗角落被新发现的自我认识及伊玛戈照亮。

第 51 天 在路上

单身状态虽然自有其独特的快乐与痛苦，但总体而言，单身还是无法给予我们稳定恋情所能带来的极大的情感与精神的成长潜力。对任何一个按照寻求自然规划来得到满足的人来说，单身只是成长中的一个过渡阶段。这只是在一段亲密关系（例如，对父母、长期的恋人，或者前夫（妻）的依赖）结束后及另一段恋情开始前，对自我的重新评估。记住这一点后，尽量不要把自己仅仅当作是"一个单身者"，而是应该把自己视为一个"正在走向婚礼路上的单身者"。这也许是一段很长的旅程，但因为有如此明确的目的地，这个旅程将会更加值得你去付出努力。

今天，回想你在某段亲密关系中的最后一段生活时光。对许多人而言，这也许会是跟父母或者早期照料者生活在一起的时候；对另一些人而言，这也许是我们跟某个情人或者某个婚姻伴侣生活在一起的时候。至少指出三个你用来处理上述关系遗留问题的方式。对你指出的每一个问题，想出一个积极的替代物，以便可以在将来的稳定恋情中体验。将这些发现记在笔记本上。

★ 在今天的冥想中，我认定这个真理："忠诚、稳固的恋情是通向完满的道路。"

第 52 天　你最真实的自我

精神才是那个真实的自我，而非那个你可以用手指指点的肉体之身。

——西塞罗

单身女子忍饥挨饿，去除多余的脂肪、换着法子折腾头发、让肌肤更加水灵，寄希望于用这种种方式达到的效果能为自己吸引一个伴侣。与此同时，出于同一目的，单身男子则在做增强腹肌、胸肌的锻炼。尽力保持一个好看的身体无可厚非，但如果你抱有这个想法，即个人的吸引力取决于外表，那就大错特错了。真正的自我并不是我们的身体在别人眼中看起来的样子。我们的本质在于精神，也就是赋予性格与个性以生命的那部分自我。

过于重视外表而忽视精神会击败最真实的自我。因为，不论打扮得多么美丽，只有当精神自内而外散发出十足的光芒时，整个人才能真正容光焕发。如果只是为了让我们的身体能吸引另外一个人的身体，为何要大费周折重新塑造自己呢？而且我们的外表会随着年龄的增大而变化！强化我们的神志来充分掌握现实以及我们同他人之间的互相联系，这不是更加理智的做法吗？拓展心灵的爱与被爱的能力将给我们带来多大的满足啊！

如果能点燃灵魂来照亮我们自己的生活，以及照亮未来伴侣的生活，这将有多么了不起！

今天，想想你所做的一切有益于身体的事情；然后，再想想你所做的一切有益于精神的事情。将笔记本的一页分成两栏，并将这个列表画下。看看，是"身体"列表比"精神"列表更长、更具体吗？

★今天，明白了所有对外表的关注其实只是在寻找与替代真正的自我，我发誓，无论何时，想要给别人留下印象时，我会进入内心深处，与最深沉的自我本质交流。

第 53 天 倾听与学习

绝不要错失一个闭嘴的好机会。

——斯科特·比奇的祖父

如其他技巧一样，良好的倾听技巧也需要大量练习。幸运的是，练习机会很丰富。我们经常发现，某个交谈需求跟我们相同，或者比我们的需求更迫切的人可能会是一个朋友，他正因为买了一辆新车而兴奋不已；或者是一个同事，滔滔不绝给你报告棘手的商务谈判过程；或者是一个约会对象，他（她）在取笑我们喜欢乡村音乐之后，又接着回想起某个前伴侣的个性怪癖。

我们可能忍不住想用自己的话或者反应来打断他们，或者改变话题。与买了新车的朋友不同，我们还在用旧车凑合；我们也可以想出一个比同事的更好的方式来应付商务谈判；对于约会对象的调侃，我们感到愤愤不平，而且，再也没有什么比谈前伴侣更无聊的话题了。

然而，如果我们克制一下说话的欲望，而是让自己真正去倾听，就可以将这些起初令人厌烦的体验变成独特的学习机会。我们的朋友可能会透漏出有关购买车辆方面的有用信息；我们可能会对同事讲述的商务谈判过程有更好的理解；我们的约会对象可能会表现出一些平时无从得知的情感或兴趣，但最重要的是，我们对另外一个人，以及设身处地为别人着想有了更多的了解。我们将拓宽自己狭窄的视野，并且更加能感觉与其他生命的联系。

今天，练习积极地倾听他人说话。运用目的性对话技巧中的镜像反射（第 35～38 天）向他人表示你在倾听他们讲话，并向他们确认你没有听错。

★今天的冥想时刻，我专注于自己真正在听别人讲话的时刻。通过了解生命中的其他人，我又增长了才干。我认识到倾听是一项特别的才能。

第 54 天 生命挂毯

没有人是一座孤岛,完全自成一体;每个人都是大陆的一块,是整体的一部分。

——约翰·多恩

尽管我们常常将自己看作独立的个体,却不可避免和周围的世界密切相连。每个人都可被视为无缝的生命挂毯中的一部分,是彼此之间相互连接的一根根丝线,是构成整个宇宙的大图案中的一部分。人类具有独一无二的能力来观察自己,并观察自己在生命挂毯中的位置。这种意识是内在精神的基础。通过让自己接受这个更深层次的精神,我们就有能力解决那些伤害我们以及伤害他人的问题。每当解决完一个让自己为之受伤的问题后,我们同时也解决了一个最终会伤害与自己交往的人的问题。作为生命挂毯中的一部分,我们必须牢记这点:一根丝线也能拆散整个挂毯,每根丝线必须密密麻麻地缝在一起,才能组成挂毯。

花几分钟时间让自己更清晰地意识到自己在生命挂毯中的位置。审视你今天的生活,对自己提出以下问题:
我经常依靠的是什么人?为什么会这样?
什么人常常依靠我?为什么会这样?
我的朋友、家人、社区及星球如何影响我的福祉?
我的行为如何影响朋友、家人、社区及这个星球的福祉?

★ 今天,进入寂静的沉思后,我将自己的每一个行为视为一个涟漪,它影响着生命水池中的其他涟漪。

第55天 自我破坏

给他一根足够长的绳子,他就会把自己吊死。

——夏洛特·勃朗蒂

许多人渴望拥有伴侣,并认为自己已经尽了最大的努力来吸引伴侣进入自己的生活,但是根深蒂固的、潜藏的行为习惯及观点态度常常起到阻碍作用。并非我们不够努力或者没有找对人,有的时候,是我们自己的行为方式让人避之不及。

在与陌生人见面时,有无数种方式可以使机会不利于自己。你可能不给对方说话的机会,让他们一句话都插不上;或者,你可能在大肆吹嘘你的新公寓;你可能在贬低他们的智商;也许你迟到了,但你编了一大堆理由却不肯给对方一个真诚的道歉,甚至,说过去恋人的坏话也会让你看起来很糟糕。说过去恋人的坏话会让你的约会对象对你生活中一些不堪的方面比较警惕,而且还给对方传递了你以后也会如此这般地说他们坏话的信息。

注意这种自毁长城的行为!这种行为可能会很难辨别。如果想不起以前你破坏自己机会的那些时候,试着想想别人的哪些行为让你反感,那么你也要提高警惕,切勿做出同样的行为。

今天,在笔记本上画一个你意识到的负面行为列表。你可以让一个信赖的朋友给你提供一些信息。一开始可能听起来让你有些难堪,但从长远看,这有助于你今后不再冒犯新认识的人。

★在神圣的独处时刻,我深深地呼吸着,下定决心要和善地对待新认识的人。伴随着每一次呼吸,我感到心在扩张。

第 56 天 初恋

在青春期后，我们的性心理史上的一个主要里程碑就是我们的"初恋"。某个特别的人突然之间对我们有极其重要的意义，这是前所未有的事情。我们真正体验到爱的含义：这是某种占据你的身体，使你神情恍惚、灵魂震撼的东西。

我们从不会忘记这个人，也绝不会将这段记忆抛于身后。初恋的某个方面总是在接下来的恋情中一再巧妙地出现，似乎我们对同一种模式一直都情有独钟。也许，我们一直都受长红头发的人、性子急躁的人、比较极端的人，或者易于沮丧的人吸引；也许，我们总是以类似的方式哄每一个恋人，诸如买新衣服来迷惑他们，假装喜欢他们所爱的一切，或者跟他们耍酷，迫使他们来注意我们。如果恋人听了我们讲的笑话后开怀大笑，这会让我们得意洋洋；而如果他们约会迟到了一个小时，我们则会感觉痛苦不已。认识这种反复出现的行为模式会帮助我们在恋爱中更加清醒，以促使恋情更顺利地发展下去。

今天，回忆一下你的初恋情人。你当时对这个人感觉如何，你是如何对他（她）表现的？这是一个什么样的人？这段恋情的整体感觉如何？接着，再简单回顾你初恋后的主要恋情。至少指出三个你所有的恋人都共有的事情并将它们记录下来。

★今天，在无声的沉思中，我闭上双目，重新回味我的"初恋"。我知道，心灵的悸动是一个重塑完整性的机会。

第 57 天 目的性对话：确认他人的权利

对话常常演变成双方的唇枪舌剑。"我不这样认为！""你不该让这样的事情阻碍你。""但是，其他的选择怎么样？"如果持续用咄咄逼人的气势怒怼别人，那么这样的行为会严重破坏我们和他人之间的关系。

目的性对话的第二部分是确认他人的权利。

确认他人的权利并不意味着要你赞同他人的看法，无论是公开的还是私下里，也不是指你要鼓励他人维持目前的视角，而仅仅是指，你能够承认他人表达其体验和情感的权利。

学会如何向你的伴侣表达确认，是一种阻止你们剑拔弩张的方式。通过彼此确认，你可以学会尊重，甚至可能学会化解你们之间差异的方法。

想一想某个经常在对话时与你"打嘴仗"的人。尽力想象一下他们如何基于其本人因素（例如：他们的性别、年龄、过去的经历、目前的需求及欲望等）来看待事情。之后，在笔记本上记下至少三种过去本可采用的方式来确认他们的权利。

★今天，进入安全之所后，我鼓足勇气面对这个认识，即我总是沉浸在自己的视角中，想当然地认为其他人对世界的体验一定与我相同。认识到这一点之后，我放弃了这个视角，以便让自己接受这个认识，即我的世界只是诸多世界中的一个。我秉持这一神圣的真理："只有上帝才能看见一切。"

第 58 天 目的性对话：确认他人的权利

> 我们很少觉得他人明智，除非他们赞同我们的看法。
>
> ——拉罗什富科公爵

为了掌握确认技巧，务必记住别人不是你。这意味着，别人必然有不同于你在类似情况下的体验与反应。

假定你请一位朋友一起参加一个晚会。在你心目中，这只是一个平常的邀请，给朋友一个机会认识新朋友。晚会后，朋友说的话让你大吃一惊。他说："我真希望你待在我身边为我做介绍，而不是立即就走开了。"

你对此不予确认，针锋相对的反应可能是："你又不是内向的人，所以我觉得你不需要我帮助。"或者是"我看见有人走过来了，我得跟他谈谈。"即使你在说这些话之前先铺垫了一句"抱歉，"你还是会将对方说话的含义扭曲或者贬低。

更有益的确认反应也许应该是："这么说，你因为我没有帮你介绍新朋友而觉得很难过（镜像反射）？我理解你这种感觉（确认）。"其他的典型确认话语是："我可以看出来……"或者"我能理解……"这样，对方才觉得你在听他讲话。

> 练习在对话中确认别人的权利。一定记住，开始时要镜像反射对话伙伴所说过的话，并且核对你有没有听错；之后，再予以确认，让你的伙伴感觉安心，让他知道你觉得他说的话有道理。

★ 今天，在静谧的安全之所，我接受这个认识，即其他人是从自身视角来看世界的。无须否认我的认知，我承认，他人的逻辑对其自身而言是成立的，就如同我的逻辑对我来说也是成立的一样。我为有此机会而庆贺："通过别人的眼睛看世界，就等于为自己增加了一个新的世界。"

第59天 目的性对话：确认他人的权利

> 对一流心智的考验是，即使心里同时持有两个相对的观点，但依然能让其正常运行。
>
> ——F. 斯科特·菲茨杰拉德

在两个人之间的任何交流中，总有两个不同的视角。有时，这两个视角会彼此冲突，但这并不意味着拥有这两种视角的人是敌人，或者彼此水火不容。这仅仅意味着，两个不同的个体，基于其独特的生活经历，有不同的反应。事实上，这些不同的视角可以加强两人之间的关系。

当你让另外一个人进入自己的生活时，务必尊重他们独特的身份。只有这样，你的生活才能在理智上、情感上，以及精神上更加充实。最有效的是对话的同时，在心里保持两种视角。当这种情况发生时，对话双方即使彼此大不相同，也能出于相互理解和尊重进行很好的合作。

确认他人的权利是一种很有用的工具，可以帮助你打造更有意义的人际关系。这是尊重的表示，它传达出这个意思："你和我变得越来越亲密，但我们仍旧是不同的个体。"这使你的灵魂挣脱以自我为中心的牢笼，而进入"你—我"伙伴关系的自由天堂。

在笔记本中某页的开头写下这样的话语："我能理解你为何这样想（感觉）。"记下其他类似的确认别人的权利的话语。承诺要跟在意的人一起练习确认技巧。注意你如何能在坚持自己立场的同时不会冒犯或者贬低他人，而且，还要注意当你容许别人表达其情感与观点时自己的感觉如何。

★在内心的圣地中，我意识到，我可以让别人的视角存在的同时依然做我自己。我思索这个观点："世界的一体性是可以通过许多人的眼睛来实现的。"

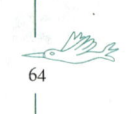

第60天 开门咒语

爱是通向每一个灵魂的开门咒语。

——伊丽莎白·卡迪·斯坦顿

为了能感受充足的活力以及重新获得快乐,我们必须将处于无意识本能状态的旧脑与聪明的新脑重新整合在一起,但这并不是说我们只要"想想"就可以踏上活力之路。旧脑只能通过体验来改变,因此,我们需要将思想与行动结合起来,让童年时期被分裂、被否定,或者被遗失的那部分自我重新恢复生命力。我们要治愈麻木不仁、痛苦与恐惧,这些创伤抑制了我们的活力感,并阻碍我们实现自己与宇宙的连通。治愈创伤最有效的方法就是建立一段稳固的恋情。

有过失恋经历的人通常不想听到需要一段恋情来感受充足的活力这样的话。他们相信,自己能够自治并独自实现精神上的完整性,但这只是一种错觉。虽然我们可以独自完成许多事情,但如果缺失一些关键的过程(例如,如果不经历稳固恋情中的冲突,以及经历最终冲突的化解与从中吸取经验),那么我们就无法完全获得自我实现。

为了更好地理解爱情赋予你的力量以帮助你重新感到个人活力,至少回想起你了解的关于自己的三个重要事情,或者三个在你过去恋情中出现的潜在素质。将你的感悟记在笔记本上。

★在二十分钟的反思时间内,我意识到,在过去恋情中经历过的冲突都揭示了自己在某些方面存在的问题,这有助于实现我的完整性。接受内心的完整性有助于我接受他人以及宇宙的完整性。

第 61 天 审视内心

内心是我独居的地方，也是你为清泉续水使之永不干涸的地方。

——赛珍珠

冥想是一种古老的精神练习法，是许多文化及风俗的一部分。为什么有如此多不同背景的人受吸引来进行某种思索练习？冥想是内心最深处情感接触的方式，是我们对自己的精神进行深度体验的方式，还是我们与整个现实世界联结的方式。

冥想是使用我们的大脑去做它最擅长的工作。我们处于半清醒状态的时间太长了，不愿意或者不能仔细地观察事情，或者深入思考事情，而有的时候，我们又走向另一个极端：过度使用大脑，但通常这么做的时候是为了能在同一时间处理不同事情，而这又会导致情绪混乱或者崩溃。通过冥想，我们学会了谨慎———种集中精神于一件事情的能力。这样，我们就能全神贯注于正在面对的最重要的问题。这是我们需要的那种谨慎，依靠这种谨慎，我们能够找到、发展并引导一段持久的恋情。

为你今天的冥想重续能量。我们常常陷入例行公事的状态中，每日的冥想给我们提供机会来饱含热情及专心致志地练习。也许，天热的时候，你可以在室外冥想，或者，还可以在浴缸里冥想。冥想的时候你可以焚香，专注于一张特别的图片，或者听听某个放松的音乐。

★现在，我想象，在我心灵的眼睛里有一个光点。我深呼吸并放松下来，将所有注意力集中在这个光点上。我知道，只要我全神贯注，就能创造出与世间万物相连的点。

第 62 天 恭维

注意别人身上好的地方，你看起来会更好。每个人都不仅喜欢，而且需要得到恭维，这使他们对自己，以及对他们给别人留下的印象更有安全感。给予别人这种安全感是一种体贴的表现。

我们可能要提醒自己经常恭维他人，但不要忘记，恭维与奉承之间有很大差异。恭维是对别人在外貌、行为或者个性方面某个积极性因素表现出自然而真诚的欣赏；而奉承则是一种精心算计，通过跟别人说一些他们爱听的话语（无论我们是否真的如此感觉）以巴结他们。恭维会让两个人更加亲密，而奉承则建立了一个愚弄者 – 受愚弄者之间的动态关系，存在很大的风险。

当然，如果跟某个我们想要讨他（她）喜欢的人面对面交流，我们当然可以有意地恭维他（她）。这跟预谋好的奉承并不一样。在此，一个小建议可以帮助你认清二者之间的区别：如果你发觉自己在默默地赞赏某个人的某件事情，那么走上前去告诉他（她），就是恭维；如果你发现自己在尽力想出一些好听的话对某个人来说，就是奉承。

在笔记本上记下一些有关你的朋友或同事真正让你喜欢的方面。记住这些要点，明天上班的时候至少尽力恭维五个人。

★ 今天，在这个静默的时刻，我认识到，当人们跟我分享他们对我由衷的赞赏时，我是多么感激他们！我发誓，要给他们同样的赞赏。

第 63 天 破坏分子"恐惧列表"

恐惧就是那个小黑屋子，负面情绪就是在那里产生的。

——迈克尔·普里查德

从童年时期开始，我们就学会恐惧不同的事物。这些恐惧是建立在我们的个性与经历的基础上的。每一个人的恐惧列表都是独特的。例如，丽兹，一个35岁、精力充沛的女人，成长于父母争吵不断的家庭。她有自己的餐饮公司，曾在一次深夜的车祸中锁骨骨折。她的恐惧列表可能会包括失去青春、一人待着无事可干，或者有人冲她喊叫；还会害怕天黑后驾驶汽车和做饭不好吃。马克是一个非裔美国人，小时候曾被一条德国牧羊犬咬伤，在大学的辩论队里担任主辩，曾有两个交往了很久的女友后来都跟了别的男人。他的恐惧列表可能会包含种族歧视、狗、说傻话，以及恋爱时被分手。

不管我们的恐惧列表中包含什么，它都是生活的破坏分子。恐惧压缩了我们的精神开放性，将自由精神囿于陷阱中，使我们羁绊于过去的问题中；恐惧使我们带着令人窒息的防范之心小心翼翼地生活，而不是让我们的生活充满生命的活力与热情。恐惧会激活旧脑，旧脑又会携带各种消极的态度与行为迎面扑来。

今天，至少在你的"恐惧列表"中列出三种你恐惧的事物。对每种恐惧，问自己下列问题：

我为何有此恐惧？
它是怎样破坏我目前生活的？
我可以怎样克服这种恐惧？

★今天，进入安全之所后，我发誓要将自己从过去的恐惧中解脱出来。我沉浸于这种思想中："恐惧在感知者的眼中。"

第 64 天 催化剂

未受过伤害的人在世界上过得并不太好。

——艾妮德·斯塔基

最近一些日子，很流行对浪漫爱情冷嘲热讽，但在我们的心中，绝不该贬低爱情。无论你的爱情经历有多么令人失望、愚蠢，或者悲惨透顶，这都是自然给你的奇迹。爱情不仅妙不可言，而且还是治愈创伤以及作出改变的催化剂。爱情让我们对现实视而不见，这样它就发挥了宝贵的作用。我们不知不觉爱上了一个绝不会有意选择的人——那个与我们早期的照料者有很多相同毛病的人。自相矛盾的是，这个人既有可能重新揭开你的创伤，也有可能彻底治愈创伤。如果不是受到浪漫爱情的奴役，我们也许会转身就跑，因为我们实际选择的人会像早期的照料者一样让我们失望并受到伤害，但是这种人，如果能回应我们的需求，就会成为我们容许的唯一一个能帮助我们开发全部潜力的人。

今天，至少回想过去发生的两件事情，当时，你意识到爱情伴侣能像你的父亲（母亲），或者其他早期的照料者那样伤害你。将这两件事情记在笔记本上。

★ 今天，在僻静之所放松下来，我还是很惊异，痛苦竟然是我成长的自然结果，这将会让我感觉自己更加完整。明白这点后，我发誓，恐惧绝不能让我绕开爱情，因为爱是通往完整自我的道路。

第三部分

与你的无意识爱情告别

第 65 天 神秘之旅

安全感在任何亲密关系中都属于重要因素。熟悉的日常活动（诸如每周日出去吃早午餐）会给夫妇二人一种传统感及仪式感。精心规划的度假活动也会给他们以舒适的未来蓝图。协商一致的干家务的规则、安排好的独立活动，甚至吵架都会让他们感觉，两个人在一起的日常生活更让人安心。

但是这些确定无疑的事情也会限制爱情的成长能力。没有什么比新奇和探险感更加能让爱情重新焕发出活力来。这些让我们感觉安全的日常活动必须与不合规则的冒险活动均衡起来。为了避免陷入一成不变的生活，任何关系都需要偶尔进入未知领域探险。如果你目前没有约会对象，那么就约一个好友或者某个兄弟姐妹到某个地方待上一下午或者一个晚上，或者是一个周末，你无须细致安排将做什么和要到哪儿去。如果你在跟某人约会时，突然给他们提出一个活动。通过沿途的冒险，你可能会发现一个有彼此陪伴的崭新的精彩世界。

> 找个时间跟你喜欢的某个人开始一个"奇妙的神秘之旅"约会，在某个不熟悉的小区或者乡村漫步。不要问向导或者查地图，而是由着你的想象指引你，到吸引你眼球的古董店浏览一下；停下来观察公园里游戏中的孩子或者大人；找一家看起来很浪漫的餐馆吃饭；或者，当你遇到一个马戏团时，买几张当天的票；当你经过一个俱乐部，发现里面正上演你最喜爱的爵士乐时，就进去听听。

★放松呼吸，进入安全之所，我借助自己的想象及勇气，放弃恪守的日常活动及安全感，让自己去冒险。这句话语指导着我："未知世界具有快乐的潜力。"

第 66 天 旧脑

……生活是荆棘密布的,青春是虚荣的。对所爱之人发怒,确实是头脑发疯时所为。

——塞缪尔·泰勒·柯尔律治

你最近是否曾对人厉声呵斥,却发现他们吃惊地瞪大了眼睛看着你?或者,你因为乘电梯的途中别人一句随意的评价而耿耿于怀,回到家中还仍然怒不可遏?如果发生这种状况,很有可能是你的旧脑在作祟。我们总喜欢认为大脑是在思考、计划、创作及决策,其实,这种想法是我们的意识及理智的中心,这是一种心态,是由新进化的那部分大脑(即大脑皮层)产生的,但在无意间,如果旧脑感觉我们的保护墙将要或者已经被攻破的话,它会埋伏着等待时机突袭任何一个人。不论我们感觉自己如何深深浸淫于文明中,都无法调和或者遮掩复杂的而且有时还很原始的人类天性。有时,甚至连我们自己都对我们反应的激烈程度感到吃惊。正是旧脑将我们与最早期的类人祖先,以及比祖先还要久远的其他哺乳动物和爬行动物联系在一起的,因此,这种反应不足为怪。

但是,这并不是说,这样反应就很好,或者别人可以接受你这种反应!新脑的一个常用功能就是尽力防止旧脑失控。我们越是能够清楚地辨别是什么使得旧脑发怒的,就越容易帮助新脑完成这个艰巨的任务。

今天,回顾过去一周,指出你的一些由旧脑控制的反应时刻。将这些反应记在笔记本上。

★进入安全之所,我想象自己在给潜伏于旧脑中的保护性能量抛置诱饵,以缓解其强烈的保护及防卫需求。这样,在新脑中等待我的意识就可以发挥更加积极的作用。

第 67 天 恋爱挫折

我们要做的事是清醒过来。在以自我为中心的意识允许我们看到的这个虚幻部分中，我们必须找到一些方法来辨别整个现实……我们必须持续地密切关注那些可以拓展意识的方法。

——奥尔德斯·赫胥黎

大部分人都会抗拒坦诚看待过去的爱情挫折。我们努力压抑不愉快的记忆，寄希望于有一天它们将完全消逝，然而，不可避免的是，这些记忆常常会不请自到，使我们深受困扰。这些记忆如此锲而不舍，实在是我们的幸运。如果我们逃避它们或者与之对抗，它们就会持续控制我们，或者让我们难过，但是，只要我们开始面对并研究它们，它们就会开始教导我们，从而让我们变得更加强大。

成为一个更加清醒的人，会使我们在将来能享有一段理智的恋情，变得更加理智意味着能够掌控过去让你感觉受挫的局面。为了做到这点，人们必须回答一些比较棘手的问题：是什么导致了你和以前的恋人之间的冲突？为什么会这样？这些冲突是如何结束的？

作为一个单身者，你处于绝佳的位置来回答这些问题，因为对于冲突中的情侣来说，他们的回答很难保证客观。即使你有痛苦的回忆，但你是一个冲突幸存者，在一定程度上距冲突有一些情感距离。在接下来的几天里，你将回顾过去的恋情。这样，你才能更清楚地辨别反复折磨你的挫折模式。

今天，选择过去三段最让你感觉受挫的恋情，并简要记录下每一段恋情的经过。答应自己，在接下来的几天里，要更细致地研究这些恋情。

★在静谧的安全之所，我借助勇气对自己发誓："我要坦诚而公正地回顾过去的恋情。"

第 68 天 恋爱挫折

> 只是对我而言,幻想比现实更加真实,因此,我们常常将世界建立于错误之上,并为了世界跌成碎片而哭泣不已,然而,只要人们竖起一根手指,就可以用真相来取代错误。
>
> ——玛丽·安亭

许多单身者紧紧抓住恋爱的幻想不松手。他们珍视幻想,深信真爱自然会带来完整的幸福,爱情自然会攻克一切危机,但是幻想可能会是毁灭性的,拒绝认清这点的单身者会失去现实感。他们不承认无意识的作用模式,也不理解实现稳固恋情要付出的艰苦努力。他们没有意识到,仅靠浪漫爱情并不能帮助恋人——即使是最充满激情的恋人解决重大冲突。

这些困惑不解的、受伤的、不幸的单身者不可避免地成为困惑不解的、受伤的、不幸的夫妻。两个这样的单身者的结合会造成更大的痛苦与困惑,而这个痛苦又跟每一个基于幻想与错觉建立的新关系混合起来。打破这个循环的唯一方式是,更加客观地看待过去恋情中的严酷现实。不要沉浸于破碎的幻想中,试着聚焦于令你受挫的现实事件,每次只聚焦于一件事情。

从昨天提到的恋情中选择一个,将笔记本中的某一页纵向划分为三栏,第一栏标记为"1.挫折",在其下面列出让你感觉不舒服或痛苦的具体行为。例如,"他(她)约了我出去,却总是迟到。""他(她)总是爱生气,防范心很重。""他(她)总是当着朋友的面批评我。"

★在这个虔诚的时刻,我放松下来,放弃了对于完美伴侣的幻想。我让自己认识到,只要努力,就可以获得真爱,这将比任何幻想都更加令人完满。

第 69 天 恋爱挫折

> 知人者智，自知者明。
>
> ——老子

当想起过去的恋人时，我们总是专注于曾经感受到的挫折：他们不像我们的朋友；他们从不会清理水槽里的头发，即使他们知道这对谁都很不方便；他们嫌我们对他们不够支持，并且为此絮絮叨叨。

前任伴侣的各种行为让我们大失所望，但是具体而言，我们对每一次的挫折是如何感觉的？是前任伴侣的嫉妒让我们感觉不受信任或被过度控制吗？那么，在这种感觉之下，我们是如何表现的？例如，如果我们感觉前任伴侣贬低我们的好友就是贬低我们自己，那么我们是以贬低对方的好友回应，还是以忽略对方的话回应？或者，是以赞扬我们的好友回应？

识别每一次面对挫折时的感受，将有助于发掘关于我们自己的有用信息。这些信息将有助于降低我们将来的受挫可能性。

今天，继续思考你昨天想到的同一个人（第68天）。在笔记本上的同一页标记"2.感受""3.反应"。对于昨天列出的第一栏中的每一个挫折，在第二栏中写下你的感受，最好用一个词概括，例如，"气愤""恐惧""耻辱"等。接着，对于你的每一个挫折与感受，在第三栏写下你的反应，也就是你因此如何表现的。例如，"生闷气""我冲出了房间""我用喝酒来恢复情绪"等。

★进入内心的安全之所，我接受过去恋爱挫折中应承担的责任，并为此尊重自己。

第 70 天 恋爱挫折

生活中没有什么可怕的，只要你试着去理解它。

——玛丽·居里

探究童年时期的自己，为我们成年后行使职责提供了深刻的认识。同样，分析过去的恋情可以为健康的未来恋情提供至关重要的新认识及新的洞察。你努力去理解过去恋情中的挫折，旨在避免自己沦为与未来伴侣之间产生与过去相同挫折的牺牲品。人的天性就是按照以前的方式做事，除非可以改变自己，以不同的方式做事。

你可能不情愿再一次，甚至于再二再三地回顾那些引起你生活混乱与痛苦的阶段；你可能会畏缩不前、害怕揭开过去的伤疤；或者，你可能担心自己会感觉无聊至极，或者担心重演自己无力改变的事情是在浪费时间；然而，一个更为痛苦的前景可能在等待着你，即你跟未来的伴侣之间又在制造相同种类的问题，而这一次，你会为此感受到更为深刻的痛苦，因为，你没有为使自己从过去的创伤中复原而做的任何事情。

今天，聚焦于另一个你所选的以前的重要恋人（第67天）。在笔记本的另一页上写下这个人的名字作为标题，然后将此页分为三栏："1.挫折""2.感受""3.反应"，正如你为想起的第一个人所做的那样，将这三栏填满（第68天和第69天）。

★进入内心的安全之所，我深深地呼吸，让自己的内心与我所做的事情协调一致。我承诺，要完成这过程，虽然开始时有些困难，但对我的将来大有好处。

第 71 天　恋爱挫折

爱情不会缩短我的时光，但它会在不经意间溜走。

——埃德娜·圣·文森特·米莱

人们如何才能获得深刻的爱情体验？秘诀在于拥有众多情人吗？还是在于极其戏剧化的桃色事件？现实是，每一段浪漫关系都是我们整个成长过程中的重要关系。因为每一段感情都突显了与我们有关的各个层面。在审视这些恋情时，我们会渐渐发现那条不仅可以将引领我们走向内心，而且还能引领我们走向深刻的爱情体验的道路。

任何一段严肃的爱情关系中的主导因素都要远比表面情况更加复杂，虽然有时会令人困惑，但有助于获得兴奋、有趣且富有启示的发现。例如，在本单元里，你思考的是基本挫折以外的事情，以帮助你更好地了解你对这些挫折的感觉，以及你的感觉如何决定你的反应。在本书的其他地方，你将会了解自己最根本的希望与恐惧如何影响你成年后的恋情。具有这种深刻认识后，你更加有把握获得人生中真正的、永恒的爱情。

当处于热恋中的时候，你无法做到客观；恋情结束后，你可能又不愿意花时间与精力回顾。现在，你就做这项重要的工作，并在此过程中更加清醒地认识到你是谁，以及在你的帮助下产生了哪一种恋情。

　　今天，聚焦于你选择的第三个人，并且就像昨天一样，为这个人完成相同的三栏练习。

　　★在冥想中，我专注于这种思想："只有正视过去的挫折，我才能做好准备迎接将来的伴侣。"

第72天 恋爱挫折

巧合，如果追溯得足够久远，也会变成必然。

——摘于一座印度教神庙

最值得关注的是，你所有浪漫爱情中的共同分母当然就是你！是你将同样的优势与劣势、同样的情感区域、同样的习得性行为带进每一段恋情中，而每一段感情之间的差异主要与另一个人、时间、场景以及当时的情况有关，但是，这些差异真的很重要吗？

如果能发现在每一段恋情中持续出现的挫折、感受及行为的模式，你就走上了正确的轨道。你将认识到，自己对每一次恋爱的进程有多大的影响。起初，这种醍醐灌顶的认识可能会让你不安，没有人会愿意地发现，原来是自己不知不觉中一次又一次在恋爱中为自己设置了同种类型的挫折、糟糕的感受与消极的行为，但是，最终这种认识能令人吃惊地帮你解脱。如果能够对不可避免地带到恋情中的力量有更加清晰的认识，我们就可以聪明地学会利用这个力量。这样，我们才能实现长期以来孜孜以求的精神、肉体以及情感上的完整性。

今天，回顾你写下的每一页过去恋人的有关情况。比较每一页中的"挫折"栏，找出类似的挫折。对于"感受"栏与"反应"栏，也进行同样的操作。

★今天，在这个静静反思的时刻，我深深地呼吸着。由于发现了挫折的真相，我利用内心的智慧与力量指引自己前行。

第 73 天 恋爱挫折

通过更客观地看待过去恋情中的挫折，以及结合我们的感受与反应所受到的影响，我们逐渐治愈了这些恋情中受到的创伤，也能够更好地与过去的伴侣共情。对方也一样遭受了挫折，而且这些挫折从不曾化解，因为过去的伴侣也是受到其自身模式以及条件作用的控制而活动的。为了对自己和将来的伴侣都好，你需要利用过去的挫折和你在恋爱中真正的欲望来创造一个更加现实的景象。这将避免一些负面的感受与反应发生。这个景象经过持续的修正，以及与你的伴侣分享，成为实现幸福爱情的唯一蓝图。

今天，在你笔记本上的某一页写下"欲望"这个标题。想想你在过去恋情中一再遭受的挫折，在这一页写下你在将来恋情中想要得到什么。例如，如果你对恋人总是约会迟到感到懊恼，就可以写下："我想要我的恋人尽量守时，如果预计晚到十分钟以上，就早点给我打电话。"为了平息怒火，你可以加上一句："如果来迟了，我希望恋人能道歉。"

★在这个冥想时刻，我让自己的内心充满了对过去的恋人以及对自己的同情。在努力寻求避免在今后的恋爱中再次出现相同的挫折时，我要让自己的同情心来帮助我。

第 74 天 自然的方式

> 自我有记忆起，大自然一直是我的抚慰、灵感、探险与快乐的源泉；它是家园、师长与伙伴。
>
> ——洛林·安德森

经过艰苦的努力（尤其是深刻的灵魂探索）后，没有什么比沉浸于自然中的感觉更好。在森林树荫下柔软的草地上游荡，在沙滩上沿着海岸线漫步，或者在怪石嶙峋的山巅俯视沐浴在阳光中的山谷，都可以让我们的精神复原。深深呼吸一口弥漫着刚刚修剪过的青草气息的空气，或者专门抽空出去看太阳落下地平线时的景象，有助于再一次提醒自己在生命挂毯中的位置。

人的天性使我们渴望活着，渴望成长，这使我们与生命之网上的其他生物彼此相连。当发掘这张生命之网时，我们可以为自己及我们的承诺再续能量，以便充分发挥自然赋予我们的潜能。

目睹了造物主的作品之后，我们再一次对生命激动人心的可能性感到震撼。在大自然中的暂时休憩让我们重建信心，相信创伤必然能治愈。

这几天审视过去恋情时你做得很好，可以犒劳自己一下。在接下来的一周里，到户外去走走，到可以跟动物、植物及风雨交流的地方。比如，到一个公园或者在一片田野里散步，或者乘独木舟横渡一条小河。只要你能找到一个可以漫步、漂流、静坐，或者躺着，抛开所有让人心烦的念头，只想着你跟周围自然美景融为一体的地方就好。

★进入内心深处，种种忧虑随风释放，这样，我就可以依靠存在于内心深处的平静了。

第75天 真话，所有的真话

说真话需要两个人——一个人说，另外一个听。

——亨利·大卫·梭罗

我们都想要别人对自己坦诚相待，听到真话的唯一方式就是仔细倾听。如果你不仔细听，你就听不到那个人传达的信息中的全部真相。结果可能是，你们之间的谈话或者关系充满了困惑、误解，因此，你们也不会有机会建立亲密的关系。

倾听真话并不是让你只听事实或者那些与你的感觉相同的看法。例如，假设一个约会对象在提到一个你们都参加过的晚会时抱怨："这些人真无聊，他们就只会谈高尔夫！"

由于你只听了表层意思，你可能会怼回去，"这么说，你觉得打高尔夫没意思？"或者"我跟这些人挺聊得来！"这两句话都表明，你没有听到你的约会对象的真话。你的约会对象并没有说打高尔夫无聊，而且对方也没有提你可能感觉到什么。如果你真的仔细听了，你可能会回答："你是说你觉得很无聊，因为你只听到人们在谈论高尔夫，是吗？（镜像反射后停顿一下）嗯，我能理解你为何对那不感兴趣（确认对方的权利）。"

倾听真话意味着暂停你自己所想的事情或者偏见，这样你才能与说话的人完全协调一致。以后，你就可以更加有信心以及有效地去与人交流真话，所有的真话。

今天，在跟人交谈时练习专心倾听。如果你感觉在跟谁的交谈中达到了这个目的，就记下那些人的名字。使用镜像反射与确认他人的权利这两个你学过的技巧（第35～38天，第57～59天），以确保你准确地听到了别人的话语。

★深呼吸并放松下来，我将自己的心视为一朵盛开的花。花儿绽开了，别人的真话才能进入我们的意识。正如花儿不必多说，也自有人来观赏和珍视。我承诺，要真正地深入倾听我人生中那些人说的话。

第 76 天 包办婚姻

这个时代，是很难找到一个合适伴侣的，但至少不同于中世纪时期，那时，婚姻都是提前安排好的，是吧？错误！最主要的是，尽管表面上看，我们的伴侣是由我们清醒的理智所选的，但实际上，他（她）是由某个完全无理性的人为我们提前安排的。因为，这是我们的内在自我，即印刻在伊玛戈中的那部分，将我们与伴侣撮合在一起的。

正如中世纪时期的父母为了财富或者结盟而给子女包办婚姻一样，我们的无意识大脑也是为了满足它的某些特别的需求而给我们选择伴侣的。由于没有意识到这点，我们表现得就像在作有逻辑性及分析性的选择。人生要是真的这么简单就好了！

诚然，在我们的时代，我们是与某个我们爱慕的人结婚的，但是，我们不要将选择伴侣的过程与爱情混为一谈，而且爱情与婚姻也并不像我们大多数人所想的那样并行不悖。伴侣的选择是一种找到我们的伊玛戈匹配者的需求，而非爱情。浪漫的情感并非爱情，而是大自然设计的化学反应，以诱惑我们去与这个伊玛戈匹配者之间建立长久稳固的关系；然而，爱情如果真会在婚姻中出现，那么这也是因为我们有意识地致力于治愈伴侣的创伤，同时也帮助伴侣治愈我们自己。

今天，再看看你在第 50 天涂制的伊玛戈画像。提醒你自己，这个人并非你可以根据自由意志选择的，而是某个你需要的，并且能比其他人更加爱你的人。

★在一片静谧中，我闭上双眼，借助内心的力量呼吸着。我承认这是事实，即我常常在无意识间作出选择，而自己却全然不知。

第 77 天 独处

> 最终你会发现，一个人待着原来并不孤独，这是一个多么令人愉快的惊喜。
>
> ——艾伦·伯斯汀

作为单身者，仅仅是为了解除无法排解的孤独，最终常常渴望生活中存在另外一个人，这有什么错吗？经常是我们自己发现这其中的错误。由于绝望而冲动行事，这使我们抓住遇见的第一个人。接着，我们就会发现自己陷入一段不合适的恋情中。这段恋情无聊、痛苦，或者就是对我们而言彻底的折磨——无论如何，注定以失败告终。

治愈孤独不能依靠我们身外的世界。冲动之下抓住别人来分散注意力，只会阻碍我们找到真爱。我们必须培养独处的能力，并更加细致地审视自己作为个体拥有的所有资源，这样才能使日常生活更加丰富、更有意义。必须让自己的身体、大脑及灵魂有更多的自由，以了解宇宙可以赋予我们的快乐。这样，才能开始更加珍视我们自己的活力感。我们必须学会从自己的独处中获得更多快乐，方法是更积极地反思自己的体验。这样，我们又会有新的希望来实现更美好的未来。只有克服孤独感，我们才能欣赏自己作为个体所具有的独特力量。借助于这种力量，我们可以跟某个同样重视并培养这些力量的人建立一段持久的、理性的恋情。

> 在接下来一周的某个时间，做一件你平常很少单独做的事情：在一家豪华餐厅吃顿饭、去看一场轰动性的演出、在日落时长时间漫步、租一艘独木船并沿着林中的小河顺流而下。不管你做什么，请珍视独处的快乐时光！

★今天，在安全之所，我决定成为自己的朋友。我反复体会这种思想："我可以一个人待着，却并不感觉孤独。"

第 78 天　调整自己的进度

单身是生命的动态状态。我们逐渐摆脱了童年时对父母的依赖、对过去恋人的不健康的依恋，建立起独立的自我，这个自我能够跟某个人建立起持久的爱情关系。在成长的这个阶段，我们需要根据自己的能力与长远利益下功夫来调整成长的进度。我们不想在时机不成熟的时候，仅仅因为害怕孤独而一时冲动想要找个伴侣，匆忙结婚或者投入一段恋情中，也不想无所事事地消磨掉单身时光，从而让自我成长的机会与爱情机会从身边溜走。为了展现单身时的最佳状态，我们需要定期向周围张望，以看看自己已经走了多远。只有这样，我们才能决定自己能走多远，以及为了及时地以令人满意的状态到达自己想去的地方，应该以什么样的速度前进。

今天，将笔记本的某一页分为两个部分。在第一部分写下你两年前在哪里，你当时的生活状态是什么样，你当时在做什么以促成自我发展，你那时希望自己到今天为止能走到哪里？自那时起，你有多大的进展，退步或在原地转圈？接着，再想想从现在起的两年后，你想去哪里，如何通过管理自己的时间与精力来实现目标并享受你的旅途？

★我开始今天的祈祷，与内心深处的自己交流。在那儿，就在我与宇宙交汇的地点，我请求得到指引，以使自己变得完整。

第 79 天 没有退路

> 离婚就像是一个截肢手术，你虽然活下来了，但比以前少了点什么。
>
> ——玛格丽特·阿特伍德

许多单身者将婚姻视为生活中的实验，而不是真正的生活。如果实验成功，很好；如果实验不成功，那么还可以离婚。单是这种态度就使得婚姻的前景不妙，人们很难认真对待它。当思考婚姻时，我们要将它视为一种"生活方式"，这种生活方式对我们的个人成长至关重要，而不能将婚姻视为跟另外一个人合伙搞的家庭企业。如果在婚姻中产生麻烦，那么应该做好准备排除问题，而不是排除那个跟我们一起面对问题的人，否则，即使那个人已经离开了，这个问题仍旧阴魂不散。

我们需要识别伊玛戈在伴侣的选择以及婚姻中的无意识的计划，并且与这个计划配合，这样才能实现自己的完整性，否则，我们将继续忍受痛苦，就像夜间电视节目中播放的低成本 B 级片一样，总是碰到相同的问题。离婚并非是使个体得到完全解放的方式。个体得到完全解放的真正方式是成功解决婚姻中的问题，无论这有多困难。当考虑结婚时，我们必须将真正的伴侣间的结合视为永久的盟约，是对真爱永恒的承诺。

今天，思考一下你对离婚的态度。你是否愿意或者能够在步入婚姻殿堂时无须将离婚当作一个安全退出的选择？如果你有疑虑，将下面这句话抄写下来并且背诵，以此来尽量坚定你的决心："真爱，也是我们的个人完满，只有通过努力打造持久的关系才能获得。"

★今天花时间做了些反思，我因此超越了视婚姻为监牢的刻板印象，而是将这个监牢意象转变成家园意象——只有在家里，才可以找到真爱。

第 80 天 嘲笑过失

> 我认为，如果一个人身上没有什么值得发笑的事情，那他也不大值得我去爱。
>
> ——查理海氏

让我们面对现实吧，很少有人像正在追求爱情的单身者那样对自己过于在意，对他人吹毛求疵。无论我们表面看起来多么自信乐观、宽容大度，当与一个可能的恋爱人选面对面时，我们都在内心深处罗列彼此的过错："我的鼻子太长了""她的衣服总是那么俗艳""我的行动笨拙得像牛一样""我真希望他不要这么痴迷汽车""真不敢相信我怎么表现得这么傻"。

我们可以告诉自己，没有人是完美的，但这并不能让没完没了的吹毛求疵停止下来，也不能让我们羞愧难当，以至于将自己的以及恋人的理想形象的模型扔掉。我们需要建立对完美的新看法，假定两个完美的人彼此需要，他们除了某种冷静的相互钦佩之外，还能感觉到什么？

只有两个人能接受他们是肉体凡胎的事实，接受他们每一个人都混合了奇妙的完美之处与不完美之处时，真爱才能在他们之间产生。在此背景下，我们不仅看重对方的长处与品质，也珍视对方可爱的弱点、好笑的行为怪癖，以及打动人的不安全感。如果能学会愉快地看待我们所谓的过失以及他人所谓的过失，我们就会理解，真爱要远比完美的爱更加迷人。

> 花几分钟时间想一想你在自己身上以及他人身上看到的"瑕疵"。尽量看到每一个"瑕疵"的滑稽或可爱的一面。如果你的一个"瑕疵"是每到事情的最后期限就会惊恐万状，这个滑稽的一面可能就是你所产生的戏剧性效果——你表达惊恐的方式可能对别人而言是可爱的，而非令人厌烦的。

★今天，当聚焦于眼睛上方的某个光点时，我听到心里有个喋喋不休的声音。我深深地吸气。随着长长呼出的每一口气，我释放出关于自己以及他人的负面想法。

第 81 天 敢于去做

生命的维度与人们的勇气成正比。

——阿娜伊斯·宁

单身者总是容易感到孤独。你可能连续多日来感觉与世隔绝，无人理解，并为此担心自己永远也找不到持久的真爱。若你被这种孤独造成的忧郁影响，则很容易转变为胆怯。"我还是放弃吧。"你挥动着投降的旗帜喃喃自语。"这只是个运气好坏的问题，我不会再尝试了。我就过完一天算一天吧，该来的总会来。"

如果这样，那么，最有可能发生的事情就是你的生命将局限在一个狭小的范围内。除非你做点什么加以改变，否则，你孤独的日子将会延长至数周、数月甚至是数年。渐渐地，你可能对这种孤独与绝望已经麻木到没有感觉了。你已经对生命的琐碎如此习惯，你无法明白，生命本来是可以很宽广的。

生命的成长需要勇气，尤其对于通过恋爱实现的成长而言更是如此。答案不是屈服于忧郁，无所事事，让一切随机缘巧合。如果你想某个人开放你的世界，以此来扩展它；如果你想通过稳定的伴侣关系在新的维度上实现精神成长与幸福快乐，你必须足够勇敢。就从相信你自己能实现你想要达到的任何目标开始，然后，敢于走出去做就是了。

今天，答应自己，你将坚持训练与人相处的技巧，并且坚持努力创造更加专一的恋情。特别要告诉自己，不要因为偶然的忧郁而沮丧。遵守诺言的一个方法就是，务必坚持遵循本书提出的日常建议。

★ 相信自己有创造命运的能力。我对自己发誓，要尽最大努力将因孤独而产生的忧郁变成富有生命力的涓涓溪流，这溪流预示着活力与成长的潜力。

第82天 目的性对话：共情

她跟人们交谈的时候并不是把他们当成有着坚硬外壳的怪物，她谈话时，就好像她已经融入他们的群体了。

——玛丽塔·邦纳

"我能想象这有多么痛苦！""你的遭遇也让我感到气愤！"听到这样的话语，知道有人能够理解我们情感的伤痛，这该有多么慰藉人心啊！

目的性对话的第三个即最后一部分是共情。这需要你能切实想象出同伴的情感。有时，你仅仅只是意识到他们的感受，这时你可能会如此回应："我听到你说迈克不支持你，这让你很吃惊。我说的对吗？（镜像反射对方的话）你这种感觉也有道理（确认对方的权利），我能理解你一定对此感觉很难过（表达共情）。"有的时候，你可能真的能体验到其他人的感觉。如果是这样，你的共情可能会表现得更加强烈，你可能会说：（继续沿用以上例子）"我跟你感同身受。"这其中的任何一种共情反应都是你们分享深度交流的基础。这是一种治疗体验。在此过程中，两个人都能超越他们之间的差异而实现精神上的一体感。

今天，至少跟一个人在目的性对话中练习表达共情。从镜像反射对方的话开始，接着再确认他们表达的权利，最后以你对听到的情感表达共情结束（如果他们没有具体表达自己的感受，那么你可以对你所想象的他们可能会有的感受表达共情）。如果这个过程刚开始时让你感觉很尴尬，不要灰心。坚持练习，会让你感觉更舒服，更有益的。

★今天，进入内心的安全之所，我放弃自我关注，而是让自己想象并体验他人的情感。我体会到这个真理："爱是两个灵魂在深处呼唤彼此的共鸣。"

第 83 天 目的性对话：共情

哪里有仁慈、爱与怜悯，哪里就有上帝。

——威廉·布莱克

共情会使我们表现出自己最好、最神圣的部分，即我们自然地向往慈悲、向往治愈，以及向往彼此互联的意愿。根据当前的心理学理论，我们小的时候本能地具有同情心，但随着经历了越来越多创伤，我们变得越来越具有自我保护意识。由于过于关注自身的利益，我们渐渐很难与他人产生关联。在目的性对话中练习表达共情可以增强关联能力，并且打造出令人满意的关系。

刚开始练习时，你可能在识别对方情感以及表达情感方面会有困难。毕竟，传统的文化一直以来都教育我们要忽视或者抑制情感，但是，随着我们不断练习识别他人的情感，并且与之重新连接，一种令人鼓舞的变化会随之产生。我们不仅能从个人防护状态中解放出来，而且还要获得一种全新的力量与洞察。情感会让我们与自己关爱的人越来越靠近，而不是让彼此渐行渐远。

从你开始练习表达共情的那一刻起，不论你的表现多么笨拙，你的对话伙伴都将会有积极性的回应，并且会为此对你表示感激。你练得越多，就会表达得越来越自如。共情的魔力在于，它不仅能够治愈接受者的创伤，还能治愈给予者的创伤。

今天，继续注意他人如何在对话中表达其情感。倾听他人的具体措辞及语调。观察能够坦露内心的手势、面部表情，以及体态。利用每一个机会想象你的对话伙伴有何感受，并将你的共情融入与他们的对话中。

★今天，进入冥想，我释放出自己的与世隔绝之感，想象自己与他人通过心灵连为一体。我专注于这个真理："一体感只有在相遇时才产生。"

第84天 目的性对话：共情

爱就是你与某个人共同经历过的事情。

——詹姆斯·瑟伯

如果你的对话伙伴谈论的某个负面事情没有涉及我们，那么，共情将比较容易表达。你很容易对某个老板的过分要求引起的不适或对一个晚宴上度过的不愉快的夜晚表达共情，但如果对方的负面情感源于我们自己的行为，这时要你表达共情，难度就大多了。他们可能因我们没有打电话，或者开了轻浮的玩笑而表示失望，对此，我们真的愿意表达共情吗？

不可否认，在这些情况下，要你表达共情确实不容易，但正是在这些情况下，你的共情对自己和另一个人，以及对你们的整体关系才有价值。解除内心的防卫意识，在第一时间行动起来，去修复关系而不是回应伤害，就可以帮助你们化解这个难堪的冲突。

你需要提醒自己，你听到的不中听的话并非主要针对你，而是表达了说话人的情感。这样，在镜像反射及确认对方权利之后，你的第一个反应就应更专注地集中在说话人的情感上。之后，你可以坦诚地说："我能想象我没有给你打电话让你有多么难过。""我的话让你感觉很傻，而且不为人理解。"

想一想你与其他亲近的人之间的对话，他们曾向你表达过哪些不满的情绪？如果用到共情技巧，你是否本可以更有效地回应他们？这样的回应可以怎样改善局面？将这些情况记在笔记本上。

★ 今天，进入内心的安全之所，我回想起别人向我表达的一个负面情感。看着自己沐浴在金色的阳光下，我意识到，别人的话只是描述了他们的感觉，并非针对我个人，这使我免于以牙还牙地应对。我放松了自己的防卫，以热情与理解来回应他（她）。

第85天 目的性对话：共情

> 一个人降临到这个星球后，沟通是决定这个人与其他人之间将建立何种关系，以及在他身边的世界里，他将会发生什么事情的最大因素。
>
> ——维吉尼亚·萨提亚

祝贺你！在学习如何表达共情期间，你已经朝着成为一个富有技巧的沟通者迈出了一大步。你的回报是获得与他人之间更加亲近、更动人的密切关系，以及由此产生的更加完满的精神生活。

表达共情是目的性对话的最后一个步骤。在此过程中，你让自己暂时体会他人所经历的事情，以便最终能适切、由衷而且有效地做出反应。

共情让你们在情感上彼此靠近，在可能发生的争执中，你不会过分抵制另一个人的情感，并且知道他（她）是如何感受的。这样，你们都会感到，有另一个人在身边更加安全。

在本书后面的单元中，你将会发现，目的性对话如何为诸如表达愤怒、要求他人改变行为等类似的技巧奠定基础；同时，还要继续练习目的性对话，这样你才能做得更加轻松自然。

> 尽可能有机会就练习目的性对话中的技巧，以此来庆贺自己的收获。在本周内，跟你喜欢的某个人到哪儿走走。最好找一个让人放松的舒适地方，这样，你们就能够亲密且愉快地交流了，例如，一家宁静、浪漫的餐馆，一个僻静的小海湾，松树林中一条蜿蜒的小路等。

★今天，在这个静谧的时刻，我为这段对话而欢庆。我让自己沉浸于这个真理中："当我的伴侣成为我意识中的一个他者，一个非我，爱就在此刻产生。"

第 86 天 单一选择

> 要想在世界上做善事，首先，你必须知道你是谁，是什么令你的生命有意义。
>
> ——葆拉·P. 布朗利

一些深层次的特定的自我发展问题可能仅在稳定的日常伴侣关系中出现并得以解决，但当我们还是单身时，可以清除一些基本问题。我们至少可以识别并开始应对最为根本的自我问题，这样，无论在我们目前的恋情中，还是在未来的恋情中，这些问题都不会让我们感觉无法忍受。我们也可以练习一些技巧来帮助自己更好地与他人相处，尤其是与那些我们想要亲近的人相处。可以制定一个现实的目标——我们想要在恋爱中实现的目标。

一些人在开始恋爱时就已经相当了解自我，并且在努力提高自己与他人相处的技巧。这些人与那些对此毫无准备的人相比，更能够关心、分享以及奉献，而且，那些对于自己想要的爱情有清晰的愿景，并怀有坚定的意图要将此愿景变为现实的人，更有能力应对真爱，因为，若要从一段严肃的恋情中发生的强烈的心理冲突中幸存下来，正需要这些技巧。

今天，回顾你在第 9～14 天做的自我认知列表。

★今天，进入内心的安全之所，我回顾对自己的选择所做的承诺，我明白这个选择既有陷阱，也有回报，它将为我带来完整性。

第 87 天 麻醉剂

即使浪漫爱情最终没有成功，它也会让我们遇见一个更好的自己，也会提醒我们，我们有潜力获得完整性。尽管收获幸福的时机未到，但这确实让我们与那个早已忘却的放松的愉悦状态再次短暂地连接在一起。我们曾在婴幼儿时期体验过这种愉悦。无论爱情让我们受到多大的打击，大多数人还是会保留对过去美好时光的温馨记忆，并且还想再次体验这种温情脉脉的感觉。

浪漫爱情是大自然的麻醉剂。它将我们和自己的伊玛戈匹配者结合在一起，并通过增强快乐，以及创造更好的机会来让我们更久地结合在一起，无法分离。爱情也有助于给人以力量和毅力，使我们能够坚持完成艰巨的自我修复工作，这是建立理性的恋情必然要做的工作。在爱情的影响下，我们感觉自己能够、将会，而且必须做任何需要我们做的事情，从而实现永久幸福的结合。有了爱，我们感觉自己开始过着唯一一种值得过的生活；没有了爱，我们发现自己很容易停滞于单身状态中。这虽然安全，但并不能令人称心。

你可能会问："我怎么才能知道自己何时真正坠入爱河？"答案当然就是："到时，你自然就知道了。"今天，花几分钟时间在笔记本上记录下这个真实情况。回想你过去生活中的某个时期，当时你正处于"浪漫爱情的麻醉中"。你那时感觉如何？再想一想另一个时期，那时你在跟一个你其实并不爱的人经常约会。与你真正坠入爱河时相比，感觉如何？

★我让自己放松下来，进入神圣的静默之地，我抱有这种想法："坠入爱河就是与被遗忘的我再次联系的极度幸福。"

第88天 光芒四射

有时，我们会完全忘记自己要去往何处，甚至忘记为何要去那里。生命如此荒凉，我们发现自己迷失在无望的浓雾中。这是一段最为艰难的时期，我们很难振作起来再继续前进。尽管如此，但我们要认识到，自己能够穿透黑暗。这点至关重要。一旦我们认识到这点，黑暗也就变得不再可怕，而且，正是在身处黑暗的时候，我们才能发现，那些内涵丰富的谜团，一旦解开，将指引我们走向完整的人生。

灵魂的黑暗之夜会召唤出藏于我们内心的那个最好的自己——那种光芒四射的精神，这是我们每个人都具有的。我们必须让这个光芒照射出来，让它照亮在黑暗中等待我们接受的礼物；我们必须要让自己抱有乐观的希望，因为，这个希望能让我们坚持下去。在努力认清周围的黑暗，以及深藏于我们内心的黑暗的过程中，我们会发现生活所能给予的最大的宝藏。

今天，思考一下过去恋情中你曾经历的精神与情感上的危机。至少思考两个危机。对于每一个危机，回想一下你当时感觉如何？危机持续了多长时间？最终如何结束？在你找到解决办法之前，是否是最为黑暗的时刻？你如何成功地重现光明？在将来，无论何时你感觉到迷失在黑暗中，你都可以回顾这些经历，使自己得到慰藉；如果有可能，也使自己获得一种方向感。

★今天，进入内心深处，我发现自己心中本来就有一片光明，我在那里的时候，没有感受到丝毫黑暗。

第89天 嫉妒

> 在来世，他们不会问我："你为什么不是摩西？"他们会问："你为什么不是如斯亚？"
>
> ——如斯亚

我们总是忍不住会嫉妒那些看起来比我们幸运的人，于是，长着一个大鼻子、一双小眼睛的大卫向他的朋友埋怨道："要是我长得跟泰德一样帅，就不会没人跟我约会了。但我长这个模样，我还能指望什么？"于是，没有上过大学的瑞秋告诉自己说："安比我聪明多了，难怪麦克斯更喜欢她，而不是我。"我们必须警惕，若用嫉妒当作借口，借此来放弃实现自己潜力的努力，则很有可能，大卫找不到人跟他约会的主要原因是用于他贬低自己的态度，而非因为他长得不像某个影星。至于瑞秋，她从不争取的失败主义可能与她跟麦克斯的疏远有更大关系，而不是因为她没有受过大学教育。我们很容易假设自己未能成功的原因在于这些显而易见的表面过错。然而，事实其实深藏于表面之下。当我们嫉妒他人的时候，我们也易于泄露自己的秘密。

今天，至少指出两个你曾嫉妒过他人的情景。对每一个情景，问自己以下几个问题：

因为这种嫉妒，我可能会如何伤害到自己？

我会如何因此直接或间接地贬低自己？

这种嫉妒可能会如何妨碍我以对自己最有利的方式行动？

★在今天的二十分钟静默时间里，我进入内心深处，在那里，我感到自己有无限的价值。我将自我贬低意识从此处释放出来，这种意识隐藏于我和他人之间不利于我的比较之中。

第 90 天 在我们的感知内

每个人都有自己的内心世界，有自己特有的看待事情的方式，这使我们成为独一无二的人。当同一道理用到他人身上时，大多数人对此并不多加思考。我们总是假定他人的想法跟我们的一样。若他人的想法跟我们的不一样，我们又假定是他们错了。

这种单方面思考问题的方式是恋爱中的一个特别问题。当我们试图对恋人做到尽可能多一点客观、少一点主观臆断时，不仅需要考虑我们在个体感知方面的差异，还需要考虑男人与女人不同的社会化方式。

我们常常以由内向外的方式来感知世界，即用我们狭隘的理解方式来解释我们在生活中遇到的一切。为了理解约会对象与爱情伴侣，我们必须养成自外向内看问题的方式。这样，我们才能既理解自己的立场，也能看到并理解其他人的立场；这样，不仅能更好地与他人共情，而且还能扩展我们的意识，并且为自己奠定一个更加有趣的基础以供利用。

今天，回忆并记录某一个情景，当时，你的感知与同你在一起的人差异巨大。回顾当时，你现在是否可以看出，你本可以做到更加客观吗？

★在今天的冥想时间里，我依靠内心的勇气，怀有这个真理，即我的感知只是相对的，其他人住在对他们而言真实的世界里。我们分享一个共同的世界，这就是我们所经历的独特世界。

第 91 天 休息一会儿

实现自我成长从来不是一件容易的事情，最近，你一直非常努力，你不仅理应休息一会儿，也需要休息一会儿！正如运动员的肌肉需要短期的休息，以便能从运动的磨损拉伤中恢复一样，你的精神也需要休息一会儿，这样它才能为你补充能量。

今天，暂且将你的关系功课放到一边，犒劳自己一下。告诉自己，在一两个小时内，你只是躺着，什么都不做。不要做任何需要你思考、费力气的或者需要你达到某个目标的事情。抵制住抓起高尔夫球杆、猜字谜，或者刷皮鞋的诱惑。关闭你内心的犯罪探测器、懈怠信号、不负责任的警惕心，让自己的思绪飘浮。让生活的挑战与困难等一会儿再来烦你——这是你放松的时刻！

今天，你只是躺着，什么都不做，休憩一两个小时，这也许是最简单诱人的放松方式。

★今天，我静静地坐着，深深地呼吸着，同时，体会我的每一次呼吸是如何让自己更加彻底地放松的，直到自己完全静止下来。

第 92 天 支持系统

> 在艰巨任务中,上天都隐藏着一个幸运符,只有那些敢于克服困难的人们才能理解它。
>
> ——安妮·索菲·斯维琴

对于正在成长中的个人来说,建立一个支持系统以便有利于治愈创伤是一个重要任务。这个支持系统可以由以下人员组成:朋友、同事、目前的恋人,或者私人疗愈师。与这个环境中的每一个要素讨论你内心的自我,或者以新的方式向他们表达自己,在某种程度上都会涉及风险、耻辱、曝光、嘲讽,或者恐惧。例如,向一个同事坦露内心秘密可能会让我们感觉不舒服;我们可能不愿意在固定的约会对象身上尝试新的行为模式;我们与可能的支持者之间的纽带也许太脆弱;我们的恋情太勉强,往事不堪回首或者矛盾重重,等等。对别人,甚至是最好的朋友坦露自己的缺点,不安全感和欲望,以及目标,都会让自己感觉容易受到伤害,但是我们必须记住,如果只是从内向外努力,我们就不会有变化。为了让人生更上一层楼,我们必须寻求外在的帮助。

今天,至少指出两个你可以依靠并支持的人,然后,选择其中一个,本周你要特别尽力地让这个人参与到你的"改变"行动中。你无须正式公布你的改变计划,而只需随意谈起本书中提到的某个问题。例如,孩子的社会化,男性(女性)的刻板印象,或者是与单身生活有关的种种困难,等等。

★在这个安静的时刻,我想象,自己是一座固步自封的城堡,禁止一切出入。我秉持这样一个真理:"为了治愈创伤,我必须建造一座吊桥,这样可以促成更深层次的交流和分享。"

第 93 天 倾听

善于倾听的人才是伟人。

——阿瑟·赫尔普斯

某个朋友开始跟你谈起她糟糕的一天。她的水槽堵塞了，客户威胁要起诉她，猫在她最好的丝绸衬衣上呕吐了。你确实非常关心她，但你对这个话题就是没有兴趣。你的大脑开始走神，于是，你假装在听，时不时点点头嘟囔几句："哦，不会吧""真糟糕！"

仔细而且善解人意地倾听人们在对我们说什么并不容易。如果我们一开始就对话题没兴趣，那么就很容易转入"自动驾驶"模式。令人遗憾的是，这种行为模式只会使我们感觉更加无聊。

相反，如果决定通过镜像反射、确认对方权利以及表达共情的方式来进行有目的地倾听，我们自然会更积极地参与所听到的内容中，因此，更加能够成为说话者真正的朋友。

在感觉无聊时很难去听别人在说什么，如果我们觉察自己因此受到批评或者驳斥，倾听就变得更难了，于是，在其他人说话时，我们就不会用心听，而是开始计划自己的反攻。这种做法虽然很自然而且可以理解，但是，这只会使事情恶化。如果我们能克制反驳对方的冲动，而是运用目的性对话中的技巧来确保自己能更好地理解说话人，那么当轮到我们说话时，就能更有效沟通了。

在接下来几天里的各类对话中，使用目的性对话技巧 [镜像反射对方话语（第 35 ~ 38 天）、确认对方权利（第 57 ~ 59 天），以及表达共情（第 82 ~ 85 天）] 来练习做个更好的听众。

★ 走进内心的安全之所，我想象自己是一面镜子，真实地反射他人，令那些出于尊重而对其倾诉的人倍感关怀。

第 94 天 你的无意识爱情

恋爱的感觉可以如此美妙！我们的身体会兴奋不已，我们的伴侣看起来完美无缺。不幸的是，这种浪漫爱情是我们的无意识能达到的顶点，其实是靠将伴侣理想化以及我们对唾手可得的自我实现抱有的期望来实现的，但是，丘比特的箭一旦拔下，我们就会看清伴侣的真面目，于是"权力斗争"拉开序幕。

在恋爱早期的浪漫阶段，我们满怀希望并且积极乐观。每个伴侣都是主动提供另一方想要的及需要的东西的，但到了恋爱的后期，浪漫的泡泡破裂了，两个人都开始收回自己无条件的给予，同时，却依然要求对方满足自己的需求。由于双方的伊玛戈使他们选择了与自己早期照料者有相同缺点的人，因此，很有可能伴侣也会辜负他们。接下来会发生什么？这种无意识的恋爱就从轻松愉快的浪漫转变成难以忍受的权力争斗。

今天，在心里重现以前的一段恋爱时光，尽力指出那些使这段浪漫史如"梦境"一般美好的因素。在笔记本中记下你当时在身体上及情感上感觉如何。描述你是如何将当时的恋人理想化的。

★今天，我关注内心最深处的渴望。我给自己一段清静的时间来恢复精神，因为我意识到，我最深层的欲望其实是创伤的标志及我需要治愈创伤的标志。

第 95 天 你的无意识爱情

无论权力已发展到何种阶段,以及它源于何处,它都不会未经斗争就被放弃。

——舒拉密丝·弗尔斯通

随着浪漫阶段的结束,我们意识到,自己的伴侣并没有原本看起来那么完美。旧的创伤又被重新揭开,我们的幻灭变成了愤怒。

由于伴侣不再甘愿给予我们所需要的东西,我们于是改变战术。我们想尽办法让伴侣爱我们!我们试图通过各种方式操控他们来关心我们,诸如,提要求、哭泣、沉默不语、装模作样、批评,甚至哄骗等,只要我们觉得有用。我们就像企业家一样,为了获得更多的时间、爱与欢心而与我们的伴侣谈判,并以经济上的得失来衡量我们成功与否。权力斗争就此开始。

许多将浪漫与真爱混为一谈的人在这时就会退出。他们经历过一次又一次的浪漫,心里一直疑惑不解,不明白为何真爱如此难以捉摸,而另一些在权力斗争开始后仍然留下的人却陷入一个希望与失望的恶性循环之中。通往真爱之路并不在于避免权力斗争,或者偶尔暂停斗争,而是在于将权力斗争转变为争取成长的努力。

回忆你昨天思考的恋爱,尽力记起浪漫期结束及权力斗争开始的时间。你是从何时开始觉得伴侣并没有原来想象的那样"完美"的?你是如何意识到这点的?你们是从何时开始有较激烈的争吵?这是如何发生的?在笔记本中记下这些问题的答案。

★今天,进入内心的安全之所,凭借勇气与诚实的精神,我勇敢地回顾过往。我接受这句名言:"只有记住往事,我们才能从中解脱出来。"

第 96 天 你的无意识爱情

敞开的心灵才能容纳整个宇宙。

——乔安娜·罗杰斯·梅西

浪漫的爱情必然会在两个无意间感觉到他们的伊玛戈很匹配的人之间发生。浪漫是大自然神奇的炼金术，它可以将两个貌似不相容的人凑在一起，让他们为共同的成长而努力。这是一道开胃菜，预示着一顿丰盛而有营养的爱情美餐即将奉上。但是，浪漫期过去就会迎来权力斗争。在这场斗争中，我们无意中重演了我们与早期照料者之间的矛盾关系，希望能借此解决童年时遗留的问题，于是，权力斗争成为推动我们改变的动力。

成功解决问题的关键就是意识。有了这个意识与目的性，我们可以不再局限于自我事务，而是去关注另一个人以及与他（她）的亲密关系。这样，既达到了大自然的目的，也达到了我们自己的目的，因为对他人的真爱于物种的生存至关重要。真爱的产生是大自然赋予你的，通过一段恋情来修复自己、完善自己的方式。

回顾自己在恋爱浪漫期的想法与行为，以及你是如何进入权力斗争期的。你可以将其中的两个表现抄在一个便笺卡上，然后贴在浴室镜上。这会帮你记住它们。这样，将来在新的恋情中，你就能更加理智并有技巧地度过这些阶段。

★ 在今天的冥想时间里，我让自己的精神接受更加完整的意识。我专注于这个思想："如果我们不吸取过去的经验，历史就会重演。"

第 97 天 生机勃勃

突然之间，许多活动在我的体内进行，许多事情在发生，有一种几乎无法忍受的萌发感、冲破牢笼之感、思维的转变及肌肉的膨胀感。

——梅里德尔·拉·苏尔

我们都有隐匿的能量，它们渴望得到释放。其中的一些能量附属于某些特定的梦想或渴望，诸如：我们对舞蹈的热爱、对政治的兴趣，或者某一天我们要雕刻自己的图腾柱的计划等。

即使我们曾经追求过这些梦想或渴望，但那也是仅有几次。还有一些能量被有意地抑制。例如，对老板的愤怒、想要拥有一套昂贵的意大利套装的奢望，因为我们认为放纵它们是错误的。

如果没有合适的发泄方法，这些能量会在我们体内积聚起来，这会令我们很不舒适。就像一份蠢蠢欲动的热情，任何一个缘由都可以将其引发，无论是修一门成人教育的课程，还是清理乱糟糟的衣柜。积聚的能量会让我们更加接近沸点，我们必须要建一个"放气阀"来帮助自己减轻压力。如果忽视或者迟迟不去释放这些能量，我们就始终不能享有全部的活力。

在笔记本新的一页上写下这个标题："增强活力目标"，之后，至少列举十个方法用来消耗你更多的能量。做到尽可能地具体，用肯定句表达你想要做的事情，并将其作为一个条目，例如：我打算参加公司的篮球队；我打算为玛丽安排一个特别的生日派对；如果我有这种感觉，我要大声尖叫；下周我打算开始观赏小鸟；我打算开始学习使用电脑；我要告诉兰迪我对他工作的看法。

★进入跃动的内心深处，我将那些隐匿的能力想象成一道屏障，它不允许完整的我逾越半步。我信奉这个真理："我有能力拆除这道屏障。"

第 98 天 行走的百科全书

每一个人都是一本关于童年时代发生的事件的百科全书。例如，我们的大脑中存贮着妈妈轻微的咬舌音，或者是爸爸低沉平静的说话声调。我们从未忘记叔叔身上那独特的气味，或者他那与众不同的吸鼻子的声音，也没有忘记姑姑在圣诞前夜弹奏的钢琴曲。这种记忆想保留似乎是不可能的，因为，我们通常连早餐吃的是什么都想不起来。

尽管如此，这些声音全部都在我们的无意识大脑之中，等候着与适当的刺激建立起连接。这其中的许多声音都并入了那个闪着微光的幻影中，与那个"将使我完整的人"合为一体。

来到外面的世界，我们身体的某个部分在扫描每一个可能的恋人来搜寻那个幻影在现实世界的对等物。大量输入的信息被匹配起来：微笑时嘴角歪向一边＝是；跑鞋＝否；烟草的气味＝是。我们本能地知道，只有通过这些筛选的人才能够产生适合浪漫与爱情的化学物质，并最终将此发展为稳定的恋情，从而治愈我们童年留下的创伤。

今天，回忆并记录你最近发生的以下情况，即你发现自己在"筛选"陌生人并对其本能地产生某种看法，例如："这个人，我倒是有兴趣多了解一些"或者"她根本不知道自己看起来多傻"。至少记录三次诸如此类的情况。

★有时，当我思考无意识对我的日常生活选择的影响力时，不禁心生畏惧；当我进入内心深处放松下来，我知道，接受这种治愈是我唯一的选择。

第 99 天 全景图

在所有事物中都有一种永不枯竭的甜蜜与纯洁、一种行动与快乐的源泉，这是沉默无声的源泉，它默默而温柔地涌起，从世间万物无形的根部流向我的心田。

——托马斯·默顿

我们与大宇宙本质上是联通的，这已经引起众多领域的研究人员的注意，其中，包括科学、宗教、心理学以及哲学等，不一而足。现代物理学告诉我们，世间万物本质上是一个大领域的脉动能量，该能量只是在碰巧不同的时刻，根据不同的环境与视角而呈现出不同的形。这意味着，在表面彼此分离的下面，我们都跳着同一种富有活力的舞蹈。

我们在真正的恋爱中会感受到一体性。这是一种强烈的精神及灵魂体验，它是无法分析的。与无限的力量融为一体，这种力量是所有生命和所有力量以及所有美好事物的来源。

今天，去一个能感受到宇宙的浩瀚无垠与丰富多彩的地方看看。比如，一个面向大海的峭壁或一栋高层建筑的房顶，在那里，你可以远远地望见地平线；一条俯视着一个大草坪的长椅，你可以坐在那里望着下面无数棵小草迎风飘舞；树底下一个舒适的地方，你可以在那里仰望绿叶为你搭起的巨大的天蓬……

★今天，在这个神圣的静谧时刻，我让自己徜徉于这种奇迹中。有时，当想到宇宙之浩渺、沙粒之精密、云层密布的天空之精妙，而我就是这其中的一部分，同时，这所有的一切也是我的一部分，我就深感敬畏。

第 100 天 每一件事都很重要

在小事中做到真正伟大,在日常生活琐碎无聊的细节中做到真正的高贵与英勇,是一种难得的品质。拥有该品质的人完全值得我们奉为圣人。

——哈里特·比彻·斯托

在对爱的渴望中,我们完全错失了它的要义。真爱在生命的每一刻都会更加壮美,而且可以帮助我们发现生命中每一刻的美妙之处,无论这一刻你是在品香槟,还是在吃巧克力棒。这是一个通过爱,与生命之源、宇宙的能量之源连通的问题。当我们拥有这种连通,生命中的每一刻,无论它多么琐碎,都会唤起我们的高贵品质与英雄主义情怀。每一件事都很重要,总体而言,我们的生命是有价值的。

作为单身者,我们可以让自己为这种精神上高度协调的状态做好准备,方法就是,下决心去操练最好的那部分我们。我们不要再浪费这么多时间来担忧、争吵、批评,或者抱怨了,而是应该每时每刻都集中精力处理我们能做的积极性的事,这既是为自己,也是为了他人。

这些事可以是帮助某人提沉重的包裹、为忙碌的同事帮忙跑腿、对焦虑不安的邻居说句和善的话、捡起人行道上的橘子皮等。这些可能都是日常生活中琐碎的事情,但它们带来重要的练习机会,使我们变得更体贴、更有爱心,也更注重精神生活。

在接下来的一天里,如果有机会,可以选择为他人做两件简单的小事情,以此默默地专门练习,表达同情。

★为自己划出一些边界使自己有一段清静的时间,我放弃沉浸于重大而激动人心的时刻,以及自我膨胀的做法。我怀有这个想法:"为了表达对元素之灵的尊重,我要细细领悟整体性的神圣。"

第 101 天 有限的生命

　　一些人告诉自己，他们选择保持单身状态。其实这些人只是将自己不能应对恋爱中的诉求加以合理化而已。他们的话听起来很耳熟："我需要自己的空间，"他们说道。"我就是没找到合适的人。""我的工作占据了我所有的精力。""跟另外一个人一起生活不会让我幸福。"在许多情况下，这些人一再遭遇与其他人之间的相同的问题与痛苦。童年时代的情感创伤一次又一次被揭开，而这些人最终以陷入同样的困境而告终。他们说服自己，他们根本就不适宜结婚，一个人生活会更好。他们想，既然社会容许他们单身，还有何不满？为何不充分利用这个单身状态好好生活？我们当然可以继续保持单身，但这与我们天性中与他人结合的驱动力是直接相悖的，而且，这让我们的生命非常受限。只有通过与另一个跟我们分享内心与灵魂的人彼此联结、互动，我们才有希望治愈自己的创伤，并挖掘出自己最大的潜力。

　　今天，想一想那些合理化你的单身状态的时候，你当时告诉自己，这是你的人生命运。由于合理化是心理上的自我保护形式，因此，问自己，你在努力保护自己不受什么伤害？

　　★今天，在这个静谧的时刻，我想象自己在充实地生活着。我看见自己停止所有形式的自我保护，并且一个接一个释放了所有的恐惧。

第 102 天 性欲

一些女人的问题是,她们就没有什么可以感到兴奋的事情,于是就嫁给了他。

——雪儿

当遇到自己的伊玛戈匹配者,我们就会知道。一些人将这种"知道"的感觉描述为响铃,或者是烟花在自己脑中燃放。其他一些人用了更生动的比喻,"我为她神魂颠倒"或"他让我一见倾心。"这是否意味着,每一次我们对某人感觉兴奋不已时,都是因为我们的伊玛戈在作祟,而不是中了丘比特的箭?我们还必须考虑性欲因素,这也会产生类似的紧张而刺激的感受。

我们的性欲可能会聚焦于包括伊玛戈匹配者在内的许多外人。社会化的过程使我们易于对特定一类人中的任何一个激起兴趣,这些人具有模式化的、理想的性方面的禀赋。除此以外,我们很容易对那些有更多"身体"自信的人魂不守舍,也许是这些人的性行为技巧更加娴熟,或者是这些人比其他人更擅长在性生活中操纵我们。也许这个人是我们的伊玛戈匹配者,也许不是。最后,还有挑战的因素在内。我们可能会从跟一些人建立性关系中得到一丝兴奋之情,这个人可能是某个道貌岸然的人,或者曾是某个我们仰慕之人的情人,或者是某个格外诱人的"禁果",诸如,我们的老师、学生、老板,或者是某人的配偶,或者是另外一个种族的人。这些人中的任何一个都可能被误认为是真的候选人,而实际上,他们并不是。应如何区分性欲对象与伊玛戈匹配者?办法就是,多了解我们的伊玛戈画像,并寻找警告信号。

今天,让自己再熟悉一下你在第 50 天绘制的伊玛戈画像。

★今天,在冥想中,我承认,自己能够凭借与生俱来的能力来选择终身伴侣,他(她)将有助于实现我们两个人的完整性。

第103天 大冒险

生活要么是一个大胆的冒险，要么就什么都不是。让自己面向机会，并且表现得就像是面对命运的自由的精灵一样，这是一种不可击败的力量。

——海伦·凯勒

所有的人都害怕改变，即便我们心里都知道这个变化对我们有好处。熟悉的旧方式看起来安全多了！跟同样的人到同样的地点更加容易。我们感觉很难冒险去发现一个可去的新地方，或者很难去认识一个看起来很有趣但又害怕接近的人。即使循规蹈矩让我们痛苦，但我们知道，改变也同样让我们不好受，而让感到我们恐惧的不是别的，正是未知的事物，于是，我们成为一切旧方式的囚徒，从不敢去品尝兴奋，然而，兴奋其实就是恐惧的对立面。

如果我们想突破牢笼的束缚，就必须冒险。我们必须敢于尝试新的思考方式以及新的行动方式。即使我们无法肯定它们将会把我们带向何方也无关紧要，重要的是冒险的能力。只有当我们接受一次挑战之后，真正的生活大冒险才正式开始。这使我们变得更强壮。思想上、情感上，以及精神上更强壮后带来的兴奋之情，是一种我们生来就要体验的兴奋。

答应你自己，这一周无论如何都要尝试一种新的积极的行为，这是你到目前为止还不敢练习的行为。指出一个或几个特定的适合这个冒险行为的场合。

★每一次内心的这个静谧之处，我都意识到，在自己的内心深处，我接纳改变。今天，我与心中的上帝连为一体，以便让任何害怕改变的恐惧浮出水面。我深深地呼吸着，从心中释放出这种恐惧。

第 104 天 告别

过去的恋爱会继续对我们目前的生活产生影响。尽管我们很清楚,昨日的恋人已经不在身边,但他(她)依旧萦绕于我们的无意识的思想中,继续在我们想象、寻觅,以及进行新恋情的方式中存在。就像斯克鲁奇一样,我们在新的恋爱中遭遇过去的阴魂。我们重述过去的旧账,回忆美好的时光,对过去的梦想恋恋不舍。如果我们还纠缠于未了结的恋情及藕断丝连的情感中,那么就很难开始一段新恋情。即使我们真的找到了一个新的恋人,但是,盘旋于我们头顶上方的过往还是会令我们的新恋情前景不妙,即使它还没有机会起作用。

你以往的恋情已经成为过去了!它们的日子该结束了,该彻底结束了!在本单元里,你将学习如何与过去的恋情以公正、诚实、自我解脱的方式告别。通过承认过去恋爱中美好的时光以及痛苦的时光,你便可以将这些过往的阴魂送回它们永久的栖息地了。

今天,指出你过去生活中的一段重要恋情,它还依然萦绕在你心头。在笔记本上写下几句话,说明是什么东西依旧吸引你,或者这段恋情为何会结束。这将是你在接下来的几天里要道别的那段恋情。

★在今天二十分钟的清静时间里,我让自己回想过去的一段恋情。触及伤痛后,我承认,必须释怀过往,才能有足够的空间容纳新的事物。

第105天 告别

告别过程中很重要的一部分就是悲伤。许多人天生的本能就是咽下他们的伤痛与愤怒。流泪以及回顾痛苦的往事是一个重要的泄气阀,这使我们可以释放愤怒、痛苦与悲伤,还可以缓解我们抑郁的情绪,为我们开启发展新恋情的机会。

很少有哪段恋情能平静利索地结束。它们要么在彼此愤怒的指责中爆发,要么在沉默无声中消逝。而关于恋爱——无论好的,还是坏的,是梦想中的,还是现实里的——基本事实却未能得到表达。告别练习给你提供了一个完美的谢幕,这是生活未能给你的。一开始,你先想象你以前的恋人就坐在你的面前,准备听你说话。接着,你跟这个人大声告别,并描述你们恋情中的三个不同方面:首先,是积极的情感与经历;其次,是负面的情感与经历;最后,是未能实现的梦想。通常,你可以在一个告别会里涉及这三个方面。在本单元里,你将在接下来的三天里每天集中练习某一个特定方面。

如果你有以前的恋人的照片就拿出来看看。如果没有,就想象,你以前的恋人就坐在你的面前。大声说出你跟这个人之间的积极的情感与经历。在说完每一段情感与经历后,声明一下:"我跟此事了结了。"例如:"我一直都为你的模样而自豪,我跟这了结了。"或者:"我们以前总在晚饭后一起遛狗,我跟这也了结了。"

★今天,在冥想中,我走进内心的安全之所。我满怀信心与勇气地说出真相,因为我知道,这会让我解脱。

第106天 告别

如果我的手紧紧抓着某个东西不放，它就会被占满，那么我就既不能给予别人什么，也不能接受别人的给予。

——多萝特·佐勒

跟以前的恋人说再见并不意味着我们要忘记他们，即使我们想忘记，但又怎么能够忘记？他们不可挽回地改变了我们的生活。双方一起创造了至今仍旧珍藏的记忆，并且我们也总结了至今仍然能够帮助我们成长的经验。

跟以前的恋人说再见意味着宣告我们真正的独立与自由。随着人生一天天走过，我们不再继续在精神上紧紧抓住他们不放手，而是必须要解放自己，这样我们才能自信地活在当下，走进未来。我们再不会与他们亲昵，就像我们跟某个新认识的人依偎在一起那样。

我们也不会再愤怒地斥责他们，就像我们跟某个新认识的人那样争吵不休。相反，他们现在已经彻底脱离了我们的生活，从而使我们目前的恋情轻松许多。

我们还是有从前恋人的回忆，无论是美好的回忆，还是不那么美好的，但我们不再为此困扰。在将来，我们可能还会时不时重温这些记忆，也许是为了自我反省，也许仅仅为了怀旧。

但这些旧的记忆再也不能不请自来。无论何时，有这种倾向时，我们知道它们应该在哪儿：老老实实待在过去。与此同时，我们在勇敢、自信且独立地迈向将来。

今天，想象你的前任恋人坐在你的面前，大声说出你跟这个人之间有过的负面情感与经历。在说完每一段情感与经历后，声明"我跟此事了结了。"例如，你可能会说，"在你身边，我总是觉得很自卑，我跟这种感觉了结了。"或者："你总是在朋友们面前抱怨我，我跟这事了结了。"

★今天，在内心深处的祈祷中，我让自己接受所有的感受，因为我知道，任何未言明的事情都会将我羁绊于过往。我认识到，我掌握着解开这些锁链的钥匙。

第 107 天 告别

> 有一个对待过去的方式，那就是，不要躲避它。只要你不重复过去，它就不会抓住你不放。
>
> ——珀尔·贝利

在我们灵魂深处，我们可能会抵制释放过去的恋情，即使这只是一段早已结束的恋情。这样做让人感觉，我们似乎在背叛关于爱情的所有思想，或者是承认我们的判断是错误的，或者是承认有一些事情我们也搞不定。我们曾经相信，自己对那个人的感情会持续到永远，因此，我们在无意识中要确保它们持续到永远。总之，这意味着我们仍旧在意，我们没有背信弃义。

对前任恋人说再见并不是放弃爱情本身，而且，让早已结束的恋情还活在当前的恋情中既不正常，也不高贵。事实真相是，我们中的每一个人都是一次又一次不可抗拒地受到我们的伊玛戈匹配者所吸引而坠入爱河。这个伊玛戈会一直伴随着我们，直到我们最终遇到那个会与我们建立真正持久的爱情关系的人，这个人会治愈我们童年时的创伤，并且恢复我们人类最初的完整性。我们过去的伴侣与恋情只不过是这个真正永恒之爱的先行者，他们为我们的伊玛戈特质，以及我们需要在哪些方面成长提供了宝贵的线索。

今天，想象你从前的恋人就坐在面前，大声说出你曾对这个恋情抱有的未曾实现的梦想。在说出每一个梦想之后，声明："我跟此事了结了。"例如，你可能会说："我们曾经的梦想是在一个农场里开一个提供住宿加早餐的酒店，我跟此事了结了。"或者："我以前总以为我们永远都是朋友，我跟此事了结了。"

★我知道，如果不放手，我将永远都是过去生活的囚徒。走进内心的静谧之处，我让自己体会虚无之感。我自信地宣告这个真理："体会到空虚才能使我变得充实。"

第 108 天 告别

新的每一天为我们带来生活的新机会,每一段新的恋情也同样如此,只要我们真正能自由追求它。与跟从前的恋人在一起时产生的特定的情感、行为、目标说再见,我们在心理上就可以自由地结识新的激动人心的爱情人选。

我们都有一个无意识的希望、恐惧以及行为计划,这是源于童年时期未得到满足的需求,我们成年后都会将其带入恋爱中。这个无意识的计划会无情地再次自动运行,大肆破坏我们成年后的恋情,使我们又一次感到迷茫而孤独。通往自由之路不仅在于跟破碎的往日恋情告别,还在于尽我们所能搞清楚驱使我们追求这些恋情的内部程序,即我们的伊玛戈。

有了这种更清晰的意识,才能找到真正且永恒的恋人——那个不会离开我们,我们也不会离开他(她)的人。

祝贺你自己摆脱了过去生活的控制!做点不同的事情来庆贺一下。例如,开始阅读你一直想看的那本神秘小说;明早给自己冲一杯咖啡,边喝咖啡边看日出。

★今天,在这个静静沉思的时间里,我意识到,我的内心充满了新的光芒,它将往日的阴影驱逐出境。我在这个思想中寻求慰藉:"人们只有经历了黑暗,才能体验到光明。"

第四部分

突破内心世界的牢笼,让自己重获自由

第 109 天 原始的幸福

天堂既不是某个地方,也不是某个时间。

——弗罗伦斯·南丁格尔

许多宗教及文化都说到人们期盼不已的原始完美,这是一种置身于天堂般的身心放松的愉悦。虽然名称不同——极乐世界、阿瓦隆、尼尔瓦纳、埃尔多拉多,或者伊甸园——但这种平和喜悦的美好状态都呈现出人、山峰、野兽、小鸟以及森林之间的情感交融,这是一幅田园诗一般的永恒的幸福画卷,但据一些古老的故事所言,一场骚乱,或者是某种堕落,或者是一场灾难性的大洪水破坏了我们享有这个天堂的机会。我们被驱逐出"伊甸园",从此以后,一直在徒劳地寻找天堂,以及寻求自己的精神统一。

今天,发现幸福、克服异化、诱导"高峰体验"一类的书籍,以及自助音频大受欢迎。这个现象可以反映出,人们仍在追寻天堂与幸福,在此后面驱动的是一个强烈的欲望。这是我们对彼此连接的渴望、对美好时刻的渴望,在那一刻,我们撕破日常生活的面纱。这个渴望源于我们模糊的记忆。模模糊糊地记着,我们曾经并不是彼此分离的,而是同其他人、同宇宙彼此相连。在这个整体中,我们感觉安全而且受到支持,而现在,我们最根本的渴望,是跨越阻碍我们实现这种一体性的障碍物。天堂不是某个地方,或者某个时间,更不是一个神话。这是我们最初的,也是最好的生命状态。

今天,比以往投入更多的时间与精力于以下的冥想中,借此寻求一种放松的愉悦状态。

★今天,在这个喜庆的祈祝中,我召集快乐作为灵魂伴侣,陪伴我走向完整的旅途。我宣告这个真理:"天堂在自己心中。"

第110天 细微调整

如果一年一年过去，我们还是没有遇见任何一个与我们的伊玛戈图像相符的人，那该怎么办？这是个可以理解的担忧，但这会引起错误的忧虑，认为爱情就是一个运气问题。没错，几乎可以肯定，我们绝不会找到一个与我们的伊玛戈没有丝毫差异的匹配者，毕竟，我们的早期照料者以及童年时的家庭情况在诸多细节中都是独一无二的。而且，我们基于自己的感知又将这些细节合成一个复杂的拼贴画，使这幅画具有无限的微妙之处，但同样正确的是，我们必然会遇见许多人，他们具有一些足够接近我们伊玛戈匹配者的特质。正是本能地受到这些人的吸引，即使从表面看他们并不是非常像我们的伊玛戈，即使我们觉得自己没有多少选择对象，也必须坚持下去。也许，有许多内在原因可以解释我们为何找不到非常相符的人。随着你继续这个探寻过程，内部的障碍将会被去除，你将会找到一个更适宜的伴侣。

幸运的是，这个伊玛戈只是一个有点模糊的、不精确的画像，并非是一幅清晰的照片。为了得到一个足够接近的匹配者来触发浪漫反应，我们的无意识大脑会修整并微调另一个人的形象，让这个人作为一个可能的候选出现。它会夸大相似点，缩小不同点，以求达到我们追求的逼真效果。

今天，回顾你过去的恋情，尽量做到至少指出两次以下情况：在恋爱中，你逐渐意识到，另一个人让你想起你的父亲、母亲、或者童年时发生过的某个事件甚至某个素质——但你刚开始恋爱时并没有意识到这一点。将这些情况在笔记本上记录下来。

★今天，进入内心的幽静之处，我放松下来，让内心的指南针指引自己来到那个人身边，他（她）将督促我走向完整。

第 111 天 坚持不懈

当你做某件事的初始兴趣已经消逝，但新的兴趣还没有形成时（因为新的兴趣通常只在你有些掌握做事的方法时才会产生），你还能坚持下去，这是非常了不起的，也比较难以做到。

——珍妮特·厄斯金·斯图尔特

实现非常令人满意并且稳固的恋爱关系的道路很漫长。在此途中，我们可能会多次对此产生怀疑：这一切值得如此付出吗？我能成功吗？我有那么强大吗？

真相是，我们朝向更好地了解内心的自我，以及了解自己的内在动力迈出的每一步都是一个进步。我们朝向让自己的行为变得更好而迈出的每一步也同样是一个进步。这样，我们对自己想从人生中，以及从恋情中得到什么，就会形成一个全新的、更有活力的设想。当我们刚开始决定要重新粉刷家里的房屋时，这个任务似乎非常艰巨；但是，如果对每一面墙逐个粉刷，那么我们很快就会发现自己拥有了一个美丽的新家园。同样，我们练习的每一个新技巧，都会帮助我们创造并且塑造未来。

在寻求真爱的旅途中，将此书作为你的安慰与指南。如果坚持进行无意识意象治疗，你逐渐会了解这种幸福的体验。这是与某个你真心实意关心，而他（她）也同样在意你的人，共享这段旅途的幸福体验。

今天，想一想过去发生的某件事，当时你差点要放弃某个目标，但还是坚持下来了。尽力准确地回想你当时如何感觉，以及你是如何使自己坚持下去的。利用这些回忆获得鼓舞，以帮助你继续进行无意识意象治疗。将以上情况在笔记本上记录下来。

★ 爱情之路是漫长的，学习一切需要了解的东西让我感觉有些厌倦，我转而寻求内心的力量，并且痛饮活力之泉的水。感觉自己又重新精神焕发，于是，我许下这个诺言："我将坚持到旅途的尽头。"

第 112 天 盲目模仿者

我们无论如何也不会过高估计我们的照料者对我们产生的影响。当我们还小的时候，我们狂热而专注地学习应该如何在这个世界里表现。于是，我们大脑中抓拍了海量的快照，它们详细地记录了我们父母的行为，并像照片一样被永久地存储下来以供将来参照。现在，在成年后遇到的每一个情境里，我们都会下意识地翻阅这个行为相册，来看看是否有哪个行为与之相配，我们会从中挑出一个行为来复制，即使这是一种负面行为。

如果我们小时候，父母的喊叫与尖叫会让我们守规矩，那么长大以后也会"照抄"这种行为。无论我们当时有多么害怕并且憎恨这种行为，长大后，我们却发现自己将此行为照搬下来。如果我们小时候，妈妈用冷漠无情而痛苦的沉默来恐吓我们，我们长大后也会"照抄"这个行为，以便得到自己想要的东西。一想到将自己憎恨的父母的行为永久保持着，我们可能会感到有一些尴尬，但现实的情况是，当我们恼火、沮丧，或者跟好友、跟我们爱的人生气的时候，我们就会"照抄"从父母那里学来的，我们认为能够奏效的行为。

花几分钟时间想一想你照搬父母负面行为时候的样子，尤其是在你跟其他人的恋爱中。

★ 在今天的独处时间里，我鼓足勇气以帮助自己看到我如何模仿我的照料者的行为。我秉持这个真理："意识是粉碎恐惧（通向自由的最大障碍）的关键。"

第 113 天　有其父，必有其子

当我表现得最像他的时候，我的父亲总是非常生气。

——莉莲·赫尔曼

在恋爱中，我们最终常常用父母对待我们的那种消极方式来对待伴侣，尤其是当伴侣未能满足我们的需求时。之所以会这样做，是因为伊玛戈匹配者唤起了我们内心里那些无意识间从父母那里借来的负面特质。更糟糕的是，我们对待伴侣的方式就像小时候对待那个很难相处的父亲或母亲一样。因为，我们那时觉得他（她）非常强悍，因此，这个父亲或者母亲的照片就会在个人行为相册中占主导地位。当和伴侣争吵时，由于旧脑占据优势地位，我们下意识地就会认同这个父亲或母亲的行为，因为他（她）具有绝对强大的生存能力。例如，虽然，我们可能曾经憎恨母亲的哭诉与畏缩，但这确实让父亲因害怕而最终放弃争斗，于是，我们最终也会对伴侣哭哭啼啼，并表现得畏畏缩缩，或者，也许那时父亲的愤怒非常狂暴吓人，但当他用来对付母亲时，总是能得逞。

于是，我们也学会对伴侣随心所欲地发脾气，动辄就暴跳如雷。

之后，当伴侣指出，我们就像自己的母亲或者父亲一样时，我们又感到震惊。因为从理性上讲，我们知道不应该像那个不讲理的父亲或母亲控制我们那样控制伴侣，但不知不觉中却这样做了，因为，我们让那个被否定的自我控制了。

今天，回想一下过去的某段恋情。至少指出两次以下情况，即在恋爱中，为了达到自己的目的，你表现得就像父母中的某一个，或者你的某个早期照料者一样。

★今天，在静静的沉思中，我想起一句箴言："未经反省的过去常会重演。"让我接受曾经的自己，并清醒地意识到自己能成为什么样的人。

第114天 社会性别

只有融合内在的男性与女性能量时，作为个体，我们才能获得心理及精神的整体性。这两种相对力量的平衡会产生一种情感及心理上的整体性，可以为我们所用，可是，我们常常会无视这种需求，屈从于压力去遵守作为一个"真正的"男人或者"真正的"女人应该表现出的社会理想。一个不幸的结果就是，我们失去了做真实自我的自由——因为我们每个人都是独一无二的混合体，既包含男性能量，也包含女性能量。

如果希望能克服这种社会制约，重新拥有真正的自我，并能建立真正而且持久的爱情关系，我们就必须培养自身中男性与女性的两个方面。在扫描某个伴侣的世界时，我们必须停止按照文化界定的"男性"与"女性"标准来看图片。本单元将会帮你更清醒地认识一些区分男人与女人的文化偏见。这样，我们才能既尊重男性能量的价值，也尊重女性能量的价值，才能开发身体中的异性能量，使你不必依靠伴侣也可以为自己提供自身所需要的东西。

今天，想一想在配对游戏中经历过的压力，要求你具有社会上所认为的"阳刚之气"或"阴柔之美"。你身上的哪个方面曾经需要你去掩饰、抑制或改变？你对此有何感觉？

★ 意识到自己是比现实世界中的那个自己更强大、更伟大、更有趣的人，而且兼具男性能量及女性能量，我放松下来，进入那个完整的自我中。

第 115 天 社会性别

> 每一个人都会将自己视野的界限当作是世界的界限。
>
> ——亚瑟·叔本华

恋爱冲突中一个最为麻烦的事实是：你的伴侣不是你，但这一事实常常如此显而易见地被忽视。你的伴侣是从一个不同的但同样重要的视角体验世界的，其中的一个原因是他（她）属于不同的社会性别。每个人使命中的一部分就是理解这些与性别相关的差异，除此之外，还应该超越这些差异。

由于我们都是自我主义者，因此很难不带任何价值评判地接受差异。"你怎么会不喜欢戏剧？""你真的觉得这很好笑吗？"即使是品味上的一点微小差异也会招致贬低，更别说是气质上本质的不同了。

要接受"他者"，无论这是指某个性别整体，还是特别指我们的伴侣，要做到的第一步就是不要想当然地认为，我们的伴侣跟我们的想法一样。即使仅仅因为社会强加给他们的不同角色，男人与女人对世界的体验也会大不相同。为了理解伴侣，我们必须竭尽所能确认他（她）的视角，并且去接受并承认他（她）的逻辑跟我们的一样重要。

花几分钟时间想一想以前的某次经历，当时你因为某个人没有跟你一样思考或者表现而吃惊和难过。特别想一想某一次因为观点不同或者品位上的小差异，或者因为你不能接受伴侣对某事的反应跟你的不同而引发的一次冲突。将以上情况记录下来。

★努力突破内心世界的牢笼时，我让自己接受他人的体验，借此来扩展自己的体验范围。

第116天 社会性别

> 你以为，当爱被认可的那一刻它就实现了吗？不，并没有。为了去爱，你必须学会理解另一个人，甚至你比她本人还要更理解她；而且，你还要学会屈从于她对你的理解。
> ——D.H. 劳伦斯

只有坚持将自己的善意带给生活，真爱才会来到我们身边。真爱既是这些善意产生的原因，也是它们带来的结果。真爱是一种行动、一种生命状态以及一种成就。这种成就是献给伴侣的一份礼物。真爱是勤奋与自律的果实，这是用钱买不到的，也不能在工厂里生产出来；然而，如果拥有了它到来的条件，它自然就会来到我们的身边。它为生活带来的激情就是我们为伴侣创造安全感的结果，我们满足了伴侣童年时的需求，真爱自然就会实现。

为了完成这个任务，我们必须对自己期待的结果保持清醒，并且采取相应的行动。这要求我们遏制旧脑不假思索就对事情作出反应的冲动。有时，我们要表现得如英雄一般勇敢；而有时，我们又需要表现得更加谦卑一些。新脑用于确保伴侣安全的策略能够取代旧脑的保护系统需要花多长时间，取决于我们童年时受伤的程度，以及我们（逐渐需要加上我们的伴侣）到底有多尽心尽力地去除这些伤害。对一些夫妻来说，这也许需要数月的时间；对另一些夫妻而言，这可能需要数年的时间。他们从中得到的回报是无价的，而且是永恒的，即在上天饱含爱意的眷顾中安全地生活着，并且再一次跟宇宙联结为一体。

在接下来几天里，要特别表现，以便为某个与你接触的人营造出安全且热情的氛围。也许这意味着，你要多注意自己说话声音的大小，或者做一个更细心的听众。

★进入神圣的静谧时刻，我对往日里喧嚣混乱的表象下面呈现出的节奏感与理性惊叹不已。我意识到这是上天的恩典。

第 117 天 社会性别

认为我们自己持有绝对真理只会贬低自己：我们将那些想法不同于我们的人视为妖魔及危险之物，这么做却将我们自己变成了妖魔，以及对我们同类有危险的事物。

——奥克塔维奥·帕斯

对话是一种最强大的工具，我们可以用它来探索并理解伴侣性别中的"他者"，以及理解自我中的"他者"。与另外一个人对话正如采购和下载一个新的电脑软件包，突然之间，我们就可以接触新的思维方式以及新的观点了。这可以充实我们自己，因为，当我们遇见并接纳某个人时，他们身上的差异性会化为一面镜子，这面镜子反射着我们自身当中那些未知的、未发掘以及被拒绝的方面。

对话的目的不是改造无知者。绝不要凭借我们占有更好的视角去压制对方。相反，对话的目的是理解。它向对方表示："我尊重你的差异性，我想从中学习，我也想帮你更好地了解你可能会如何思考我的差异性。"对话应该表现出平等的姿态。

今天，专门跟某个对你而言很重要的异性进行对话（这个人包括家庭成员、朋友以及同事），谈一谈他（她）看待事物的视角。将自己想象成一个冒险者，你来到你的异性对话者所在的"陌生国度"，问一些能够开阔视野与观念的问题，诸如："那部电影为何让你如此兴奋或让你哭泣？""如果有朋友批评你，你会感觉如何？"对那些与你的成见不同的细节，要保持警惕。

★今天，在这个虔诚而专注的沉思中，我秉持这一真理："没有人具有万能视角，能够看清整体的全貌，因为，他自己也只是整体中的一部分。"

第 118 天 社会性别

液体硬化就成固体，固体也会转化为液体。没有绝对阳刚的男人，也没有完全阴柔的女人。

——玛格丽特·富勒

每个人内心都有一个异性的自己。在男人身上，这是他被压抑的女性气质；而在女人身上，这是她被压抑的男性气质。这是社会化过程中丢失的那部分自我，也是我们试图通过与异性成员交往来尽力挽回的自我，然而，要建立一段能够提供永久真爱的恋情，我们必须成长起来，不能总是依赖对方来提供那个遗失的自我，自己肩负起识别与拓展那个异性自我的重任。与被压制的异性自我接触要求我们必须有意识地以跨文化的方式行动、思考：我们要拒绝认同社会强加给我们的关于男人与女人的刻板印象。对一个男人而言，谈论某些不敢公开的事情，例如，做一些内省性的敏感而有创造性的事情，比如写诗；给孩子们当义工，做一些抚育性的工作；真心实意地想去理解一些传统的"女人家做的事情"，诸如做饭、看爱情电影或者园艺。这些事情会使他易于受到别人的讥讽与嘲笑。对一个女人而言，参加一些勇敢的运动型活动，诸如登山、漂流、在公共场合表达自己的意见以展示自信，主动安排约会，或者真心实意去欣赏"男人们常做的事情"，诸如看球赛、玩扑克或者阅读商业刊物。

想一想某个特定的可以参加的活动，以便你能更多地与你的异性自我接触。这个活动应该需要以跨文化的方式进行。下决心今天或者过几天找时间去参加这个活动。

★今天，考虑到自己并不完整，我进入内心深处去接触那个遗失的自我。我为这个事实庆贺："我既是男性，也是女性。"

第119天 社会性别

雌雄同体意味着两性之间达成精神上的和解。

——卡洛琳·赫尔布伦

在恋爱中，文化强加给人们的性别角色在照顾人的时候很容易被识别出来。虽然男人与女人都需要童年时未能得到的抚育，但在恋爱中，受到"训练"来照顾人并给予大部分照料的人却是女人。如果任何一个关系中，动态的天平朝一个方向倾斜得太厉害，两个人必然都不会好受，因为，这会阻碍双方展现最大的潜力。真爱不可能存在于这种失衡的关系中。因为失衡非但不能治愈彼此的创伤，反而会变本加厉进一步削弱恋爱双方。大多数女人自动地承担了照料者的任务，未给男人留出空间来培养自己照料别人的技巧。为了更正这种不对等，男人必须有意识地努力训练他们照料别人的技巧，女人必须腾出空间来让这些新技巧得以施展。换言之，每个人都必须朝雌雄同体更靠近一些，因为这是一个内在的大自然，在这里，男人和女人的天性更加均衡。

今天，想想过去的某段恋情，至少指出三种方式将恋爱中照料人的事情有意无意地留给女人来做：例如，做饭、打扫卫生、对情感问题的关注，或者争吵之后的和解等。如果你是男人，想一想你本可以采用哪种方式来承担一些照料工作；如果你是女人，想一想一些你本可以采用哪种方式给男人更多空间让其早点进入照料者的角色。这样，你自己也不必凡事亲力亲为。

★今天，本着和解的精神，我让自己在恋爱中的角色形象逐一出现在脑海中。这是我得到的真理："只有超越性别角色，才会实现本真。"

第120天 社会性别

我们是天生雌雄同体的生物，体内既蕴含着男性能量，也蕴含着女性能量。与内在的雌雄同体重新连接起来并不意味着我们要变成无性的、两性的，或者是雌雄同体的。当然，这也并不是指没有男性的阳刚或者没有女性的阴柔，而是指实现内在的平衡与整体性。这样，我们才能与各种生命形式连接起来。一个完整的人，是一个有足够安全感的男人，他可以让自己个性中的女性气质显现出来；或者是一个有足够安全感的女人，她可以让自己个性中的男性气质绽放。一个能利用自己男性能量的女人是非常强大的，而一个温和的男人身上总是有着某种极具吸引力的东西。

走向雌雄同体使男人与女人回到共同点。要在我们的文化中做到这点，需要对我们是谁，以及我们应该如何表现保持"清醒及目的性"。不断练习，与他者变得更加协调，并且学会如何让我们的异性自我发展得更好，我们会成长为已经为真正的爱情伴侣关系做好准备的人。

今天，辨别并记录五个社会强加给我们的性别区分。下决心有意地努力克服这些区分，可以通过跟异性对话，或者通过参加一些帮助你与内心的异性自我联结起来的活动来达到此目标。

★我知道，如果不认可而且也不拓展自己的异性能量，我就无法成为一个完整的人。我进入内心深处并许下誓言："上帝将我创造成什么样，我就成为什么样。"

第121天 浪漫与真爱的不同

在真正的爱情中，你只想对方一切都好；而在浪漫的爱情中，你只想得到对方。

——玛格丽特·安德森

刚坠入爱河时到底感觉如何？以下这个表述做了恰当的总结：我们感到很虚幻，失去平衡，不知所措，而且神魂颠倒。这种不真实的爱又称为浪漫的爱情。我们作为个体不再能正常运转了。人们经常发现自己在做白日梦，而且走路时常被什么东西绊倒。我们的头脑总是想着要跟另一个人在一起。与此同时，由于内在的伊玛戈的作用，我们在潜意识里甚至在渴望自己成为那个人——难怪会迷失自我。

浪漫情感将两个有独特的能力来治愈彼此情感创伤的人撮合在一起，完成这项生物工作后，这些情感也就不可避免将顺其自然地发展。接下来将是权力争斗。如果我们给其机会的话，这是真爱开始建立的时候。

起初，真爱并不像浪漫的爱情那样激动人心。毕竟，坠入爱河的一个主要元素是惊喜，然而，惊喜很快就会磨损殆尽，但是，如果我们坚持培养自己有意识地去关心对方的福祉，就犹如我们关心自己的一般，真爱就会产生。即使刚开始时，真爱不像浪漫的爱情那样炫目、那样迷人，但它会发展为最甜美、最令人满意的情感，即参与到某种更为宏大、更有意义的事物中的情感。这是一种赋予我们绝对信念以及无尽的喜悦的事物。

今天，回顾过去生活中的一段重要恋情，并问自己下列问题：
我在哪些方面就是想要这个人？我在哪些方面想要成为这个人？这个人在哪些方面能反射回来那个被否定的自我？将你的发现记录下来。

★这个真相成为我灵魂的止痛膏："在闪闪发光的珠宝下有一个远比珠宝更珍贵的礼物。"

第 122 天 需要他人

"我单身也过得挺开心的,为何不继续单身下去?"

"我自己一个人就不能过完满的生活吗?"

"一个人过,我有足够的时间与精力来完善自己。放弃这种自由去结婚,意义何在?"

这些问题会时不时地在任何一个单身者的生活中冒出来,尤其是在以下两种大不相同的情形下:当大体上情况进展好得出奇时,或者是某个特定的恋情遭遇重重困难时。以上所有问题的答案都一样。无论你喜欢与否,单身生活就其性质而言,是一种受限制的生活。如所有物种一样,我们漂泊于世界各地去寻求完满的生活。作为人类,我们通过生物世界而彼此相连。单身状态代表连接发生部分中断。为了实现潜力,我们需要通过某个特别的人,某个我们对其许下全部承诺的人来重新建立连接。只有这个人才能提供我们迫切需要的成长体验。这个人不仅如一面镜子一样照出了我们自己,还能如一堵墙一样供我们碰撞。

今天,挑一个你学过的相处技巧加以练习。

★ 今天,在这个静谧时刻,我意识到,自己需要依靠另一个人来实现完整。

第 123 天 体味这个时刻

爱的追寻本身已足够艰难,然而,在寻找爱的过程中,我们每天还要受到各种打击,其中,包括工作压力,家人朋友对我们的要求,来自陌生人的粗暴对待,媒体上各种令人沮丧的大标题预示的更多暴力、更恶劣的经济困境,等等。难怪我们有时候意识不到生命中每天发生的美好。诸如,关心我们的人因为我们而露出的会心微笑、晨雾中晶莹剔透的露珠、口味酸甜的橙子,或者仅仅是深深呼吸后产生的美妙感觉。

即使在地球这样一个极其艰苦的环境中,我们每天也都置身于上天的启示中,但不幸的是,我们所有人却被日常琐事羁绊。务必记住,要放大你的镜头,为日常生活中的神圣启示来访的时刻腾出时间。我们如果学会去看这些启示,去体味它们,我们就会从生活的各个方面获得更多的精神与能量。

今天,做某个能让你注意到并体会生活之美的事情,诸如,在公园里散步、在你家后门廊上斜靠着、准备一顿可口的美餐、逗弄你的小狗、拥抱一棵大树,或者买一束鲜花装点客厅。

★深深呼吸后,我放松下来,进入内心深处。随着每一次呼吸,我将空气想象成爱。当肺里充满大自然的这个灵丹妙药时,我在内心深处听到这句话:"爱无处不在。"

第 124 天 讨价还价

许多恋爱最终解体，或者陷入权力斗争阶段的"讨价还价"中。在这个阶段，每一个伴侣都在尽力通过谈判来获得他（她）所想要的东西。"如果你努力做到不那么吹毛求疵，我也会尽量做到更体贴入微。""如果你跟我一起去露营，我就陪你一起看芭蕾。"我们表现的哪里像是恋爱中的情侣，倒更像是游戏竞赛节目中的参赛者，总是在绞尽脑汁，不择手段地要赢得"大奖"。

对于大多数情侣而言，这种讨价还价会导致怀疑、愤恨，以及无情的记仇。双方都用讨价还价的方式来解决恋爱中的权力斗争，但却没有效果。也许，两个人会继续维持更长一段时间，但终究会厌倦，彼此非得分出胜负。反常的是，无意识大脑对这种蓄意的讨价还价却无动于衷，而且将那个"大奖"视为冒牌货，并没有任何深层反应。这是因为无意识大脑知道，要治愈创伤，重新恢复活力感，需要的是无条件的爱，而不是回报你所受到的恩惠。

今天，花几分钟时间，回想一下你过去和以前的恋人之间完成的三个或者更多交易。这些交易是如何完成的？它们是否成功地改进了你们恋情的总体质量？

★无条件的爱，只是付出而不求回报，这个概念挑战了我的认知。今天，在祈祝中，我祈求赐予我智慧以理解这是如何起作用的，祈求赐予我勇气来尝试。

第 125 天 不要做任何假设

"我想你在这点上会支持我。"

"如果我必须告诉你去做什么,那么,等你做的时候就没有任何意义了。"

"你本该知道我会对此有何感觉。"

以上这些话是不是听起来刺耳又熟悉?你是否常常假定,一个人一旦发现自己坠入情网,就会具有明察秋毫的本领?事实上,我们都偶尔会发现自己将这些或者类似这些的话语甩向他人,但不幸的是,我们的指责却很少能引起他人的变化。从长远看,这些话只会使那个人远离我们,因此,我们必须克服这个幻想,即我们在意的人应该能看出我们的心思。

我们中有许多人错误地认为,如果开口索要自己想要的东西,那么对方的反应就不是由衷的。真相是,大多数情况下,人们都想在爱情中获得成功。为了避免让自己及与我们亲近的人失望,我们必须清晰地表达自己的期望。心灵感应只会蒙住双眼,令我们处于黑暗中。

今天,回忆并记录过去生活中的两次经历,你因为当时的伴侣或者朋友没有做你想要他们做的事而难过。当时你清楚地表达了自己的期望了吗?还是你只是期望他们能猜出你的心思?现在,再回忆两次与此相反的经历,这一回是你因未完成一个从未表明的期望而受到指责。你当时有何感觉?

★虽然我知道,从本质上讲,我跟其他人是彼此相连的,但我也知道自己是独立的个体。今天,在这段清静的时间里,我放弃了自己惯常的假定,不再假设因为和他人彼此相连,我就应该知道他们的想法,或者认为他们就应该知道我的想法。

第126天 接纳他人的心理投射

当你将自己身上的某个负面特质投射到另一个人身上，并且表现得就好像这个特质真的属于他们而不是属于你一样，这时就发生了心理投射。正如看电影时，你是投影仪，与你发生冲突的人就是屏幕。也许引起冲突的原因看起来是产生在屏幕上，但实际上，这些原因源自你，也就是那个投影仪。

心理投射是许多问题的罪魁祸首。应付心理投射是极具挑战的事情，尤其是当我们是投射对象的时候——有的时候，我们并没有那个被诟病的特质，或者虽然有那个特质，但是该特质被人们夸大了，因为这个特质的投射者一直将这个特质压制在自己身上——我们必然会感觉受到不公正的对待，会以防卫性的方式来回应。但问题的关键是我们激烈的反应对投射者而言，只是证实他（她）的感觉或者所说的话是对的。从投射者的视角看，这一定是千真万确的，因为这显然碰到了你的痛处。现在，我们就如投射者所指责的那样招人厌烦，简直分毫不差。在痛苦的冲突中，清晰的思路与逻辑全部丧失殆尽！

今天，回想一个你过去发生的重大冲突，当时你指责某人身上的某个负面特质，而这个特质其实是你自己的。记下冲突的根源以及你生气的原因。尽量在自己身上审视那个当时让你生气的特质。

★今天，进入到清净之所，我鼓起勇气面对我一直都投射到别人身上的那部分自我。我思索这个真理："只有接纳自己的各个方面，我才能成为一个完整的人。"

第 127 天 接纳他人的心理投射

霍普威尔太太自己本来并没有什么坏毛病,但她总是能建设性地利用别人的坏毛病,结果,她也染上不少坏毛病。

——弗兰纳里·奥康纳《善良的乡下人》

当我们成为别人心理投射的对象时,正如弗兰纳里·奥康纳笔下的霍普威尔太太一样,有两种回应方式。一种是自然但最终有破坏性的方式,即先是否认,继而生气,再予以反击;另一种更加困难,但从长远看却更有好处,即接纳心理投射,而非将其再投向对方。

接纳心理投射并非指赞同或者承认你"拥有"这个心理投射所指的内容,仅仅是指你承认收到的这个投射,并以我们的目的性对话技巧的方式来回应。首先,我们镜像反射对方的话语;其次,确认对方表达自己感知的权利;最后,再对其感受表达共情。

例如,若某人指责在他需要你的时候你却不在——这其实主要是由他自己的原因造成的,因此这是一个心理投射。不要急于捍卫自己而导致冲突发生,你可以试着这样回应:"这么说,你需要时我不在,这让你很难过,对吗?(镜像反射)我能理解你为何对此难过(确认对方权利)。我想这让你感觉像是被抛弃了,所以很生气。(表示共情)。"这样,一场潜在的权力斗争变成了一次情感的验证。

今天,回忆并记录你的某一次经历,当时你成了某个心理投射的对象,即,某人因为某个其实属于他的负面特质而指责你。回忆一下当时是如何反应的,其结果如何?尽力想象一下,如果你不是否认、生气并反击对方,而是接纳对方的心理投射,你是否可以从容应对这个局面?

★带着虔诚的敬意,我在心里接受这个挑战;不要因为别人对我的心理投射而与其产生冲突,要让他在我面前有安全感。

第 128 天 接纳他人的心理投射

你必须做你认为自己无法做到的事情。

——埃莉诺·罗斯福

当接纳了某个心理投射，而不是将它抛回投射者身上时，我们就不会因为采取防卫行为而验证了别人的投射，也因此而阻止了该投射的秘密使命以免使自己陷入冲突中。理智上，我们能理解这些事实；但情感上，我们很难克制去回击某个心理投射的自然反应。正如任何值得学习的技巧一样，接纳心理投射的诀窍也需要坚持、时间和耐心才能掌握。为了形成更多的有益的理智的行为方式，我们必须做一些自己认为无法完成的事情。

你能认识到接纳别人的投射就是一种证明方式，以此来证明我们绝对不是别人眼中讨人嫌的人，这会对你有好处。通过接纳的投射，我们向别人显示了自己作为有同情心的倾听者所予以的积极性的支持，而且温和地引导着投射者更加细致地关注他（她）自己的思想、情感以及行为。长此以往，触发投射的负能量就慢慢消解了。别人越来越能看到我们真实的样子，他们的投射就会渐渐消失。

今天，下决心试着去接纳任何一个跟你闹别扭的人对你的心理投射。当这么做的时候，你会惊叹这个方法有如此大的建设性作用，今后再遵循这一方法时就会更加轻松自如。在笔记本中留出一页专门记录你成功接纳别人心理投射的情形。每记录五次这样的情形，就看一场电影，买一张新 CD，或者买一本书来犒劳自己。

★回应了那个因为他（她）自己的误解而伤害我的人之后，我悟出这个真理："我越是去爱，就会变得越发完整。"

第 129 天 过高的期望

我们可能是自己最大的敌人，但却丝毫意识不到这一点！一个特别自毁长城的做法就是，期待别人理解事情的方式与自己的一样，如果他们没有这样做，那么你就心生怨恨。例如，当我们满腔热情、手舞足蹈地倾泻出自己对生活及对爱情的感觉时，如果听众没有以类似的戏剧化的方式回应，我们就会勃然大怒，因为，我们感到尴尬、羞愧，甚至感受到排斥，好像那个人故意无视我们的存在。如果我们对工作中的不公平现象感到难过，而恋人不一起表现出情绪低落的样子，我们就会气愤不已。

如果恋人总是能反射我们的情感，这当然很好。其实，这个受到高度赞赏的关爱他人的行为正是我们通过目的性对话来训练的。但如果总是强调恋人跟我们有相同见解，这未免过于蛮横无理。我们必须防范过高的期待，这其实是完全基于自己的私利而产生的。应该记住，别人不是我们，而是另一个独立的人。

今天，至少回忆两个以下的情形：你因为某个跟你亲近的人对某事没有跟你有相同感受而生气。如果他跟你有同感，那么这可能对你会有什么好处？这可能会对你和他有什么坏处？

对自己发誓，以后要注意防范这种情形的发生。

★有时，别人跟我感觉不同的时候，我会觉得孤独；有时，又会觉得被抛弃。这让我很生气。今天，在静静反思的时间里，我不再要求别人与自己有一样的感觉。

第130天 一见如故

哪个恋爱的人不是一见钟情？

——克里斯托弗·马洛

所有的人都相信他们能找到一个如此特别的恋人，真是太幸运了。"没有人曾有过我这样的感觉，"他们心想，"没有人曾经历过这样的爱情。"从某种程度上讲，他们的想法没有错，因为，每一个伊玛戈匹配者都需要两个人的无意识图像有某种复杂的契合。某个人的伊玛戈匹配者是另一个人悲惨的盲约对象。别人也许会疑惑"她到底看上他什么了？"这正是伊玛戈的意义所在。

一个人遇见他（她）的伊玛戈匹配者时会有一种强烈而怪异的一见如故的感觉。这种感觉源自那个人与观察者脑中对早期照料者的伊玛戈画像的相似之处，也可以解释人们爱上某人时常说的话："虽然我们才见面，但我感觉认识你很久了。"例如，如果某个男子是在闷闷不乐、对自己紧闭情感大门的母亲身边长大，他可能会理性地寻找一个截然不同的终身伴侣，某个脸上挂着开心笑容的女人，但是不知不觉中，他却一再受到另一个眼里满是悲伤、神情恍惚的严肃女子的吸引，因为这个女子其实正契合了他对母亲的印象。似乎他注定就是要跟她在一起，而且，他确实是如此做的。

今天，至少回忆两次过去的恋情。当时，虽然你刚认识某个人，但对他（她）却有熟悉感觉。为了更好地感受你的伊玛戈画像，尽量回忆起来每一个人身上具体有什么特质与行为让你感觉很熟悉。在每个让你感到熟悉的人身上，都存在相同的特质与行为吗？

★从渴望中可以知道，我不是一个完整的人。我放松下来，进入神圣的静谧之所，倾听自己的欲望。我知道它们与我能成为什么样的人有很大关系。我下定决心："我要响应内心的召唤，以实现自己的完整性。"

第 131 天 冲破自我的视角

你是否曾经困惑不已，不知道异性是如何思考的？生活在他们的世界里有何感觉？什么样的问题在他们眼里很重要，而你的性别成员可能会认为无足轻重？你是否也在尽力理解，他们在身体上以及情感上是如何回应各种刺激物的？

你当然会好奇！与异性相关的所有谜团吸引着我们每一个人——并不仅限于在爱情或性欲方面的吸引，还涉及更多接触内心深处那个异性的自我。每一次与某个基于其社会化而有不同种体验的人接触时都会开拓我们的意识。越是积极寻求解开这些谜团，我们与异性成员的关系就会更加完满，自己也会变得更加富有活力。

今天，花些时间积极研究异性的世界。翻阅一本杂志、阅读某本书的某个章节，或者看一段针对异性观众播放的电视节目。

★有时，我觉得自己被囚禁于自己的视角中，由于不了解别人的体验而使自己受人贬低。在今天的反思中，我让别人的世界来充实自己，我看见自己在上天的恩宠中成长起来，并且变得日益强大。

第 132 天 单身探险家

单身时期可以是人生中一个精彩的阶段。单身的时候，我们可以努力成为更加强壮、更加独立的人；我们可以解开自己与家人在童年时期形成的纽带，摆脱他们的做事方式；我们可以探索各种角色、各种关系，以及不同的生活方式；我们还可以探索自己是什么样的人，想成为什么样的人，以及可以成为什么样的人。为了给生活一个方向，我们总喜欢这样想，即自己终究会有一个目的地，以使人生有前进的方向。这是真正的爱的结合，即两个独立的人为彼此奉献。

与此同时，随着单身旅程的行进，我们也能自由而充分地享受其中的乐趣。我们不需要跟谁报备行踪，也可以更改计划而无须担心某个人会怎么想，或者无须考虑他人的行程安排。如果我们带着警惕的心、头脑与灵魂前进，沿途的每一次经历都会更加强烈而敏锐地感受到自我，并且将使自己转变成一个值得别人与之共同生活的人。

> 今天，回忆单身时期经历过的五件（或五件以上）让你感觉特别独立而且快乐的事例。将来，每当单身生活的条件或者压力让你感觉无法忍受时，可以尽量回忆这些快乐的时刻。

★在今天的二十分钟冥想时间里，我持有这个思想："我寻觅爱情的旅途是为开启爱情之旅做的准备。"

第 133 天 有话就要说出来

争吵的人太多，而交谈的人太少。

——露意莎·梅·奥尔柯特

虽然男人和女人都有在单性别群体内部寻求支持的经历（例如，女人们聚集在厨房里，男人们下班后在酒吧小聚），但现在，这样的群体更加两极分化、政治化，以及具有排他性。女人们聚在一起追崇"女神的力量"，赞美姐妹情谊的自然协调。与此同时，男人们则与其内心的"狂野男人"接触，结伴去钓鱼、打高尔夫球。这样的结果常常使两性之间的对立日趋严重。每个加剧两性分化的行为都会让横亘在二者之间的鸿沟进一步加深，使其犹如张开的血盆大口一般吓人。如果双方之间彼此"对立"，而且都在加强与性别相关的恐惧、怨恨及恼怒，那么就不可能修复二者之间的关系。

这时需要进行"综合"，而不是分离。为了将来，男人和女人的行动都需要构想出不同的作用。男人与女人各自单独行动，虽然两个人可能都会成长，但这种成长是彼此分离的，而且可能会导致他们之间的进一步疏离。解决此问题的关键就在于进行对话。只有在这时，刻板僵硬、自我限制的性别角色定义才能瓦解；只有在这时，男人与女人才能更好地理解对方，并因此而理解那个被否定的、被自己抛弃的、遗失的异性自我。

在接下来的一天里，专门去跟几个异性交谈。不必将讨论设置在男性或女性问题上。任何一种交谈，即那种需要人倾听的谈话，都可以打开通往更好的理解与欣赏之路的大门。

★今天，进入内心的圣地，我开始意识到，我目睹的世界的分裂其实都是自己内心分裂的投射。我作出这个决定："要倾听他人，就像学习与我内心的不同部分进行对话练习一样。"

第 134 天 爱情悖论

在真爱的中心，有一个非常有意思的悖论。我们获得自我的完整性与伴侣有直接关系。这虽然看起来像是一个迂回路线，但事实是，通过帮助别人治愈创伤，我们也治愈了自己。

因此，重点不应放在寻找"完美伴侣"上，而是应该在自己的内心创造一个"理智的伴侣"。这意味着要培养自己的意识，去毫不动摇地关注伴侣的需求，去帮助对方治愈童年时的创伤。为了做到这点，我们必须越过自己的舒适区。就像做健美操一样，有时身体的伸展会让我们很不舒服，甚至于感到疼痛，但是几天以后，就感觉很好了，不是吗？

寻求真爱需要放下防备心，这样，我们才能温情脉脉地分享自己内心深处最为隐秘的思想、情感、欲望以及关切。这样，就为伴侣创造出一个安全的空间来让其分享自己的内心世界。我们的关爱之心更多地用于伴侣，而不是用于自己，让童年时期就萎缩的那部分自己又重新焕发出生命力。由于旧脑无法区分我们给予自己的爱与给予他人的爱，因此，在旧脑看来，爱伴侣，就等于爱自己。

接下来的一天，练习无条件的爱。就像对待自己一样，好好对待两个跟你亲近的人。你会发现，表达这种爱其实就是在善待自己。

★在二十分钟的静静沉思中，我在思索，恋爱正如银行中的存款，需要先进行大量存储，然后才能获得丰厚回报。

第 135 天　孩子的把戏

除非我们改变过去的自己，否则，我们无法与世界保持协调一致。

——哈夫洛克·艾里斯

在恋人身边，我们总是有一种孩子般的喜悦，但是在恋爱中，我们也会因孩子般的感受而痛苦。毕竟，由于伊玛戈的作用，我们在恋人身上看到了早期照料者的影子，也就是那些负面的特质和行为。小的时候，我们不得不艰难地与之共存。难怪我们本能地就会像回应妈妈的怒火那样回应恋人的愤怒，尽管他们表面上看起来根本不像；小时候，如果我们在不得不滔滔不绝地给父亲讲述校园轶事、跟玩伴之间发生的琐事，或者看到的电视节目来争取他对我们的关注，我们很可能会觉得，现在自己也一定要非常活泼可爱，才能使恋人对我们保持兴趣。

因此，我们的恋爱不仅充斥着天真自由的活跃时刻，也有破坏性的幼稚反应。如果仔细观察，我们都会发现，自己有时表现得就像个五岁的孩子一样。没有哪个伴侣愿意在成年人的恋爱中一次又一次跟伪装成大人的儿童争执不休，除非我们能打破过去创伤的魔咒，否则，可能永远也过不了与伴侣之间的权力斗争期。

今天，回想一下过去的某段恋情，至少指出两个情形，你从中获得孩子般的喜悦；接着，再指出两次情形，你很幼稚任性地对待恋人。

★在今天的祷告中，我思索过去的经历对现在生活的影响。我为能活在当下而庆贺，并承诺要让自己完全清醒。

第 136 天 活力：表达愤怒

愤怒是我们生命中的一种强大的力量——就是古希腊人所谓的"性欲"转化成的负能量。愤怒不可避免地一次次浮出水面，我们不可能无视它的存在。它会以这样或那样的方式对我们的思想、情感，或者行为产生极大的影响。我们需要记住的是，如果小心利用并恰当加以表达，那么愤怒可以成为一种很有用的情绪，但是，如果不去学习如何做到这点，它可能会对我们以及身边的人造成严重影响。

一些人咬紧牙关来抑制愤怒，这其实是对自己的身体非常有害的一种策略，会引起头痛、失眠、过度紧张、高血压等。还有一些人强压着自己的怒火，不让自己在身体或情绪上有任何表现，以至于无法保持心理平和。许多人自己还没有对愤怒加以处理就将一腔怒火撒在别人身上。这些反应都不利于健康。我们的身心都需要以安全和健康，甚至令人满意的方式来发泄怒火。在本单元里，你将学习有助于使身心安全落地的技巧。

特别想一想过去某一次你生气的情形。当时，你是如何表达或者压抑你的愤怒的？你在尽力压制怒火时是否感觉身体非常紧张？你是否在自己还没有对愤怒加以处理时就将怒火发泄到跟别人的争吵当中？将你的回答记在日记中并予以反思。

★今天，进入内心深处的静谧之所，我逐渐意识到内心中跃动的能量。我抱有这一想法："愤怒是我生命力的一种表现。"

第 137 天 活力：表达愤怒

作为文明人，我们遇事不应诉诸暴力。事实上，我们对于自己给别人造成的任何损害都负有道义上的、伦理上的，也许还有法律上的责任。那么，我们应该如何使用身体来表达一种野蛮而原始的生命力呢？这样，是不是它就不会被囚禁于身体内，或者给我们招来一场牢狱之灾了？

秘诀就在于，若你感觉自己怒火中烧时，则赶快拿出你的"解气工具箱"。这个工具箱里包括一个用来连续击打的拳击手套、人体模型或者棉垫。在你挥拳的时候可以尽情地怒吼、尖叫，或者咒骂工具。工具箱里还可以放一双软底鞋，你可以穿着它在屋子里重重地跺脚，直到筋疲力尽；还可以放网球拍、棒球棒，或者泡沫塑料棒，可以用它们一遍又一遍地击打你的床，直到嚎啕大哭。床本身也可以成为工具箱的一部分：某个你可以躺在上面用拳脚击打的东西。与此同时，你可以大喊："不！不！不！"，直到你和床都受够了。任何可以帮助你表达愤怒之情的东西都可以成为工具箱的一部分。

做好准备！现在就安排自己的"解气工具箱"，这样你下一次发火时就能用上了。满怀爱意地收集或者采购每一个物件，并将其装在一个特别的箱子里，箱子可以用油漆刷成红色来代表怒火，但是一定要确保使用它们时不要伤到自己，或者破坏你喜欢的家具。

★在这个清静的时刻，我让自己感觉心中愤怒的藏身之处。我跟自己达成一项协议："我将寻求健康的方式来表达愤怒。"

第 138 天 活力：表达愤怒

> 我有生气的权力，而且我也不想听人们告诉我说，我不该生气，生气不好，我的身体会气出毛病等诸如此类的话。
>
> ——玛克辛·沃·特斯

如果我们的愤怒主要集中在另一个人身上，那么似乎很难阻止自己将怒火发泄在他身上。一股怒火在体内熊熊燃烧，要我们为此而痛苦，而不是让那个人承受痛苦，这似乎极不公平。我们的情绪太激动、太烦躁了，没有想明白在自己面对愤怒之前，就将怒火倾泻在他人身上对我们并没有多大好处。

如果你真的觉得只有将怒气撒在那个合适的目标（或者在当时看来是合适的目标）身上，才会觉得身心都舒坦，为何不拿替代品来发泄呢？你需要的只是一把柔软舒适的布面椅，或者是一把铺满靠垫的椅子。你甚至可以将目标的照片用大头针钉在椅面上，之后，开始跟照片交谈，说他（她）如何伤害了你，你对此有多么生气。让自己忘乎所以，提高嗓门。如果你有此冲动，就么开始击打椅子（那个假想的人），直到你不再气愤。如果你想嚎啕大哭，那就让自己大声喊叫。这种攻击目标替代品的方式不仅能让你在身体上与情感上处理好愤怒，还能让你有更好的机会跟那个真人版的攻击目标进行一次人性化的、富有成效的对话。

> 在家里指定一把椅子作为目标替代品，无论何时你感觉必须向某个人发泄怒火时，就以此来代替。如果今天你在生某人的气，那么立刻就用上这把椅子；如果你不生气，那么就答应自己，下次生气的时候用这把椅子作为出气筒。

★今天，在这个静静沉思的时刻，我反思自己在生气时让愤怒淹没了理性之声。我明白，表达愤怒很重要，但是，一定要以建设性的方式来进行。

第 139 天 活力：表达愤怒

任何人都会生气——这很容易，但是在适当的时间，出于正当的目的，以合适的方式，对合适的人生气，还能做到恰如其分——这就不容易了。

——亚里士多德

我们不应该想当然地认为愤怒是一种不良情绪，最好应该对其不予理会，或者避免愤怒，或者让其慢慢消散，等等，以此来处理这种不良情绪。在许多情况下，愤怒也许并非是最合适的或者最文明的反应，而且，有时我们合理的愤怒在当时的形势下也可能会显得小题大做，但是，愤怒自身是生命力的一个标志，是一种需要尊重，并且应该以尽可能合适的方式应对的能量表现。作为人类，我们总是不得不跟愤怒抗衡，但是在努力照料好愤怒的过程中，我们在自我管理与个人成长方面也会大有收获。

许多人总是还没有搞清楚自己为何愤怒，就向别人口头上表达出愤怒之情。若将自己局限于口头表达愤怒，则我们只能在自己的大脑、喉咙及嘴巴上"感觉"到愤怒。下一次试着用全身来感觉愤怒。让自己在脑中看着那个人或者那个情形，即你愤怒的对象。接着，做几次深呼吸，以防自己将愤怒的话大声脱口而出。继续这种脑中的想象、深呼吸，以及沉默，直到你身体的各个部分都能感到愤怒。接着，再让脑中的愤怒情景慢慢消散，接下来，好好享受身体充满活力的感觉吧！

今天，下定决心在你下一次生气的时候要以更有建设性的方式来表达愤怒。为了做好准备，应在冥想时练习深呼吸，然后，随着呼吸的流动，感受身体的膨胀。今后，这种身体的膨胀将帮助你释放出怒火。

★在这个虔诚而静谧的时刻，我用片刻的时间承认怒火中蕴含的力量。我认识到，愤怒可以是一种重要的工具，也可以是情感之源，可以用来增强自己的活力。我为自己能感受到愤怒而庆幸。

第140天 懦夫才会绝望

坚信内心的希望,是一个人能坚持不懈的勇气,懦夫才会绝望。

——欧里庇得斯

阅读关于自我成长以及相处技巧的书籍与在实际操作方面有很大的差异。虽然从书上看到的有关如何实现改变以及变得完满的描述都非常简单与直白,但这个过程本身是一段艰苦的旅途,期间充满了迂回环绕,甚至还会让人原地打转。这可不像减去讨厌的赘肉,或者提高鸡尾酒会上的闲聊技巧那么简单,这需要有明确的目标、持续的专注力、大量的创造性,以及每一天尽心尽力去练习新的态度、陌生而且不舒服的行为模式。

没有可以快速超车的弯道来绕过崎岖的自我地带。无意识大脑对完整人生及生命活力的需要是不容讨价还价的,也是不容忽视的。人的心智必须实现其完整性。每种生物,不论是一棵从岩石缝隙或是沙漠的砂砾中努力挣扎着伸向天空的小树,还是一个尽力摆脱痛苦过去的人,都想充分发挥其潜力。任何人如果试图越过将自己与一个能疗伤的恋情融为一体的艰巨工作,都无异于沿着一条死胡同驾驶。吸烟、跳伞运动、一夜情,或者周末聚会可能会给你带来短暂的快乐,但它们不是通往幸福的捷径。终极幸福只能在追求完整与患难与共的过程中发现。

今天,仔细察看一下你努力获取幸福的方式,即你可以获得乐趣的行为或活动。这其中有某种行为或活动常常令人失望,或者对自己有害吗?如果有,你应该怎样做以使自己放弃它们?你可以用哪些更健康的行为或活动来取而代之?

★当我坐着庄重沉思时,我想象自己是一棵参天大树,我认识到自己也能充分实现潜力,这潜力就像天空一般无边无际。

第 141 天 家庭积怨

童年的照料者们之间的互动永远铭刻在我们的记忆中。这些互动模式对成年后如何对待与我们亲密的人有深刻的影响。我们也许会认为自己是根据自己的自由意志来行事的，但实际上，我们的行为受童年互动模式的控制。因为，小时候，反应模式就已经输入我们的脑中了。

例如，小的时候，你的母亲对父亲一天到晚看电视的习惯非常懊恼，你可能本能地就会察觉到，因为父亲忽略了母亲，母亲感觉很受伤，并且很生气。她可能会以沉默不语、焦虑不安来回应，甚至还会跟你抱怨你父亲的行为。虽然你很厌烦她的消极举动，但也知道大家都很害怕你的父亲。现在，你长大了，你也许会以相同的方式回应相似的情形，可能会对忽视你的人特别敏感，所以，你以沉默来回敬对方，并且向他人抱怨，而这时，你可能又会恨自己太被动，但却无法摆脱自己对他人反应的恐惧。

想一想你父母通常如何争吵？他们为什么恼火？争吵时表达了什么情感？你对这一切有何看法？仔细想一想，并记下这些情况是如何影响你的吵架习惯的。

★进入静谧之处，我秉持这一真理："丰厚的内在资源可以让我获得自由。"

第 142 天 永恒

两个灵魂有着一个思想,两颗心在共同跳动。

——玛丽亚·洛弗尔

"我似乎认识你很久了"恋人之间常常说这样的话,他们本能的旧脑将恋人的形象与自己早期照料者的伊玛戈画像匹配在一起,硬是将现在与过去绑在一起,然后,全身心地相信这次恋情将维持一生。他们觉得自己有限的人生被赋予永恒的意义,而自己就居于某种永恒当中。

一些情侣可能会确信,他们的相遇是注定要发生的。他们将邂逅视为彼此突然间迸发出一种前所未有的生命力,正如经典童话故事中的睡美人那样突然苏醒过来。无论怎样解释,听起来都像是真的。当遇见自己的伊玛戈匹配者时,伊玛戈就会轻轻敲击一直蛰伏于我们体内的精神内核,但我们此前从未如此强烈地感受到过它的存在。

今天,至少回忆过去恋情中出现的两次情形,当你刚认识某人时就产生这种永恒的感觉:"我感觉跟你认识很久了。"虽然过去的生活看起来不相关,但这些特别的时刻就是你意识到那个人与你内心的伊玛戈有关联的时刻。

★今天,在这个清静时刻,我让自己体验这种与永恒的时间长河连接在一起的感觉。尽管可以清晰地体验到自己分分秒秒度过每一刻时光,但有时我却体验到永恒——一种万古长存的感觉。

第143天 真爱与虚幻

因为没有好的约会对象，或者因为未能结交到好的情侣，我们倍感沮丧，许多人因此期望能得到一盏阿拉丁神灯。要是我们能摩擦一下那阿拉丁神灯，命令里面的杰尼将我们梦想中的伴侣带来，那该有多好啊！这就能省去我们许多懊恼、绝望、尴尬，以及努力！

这个幻想虽然看起来没什么害处，但如果总是抱有这种想法，或者深陷其中不能自拔，那么就会对我们产生有害的影响。潜意识中，我们会调整自己，使自己将真爱与虚幻的幸运，将真正的恋人与想象中的梦中情人等同起来。我们就会变得更加消极被动，甚至更加一厢情愿，但我们一定要牢记真正的魔法在哪里。真正的宝藏在我们努力争取来的彼此完全投入的恋情中，这是我们通过努力将懊恼、绝望、尴尬变成了耐心、快乐，以及信心才争取来的，因此，无论你怎么样摩擦阿拉丁神灯，都不能带来令人满意的真爱！

今天，跟阿拉丁神灯的幻想说再见。首先，在脑海中再将其上演最后一遍：摩擦神灯，召唤灯神杰尼，然后再想象那个"完美的"恋人；其次，想象自己在恋人身上浇了一大桶水，并看着他（她）融化；然后，对自己说："这是个彻底破灭的幻想，不过是浪费时间而已。"

★ 将幻想放到一边，我承认，内心的上帝具有最终的力量。我进入内心的沉寂之处，下定这个决心："我要创造出自己的魔法。"

第144天 独一无二的人

> 两个性别各自的内部差异远远多于两性之间的差异。
>
> ——艾薇·康普顿·伯内特夫人

杂志等各类读物上充斥着关于男女之间基本而明显的性别差异，列表如下：

女人	情绪化的	犹豫不决的	乐于居家的	温柔的	照料者	追随者	性行为上比较被动
男人	理性的	有决断力的	世俗的	坚强的	管教者	领导者	性行为上比较主动

我们无法证实这个差异列表或者其他类似的列表是否真实地反映了大多数男人与女人之间的差异，但大多数人一读这个列表就气恼不已，他们当然应该气愤了！每一个列表中列出的素质都太含混不清了，而且世界上男人与女人的数量又如此庞大。事情的真相很简单，那就是，每个人都是独一无二的个体，都包含着种种个性，形成一个独特的个体。关于这个列表，或者类似列表，有一个无法否认的真相就是，它只可能会使某个刻板印象永久化，然而，任何一个刻板印象用于某个个体时，都有其独特的特质。

你自己的亲身经历即可证实以上列表是有问题的。从列表中任意选择两对相反的素质（例如："女人——情绪化的，男人——理性的"），然后，尽量从你认识的人中找出不适合这个模式的男人和女人，并将他们的名字记下。

★此时，我认识到，任何一种刻板印象都会产生反作用。穿过这些刻板印象，我为自己宣告这个真理："我的个性素质使我成为独一无二的人。"

第五部分

学会爱的语言，
重新面对自己的童年创伤

第 145 天 生命的活力

如果你有生命活力却不去用它，大自然就会将你淘汰。

——路易丝·内维尔森

所有人体内都拥有巨大而永不停歇的生命力———种充分表达我们活力的驱动力。我们花费如此多的时间试图为生命找到或者创造出某种理性的意义，这时，其实我们真正想要的，只是去感受我们作为人类的个体，以及作为浩瀚的生命宇宙的参与者而经历的丰富体验。我们并不仅仅只是想要活着，而且还想要随着活力而跳动。这个驱动力不会消逝。如果拒绝承认它的存在，或者试图阻塞它，或者继续让它处于无法排泄的生活状况中，那么它就会在体内喧嚣沸腾，压缩并限制我们的思想、情感与行为，从而破坏我们平和的心态。

当我们感觉安全并且能自由表达活力时，才能过上最为充实的生活。如果没有这种活力感，那么我们可能会体验到生活中最糟糕的情形。这种动态对处于各种情况的人而言都是如此，无论他们是在一个幼儿园班级，还是在一个公司、一个国家，在一段恋情或者是一个婚姻中。不计其数的情诗和绘画作品要么表达了这种活力感，要么在哀叹丧失了这种活力感。

今天，花几分钟时间回忆不同环境下的几次情形，当时你感觉能表达自己的活力。你还记得在学校、公司，或者在你家附近，抑或在为某个项目、爱好忙碌的时候，体验过这样的时刻吗？

★今天，在这个静寂的时刻，我将内心里悸动的能量想象成一朵娇弱的花儿，必须小心呵护、精心培育，这朵花儿才能充分实现它的力量、爱情与活力。

第 146 天 提出改变行为的要求

批评是对懊恼最常见也是最有破坏性的反应。批评常受到一个错误前提所误导，即批评带来的痛苦将会促使他人以我们想要的方式来表现。

改变就已经足够吓人了，我们无须再为别人增加遭受羞辱和被人说三道四的痛苦了！有一个简单易学的方法可以替换批评，就是提出改变行为的要求。不用强制他人关注其被我们讨厌的那一方面，以免给其带来痛苦，这将温和而负责任地帮我们识别出我们希望事情如何发生。这样，我们才能以积极的方式帮助对方，于是，他（她）就能理解我们切实的需求，也就能更好满足这些需求。在本单元里，你将学习提出改变行为要求的技巧。在恋爱中，这种要求有助于治愈彼此的童年创伤。

今天，回想一个你以前的重要恋人。在笔记本的一页上至少列出五个你对这个人一直很懊恼的地方。对于每个懊恼，留出两行的空白间隙。用现在时态来写，就像你在补全以下这个句子一样："当……时，我不喜欢你这样。"例如："你做完事情也不收拾干净。""你花太多钱了。""你开车太快了。"等。

★在这段静静独处的时间里，我反思片刻后，有了深刻认识："当感到懊恼时，我可以要求得到自己所需要的东西，而无须给我喜欢的人带来伤害。"

第147天 提出改变行为的要求

沉浸于你的内心！在那个圣地，问自己，是什么令你苦恼？

——马修·阿诺德

当遇到自己的伊玛戈伴侣，我们不知不觉就受到他们的吸引，希望能通过跟这些伊玛戈伴侣谈恋爱来治愈童年时的创伤。为了促使创伤治愈，我们下意识地希望伊玛戈伴侣能将父母未曾给予我们的东西补偿上。如果这一愿望没有实现，那么这会让我们感觉特别懊恼。

但是这些真实的懊恼中包含着珍贵的信息：它们可以让我们了解那些深深埋藏于无意识大脑中的童年创伤。成年人的每个懊恼背后，都有一个童年时的创伤等待你去发现并且治愈，因此，下一步要做的就是识别每个懊恼之后未得到满足的需求与欲望。我们一旦明白了感到懊恼的真正原因，就能逐渐辨别出需要伴侣用什么样的行为来满足我们的欲望。

回顾你昨天写下的懊恼列表，在每个懊恼下面的空白处，写下这个懊恼之后的欲望是什么，形成欲望列表。用积极的话语表达你的每个欲望，写你想要什么。例如："我希望和你生活在一个干净舒适的地方！"而不是"我不想被迫跟你的乱七八糟的东西住在一起。"或者："希望在你开车的时候，我能感到安全放松。"而不是"我不想在你开车时感到害怕。"

★在安全而寂静的内心，我让自己承认，在目前的懊恼之后有一个受伤的孩子。有了这个认识，我开始理解……

第148天 提出改变行为的要求

> 世上的痛苦有一半是因为没有勇气说出真相,并坦率地本着爱的精神接受真相。
>
> ——哈里特·比彻·斯托

批评最糟糕、最适得其反的特点就是,它给人的印象是直接的大规模进攻:"当我难过的时候,你总是找不见人。""你从不好好听我说话。"面对这种进攻时,对方自然会以防卫的方式来回应,因此,他们不愿意满足我们的需求也就不奇怪了。如果两个人陷入这种进攻与防守的局面,那么创伤就不可能治愈。

一个改变行为的要求,应是一个措辞积极的"我"提要求的声明,而不是指责批评"你"的句子。这个声明具体表达了一个我们希望伴侣可以做到的行为,主要关注每一个懊恼背后的欲望,因此,我们不要以批评来应对对方发起的凌厉进攻,而应给予其有用的信息,让对方知道,到底该如何给出我们所要的东西。还是用上述那个例子来说明,"如果我难过的时候,你能搂着我,并抚摸我的头发来安慰我,那么我会感激不尽。""当我诉说某个严肃的事情时,希望你能时不时总结一下我刚说的话,这样我就能知道你在听(这是教他们朝目的性对话技巧迈出的一步)。"

在笔记本上新的一页,为你昨天写的每一个欲望列出一个改变行为的要求。务必使每一个要求都是"我"提要求的声明,而不是指责批评"你"的句子,而且一定是表达你确实想要什么,而非你不想要什么,它提出的行为必须具体且可行。

★在内心的静谧之处,我认识到,当感觉某人正在批评自己时,我会变得极其戒备。我想象自己变成一个会对自己提出要求的人,而不是会随意指责别人的人。

第 149 天　提出改变行为的要求

尊重人类的脆弱是讲真话必要的一部分，因为冷酷的景象或者粗暴的对待并不能逼迫人们吐露真话。

——阿娜伊丝·宁

让另一个人知道我们想要什么或需要什么，并不能强迫他们按照我们要求的去做，但这肯定比批评能更好地促使他们对我们的需求做出回应！如果能够就具体的愿望做交流，而不是让对方猜测你的心思，那么就可以确保双方都不会因为你的懊恼而忍受痛苦。

当然，就算另一个人愿意接受你的改变行为的要求，但没有人能担保，他（她）会立即严格遵从要求，而且，即使对方遵从要求了，我们还是有可能会或多或少感觉到同样的懊恼。毕竟，要求另一个人采取某个具体的行动来帮助我们满足欲望，并不能彻底根除所有懊恼，但我们总得从某处开始做点什么——对另一个人而言，也同样如此！

在任何情况下，改变人的习惯性行为都很困难。当要求别人改变时，我们必须慢慢来——而且，记住，要耐心一点。我们无法要求对方立即满足我们所有的欲望，也不能假定对方做出的一个大改变就会彻底铲除我们某个懊恼的所有根源。当要求某个人改变自己的行为时，我们必须为其创造一个空间，并加以改善，以供行为改变在此处发生。

回顾你在第 147 天写的欲望列表。用 1 ~ 5 这几个数字按照重要性递减的顺序来标示每一个欲望的相对重要性（1 代表非常重要；5 代表不太重要）。你需要学会将自己的欲望按优先次序排列。这样，你最为迫切的欲望就能先得到满足，同时，也不会使其他人产生畏惧心理。

★隐身于内心的神圣处所，我将恋爱中的改变想象成四季的变迁。我认识到，改变是逐渐发生的，有时甚至自己意识不到，因此，务必要有耐心。

第 150 天 提出改变行为的要求

众所周知，任何一种糟糕的训练都不能扼杀创新思想。

——安妮·弗洛伊德

只要提供一个机会，我们就能用通常而言可行的方式来改变折磨所爱之人的负面行为。大多数人都是真心想做好人。

我们提出改变行为的要求时要记住这一点，在表述要求时，要允许别人有做决定的自由。这样，我们就向对方表示出我们认可并赞赏，也甘愿改变，而且信任对方对恋情所做的奉献，因此，对每一个要求给对方提供三个具体选项，这会对事情的进展大有好处。例如，如果你坐在朋友驾驶的汽车里，你想更安全一些，那么可以提出以下要求："我希望你能保持车速在每小时40公里以内。""我希望你在开车时能保持清醒。""我希望你能与前车保持安全距离，能等到安全的时候再超车。"

虽然对方有可能把三个选项全部都选上，但如果他（她）只选了一个，你也应该感到暂且满意。

找出你昨天标示为1（即"非常重要"）的那个欲望，然后，除了你为此欲望写下的改变行为的要求（第148天）外，至少再想出另外两个改变行为的要求作为可替换选项。

★今天，我在思想上接受一个深刻的真理："爱某个人，就是接受改变。"意识到这一点后，我明白，愿意倾听我的要求，就是爱我的举动。

第 151 天 提出改变行为的要求

你不用害怕改变，也不用担心会失去什么。只要你看一下，就会发现自己又增添了什么。

——杰基·格里尔

由于你已经学会如何表述并提出改变行为的要求，所以你就拥有了能为对话双方真正治愈创伤的工具。此外，你也为帮助别人向自己提出改变负面行为的要求做好了准备。如果这项工作是在两个有稳定恋情的人之间进行的，那么这会是一种治愈效果极佳、特别振奋精神的体验。

如果喜欢为某个密友准备生日礼物，你就会领悟到：给予的人比接受的人更有福气。如果答应了别人对我们提出的改变行为的要求，那么我们也能体会到这点。起初，这看起来可能是一个可怕的挑战。我们不得不放弃旧有的、根深蒂固的行为习惯，感觉很脆弱，而且变得认不出自己来了。我们必须克服虚假的骄傲以及真正的焦虑，这样，才能迈入陌生的领域，但是，在此过程中，我们会变成更好的、更坚强的、更善解人意的人。我们学会了新的技能，同时，丢弃了一个功能失调的、会给我们及他人造成伤害的特质。

拿出笔记本，记下你的某个家庭成员，或者以前某个恋人的一个让你特别厌烦的行为。试着起草一个让对方改变行为的要求来减轻你的懊恼。如果你觉得这么做没有问题，那么给对方打电话看其如何反应；如果打了电话，而且对方的反应比较积极，那么你可以让这个人也对你提出一个让你改变行为的要求。

★今天，在祈祝时间里，我让自己接受当我温和地提出自己需求的时候产生的诸多可能性。我感觉这样很快乐，照顾自己就是照顾他人。

第 152 天 改掉旧习惯

学习新行为和建立新观点最难的地方就是改掉旧行为和摒弃旧观点。正如任何一个钢琴老师都会告诉你的那样，学生刚开始在钢琴上练习一首曲子的时候，可能会弹错许多音符。尽管他们已经非常努力，但同样的错误，以后还是会犯很多次。我们的大脑一旦锁住某个特定模式，就会非常顽固，很难改掉旧模式。如果我们在恋爱中又故态复萌，或者渐渐觉得要做得更好实在太费劲时，一定要提醒自己注意上述这一点。

如果我们时常因为某个密友点菜时花时间太长，或者总向我们借工具而批评对方，那么我们需要给自己更大的压力，以便让自己停止这种劈头盖脑的批评。相反，我们应该礼貌地向对方提出适度而且具体的改变行为的要求。如果意识到在约会对象说话时，我们总是不认真听，对方总在忙着思考该如何应对我们的反应，那么我们也不应该只是哀叹自己不能改变旧行为，而是应该原谅自己，并且继续尝试练习目的性对话技巧。慢慢地，我们就能打破旧习惯的枷锁。

今天，至少指出三个你现在还有的旧习惯。对每一个旧习惯，至少想出一个办法来改掉它。

★今天，在这个寂静的时刻，我接受改变自己的挑战。因为我知道，我越是摒弃自己的旧习惯，就越拥有更大的空间来展现自己的全部潜力。

第153天 活在当下

> 人们只有过好每一天的生活，才可能幸福到永远。
>
> ——玛格丽特·波娜诺

对大多数人来说，在大部分时间里，我们度过的每一天都在努力挣扎着完成正在进行的计划、解决昨天遗留的问题，以及开始着手将来的工作。在往返工作地点的通勤车上，我们就开始思考当天要完成的所有工作；吃午饭时，我们又在考虑为晚餐准备什么吃的；而跟好友逛街时，我们又在担心近期的项目快到完工的最后期限了。那么，此时此地又会发生什么情况呢？它常常遭到我们其他考虑事项的伏击。由于先天已经决定了我们的喜恶、忧惧及欲望，因此，我们总在担忧生活的不可预测性。我们也持续地感到沮丧，即使在非常少有的情况中，生活也难得能与我们的安排完美契合。

如果不再每一天都奋力拼搏，而是敞开心扉接受当下每一刻赋予的一切，那么我们渐渐就会意识到，自己常给自己周围的世界带来如此多不必要的冲突。我们会发现，所处的情形并不像一个月前所想的那样复杂、那样来势汹汹，以及那样迫切。在所有的表面压力与负担下，我们感觉自己的根本活力在源源不断流过，这种感觉激励着我们，并且使我们精神焕发。

> 今天，停止一切工作，休息半个小时，好好享受身边的事物。如果天气很好，那么就到附近的公园里走走；如果你感到背部疼痛，那么就在沙发上躺着聆听身边各种能听到的不同声音；如果你和你的小狗很想互动，就把它的玩具都拿出来一起玩；如果马路对面建筑工地上的施工队干得热火朝天，那么就过去看看他们在干什么。

★今天，在这个快乐的寂静时刻，我不再勉强事情去按我的意愿发生，而是全身心地投入正在发生的事情中。在此，我发现了一个神圣之所。

第154天 重聚

随着共度的时间越来越长,恋人们常常会和对方说出诸如:"跟你在一起,我不再感觉空虚、有缺憾,以及孤独。相反,我感觉完满、完整,而且跟你彼此相连。"他们在彼此身上发现了单身时未能找到的东西。并不完美的两个人被重塑成一个完美的整体,即使只是暂时的。

当人生同某个与伊玛戈画像相似的人交织在一起时,我们就会产生这种奇妙的感觉,因此会体验到一种久别重逢的感觉。作为别人的恋人,我们的人生似乎具有了另一个现实维度,这是它蓄谋已久却未能实现的生活。正如我们在二维平面的单身世界里生活了如此之久,甚至自己都没有意识到这点,但突然之间,我们发现自己终于生活在三维世界里了。现在,距小时候感觉跟宇宙天人合一已经过去了多年,我们现在正在努力找到真爱,从而能被赋予一个新的机会来再次体验这种一体感。

今天,至少回想出你过去恋爱中的两次情形,当时你可以体验到"重聚"的感觉。对每一个情形,尽量回忆并记录下另一个人为你的人生带来的特质,使你的人生更平衡、更完整。这些特质是你单身时候不曾拥有的。识别这些特质,将有助于你洞察自己的伊玛戈画像。

★今天,在静谧的时刻,我思索神秘的爱情、思索我的空虚如何被另一个人的充实填充、我追求天人合一的渴望被慷慨的宇宙满足。

第 155 天 旧标准

有的时候，我们常忍不住将某个人的行为与我们遇见过的同类中的最佳表现相比较。我们记得生命中那些具有杰出成就的、禀赋超常的人，如果见到某个做类似事情的人，但没有如此斐然的成就，那么我们很有可能会对此做出评判。于是，我们好友做的蛤蜊浓汤怎样都无法跟已经过世的菲丽丝姑妈以前酿的美味啤酒相提并论。

当我们这样默默比较时，对目前的恋人是极其不公正的。其实，这些比较只会使我们陷于过往，而无视现在生活中随处可见的美妙而新奇的事情。也许，好友做的蛤蜊浓汤是没有菲丽丝姑妈酿的啤酒好喝，但也许他们做的意大利面跟我们想象中尼尔瓦纳酒店的已经非常接近了！我们要是能接受、珍惜，并赞美眼前的美好事物，而不是让自己活在早已过去的岁月中，该有多好啊！

今天，思考一下，你是否仍旧在用旧的标准来评判新朋友的表现。问自己以下两个问题：我是否拿目前的朋友或约会对象的短处与以前的朋友或者约会对象的长处做比较？为何会这样？我是否发现自己觉得过去的快乐是最美妙的，现在的乐趣根本无法与之相比？为何会这样？向自己发誓，对于你指出并记下的每一个"旧标准"，你会尽力停止用它来衡量现在的人或事。

★我常常受到过往生活的吸引，因此，不能体验到现在生活的丰富多彩。今天，我发誓要放弃跟过去生活的所有比较，活在当下。

第 156 天 户外活动

走向前，来到光亮之所在。

——威廉·华兹华斯

阴魂不散的孤独总是在伺机骚扰我们的单身生活。我们也许会一连几天、几周，或者几个月都非常开心地处理自己的日常生活，但是紧接着，孤独就会突然出击！于是，一段时间里我们就会感觉到压抑、健忘，或者就只是感觉郁郁不乐。我们开始习惯宅在家里、不去见人，除了听从我们陈腐的思想做指导，什么事情也不做；即使每天满身臭汗也不洗澡，周末也不洗漱。正是在这种乏味的黑暗生活中，孤独最易于发起进攻。

少量的孤独也许对灵魂有益，但如果延续的时间过长，就会消磨我们的生活热情。我们的社交技能以及遇见潜在伴侣的机会就会慢慢减少。当发现自己徘徊于内心孤独的世界时，我们需要督促自己走出去，到有人陪伴的光明的世界中去。我们要为头发做个发型，穿上最爱的那身时装！花功夫把自己打扮得漂亮些，并且跟别人待在一起，这会让我们能够休息一会儿，同时，让孤独早点溜之大吉。

今天，为不远的将来计划某件能让你多到户外活动的事情——只是当作保护措施。如果你有相当长时间没有参加过任何派对，那么这个月就自己办一个；如果你很怀念去参加爵士乐俱乐部、舞会，或者玩宾戈游戏的夜晚，那么就在日历上标示出某几天去参加这些活动，而且风雨无阻；如果你一直拖延着不去参加一个绘画班，或者参加一个保龄球队，或者去千岛旅游，那么现在就拿出电话簿拨打第一个电话。

★我进入内心的精神力量之源。有了这个力量，我就能够拥有新的生命力与创造性。

第 157 天　角色扮演

早期照料者承担着尽其所能将我们引入人类社会的重任，但其实他们自己在其他人面前可能也并不是很自在。尽管如此，在童年时期，他们还是会给予我们各种指导，教我们如何应对各种人际关系。通过这种教导与亲身示范，他们教会我们各种与人相处的行为方式，这其中有的是正确的，有的是错误的。毫不奇怪，这些指导原则深受性别的影响，因为对性别的考虑早已为社会强化而深入人心。我们从小就被告知男人应该沉着冷静、镇定自若；而女人则应该热情活泼，乐于奉献。我们知道，当男人掌控某个局面时，他们应该要求大家配合，而且绝不能表现出欠缺个人价值感，或者表现出没有自信心；当女人掌控某个局面时，她们则应该极其富有外交手腕，应激起人们的合作意愿，而不是直截了当要求人们合作，她们应该承认自己有更加柔弱的女性特质，而不是对此加以掩饰。作为现实生活中的成年人，男人与女人为了能更好地彼此相处，应该忘掉这些源于儿童剧院的舞台指导。

今天，花几分钟时间回顾一下，在你成长的过程中，早期照料者如何教育你男人应有的行为方式；然后，再回顾一下，他们是如何教育你女人应有的行为方式的。

★借助内心的智慧，我了解自己是如何受一些基于社会性别的假设影响的。正如蛇褪去外皮一样，我摒弃了所有不适宜的假设。

第158天 自我意识

如果你的鼻子或者前额上正好长了一个瘊子,你可能总会情不自禁地认为,别人在世界上都无所事事,就只剩下盯着你的瘊子看,来嘲笑你,或者因此责难你,即便你发现了美洲新大陆,也毫不留情。

——费奥多尔·陀思妥耶夫斯基

许多人孤独地待在自己的独居处所,他们很难在外面的世界找到可以去爱的人,因为总是忙着照镜子而不是朝窗外看。他们对自己的外貌、个性、智商,以及行为焦虑不已,正如在评估自己的约会对象一样!这是一个滑稽而"愚钝"的做法,会产生悲剧性的副作用。

无论何时,我们开始评估自己的时候,大脑总是快速地掠过那些显而易见的优点。这样做也不无道理,毕竟,为何要担心那些不会给我们带来任何问题的事情呢?因此,我们的大脑聚焦于所有可能的瑕疵。我们为了皮带上方涌起的五厘米宽的赘肉而苦恼;我们因为对新的约会对象说不出什么睿智的话语而绝望;我们为各种事情担忧,诸如自己的衣服是否看起来庸俗、自己的笑声是否如银铃般动听、约会对象是否会因为我们有赏鸟的爱好而对我们失去兴趣,等等,但我们没有意识到,其他人不是我们,他们有全然不同的看问题的视角——这是我们需学会欣赏的外向视角,而不是内向视角。

接下来的一天,练习积极地关注跟你交往的人,而不是消极地关注自己。如果你发现自己在思考别人是否对自己的外貌、行为,或者谈吐反应恶劣,那么应该立即停止这种行为并重新调整自己的注意力。试着去关注别人的外貌、行为,或者谈吐中的闪光点。

★今天,在这段静谧的时间里,我选择创造与自由。我对以下这个想法十分感兴趣,即我是自己感知的创造者,是自己先入之见的囚徒。

第 159 天 放手

只要我们的大脑还顾虑重重，我们的心就会像拳头一样紧紧攥在一起。当完全活在当下时，我们的心才能舒展开来。在任何时候，当抵制某一个情感状态时，我们就会产生一种制约我们自己的紧张感。一旦将这种情感释放，我们将获得各种机会。这种释放处于每一种精神体验的核心，诸如祈祷、冥想、一个自发的同情之举，或者对此时此地正在发生的事情予以的细致而充满爱的关注。

只有与当下协调一致时，我们才能体验到永恒感，那是一种最为旺盛的生命力，以及生物世界的永恒之美。即使当下这一刻看起来如此痛苦，我们也要让自己充分体验这一刻，以便让自己度过这一刻，否则，我们仍旧会与这一刻共存，一直处于持久的不满中。

念念不忘过往及将来而不放手，完全是在错过生命的存在。而直面现在，放开过去与将来——即使只是时不时这样做——就等于抓住永恒。

今天，做一件简单的事情来让自己活在当下。选择一个熟悉且相对琐碎的任务，然后，全神贯注、满怀爱意地去完成它；或者聚精会神地观赏几分钟：美丽的花儿、日落，或者某个风景。生活中最简单的一刻也可以带来美妙的体验，只要你是带着虔诚之心度过的。

★今天，在这个虔诚而静谧的时刻，我只花二十分钟时间专注于自己的呼吸。随着呼吸的深入，我让自己完全沉浸在这一康复时刻中。

第 160 天 伊玛戈：精力最小化者/最大化者

从神经学上讲，在整个人生中，每一个人都注定会用以下两种方式中的一种来发泄精力：我们要么将精力最大化，要么将其最小化。无论应对重大的人生事件，还是日常生活中的小事，这个反应模式都是一样的。精力最大化者是一些较为活跃的人，常常富有戏剧性，甚至脾气火爆，他们常常夸大自己的情感，在人生中一路奋斗向前。他们常以戏剧资质来应对人生，因此，在其感知中经常会夸大事件；而精力最小化者则与此相反，他们消极被动，情绪上容易受别人控制，通常比较胆小、不爱出风头，而且习惯性地躲在自己的内心深处，以免受到伤害。

今天，你将复习一下精力最小化者的特征，看看哪一点适合你；明天，你将想想精力最大化者的特征。很快，你就会发现自己属于精力最大化者还是精力最小化者，以及你的伊玛戈匹配者可能属于哪一种。

以下是一个描述精力最小化者的特征的列表，在那些与你相符的短语上画圈。

将情感放在自己心里	喜怒哀乐不显于形	拒绝依赖别人
总是否认需求	很少分享内心世界	很少服从别人的指挥
易于消极反抗	有严格的自我界限	试图控制别人
很少为别人着想	强制性地行动和思考	
抑制自己的情感、思想及行为	通常会排斥他人进入自己的心理空间	

★在这个深思的时刻，我思索自己应如何发泄过剩的精力。我承认，尽管有时这很难实现，但我的伤口也可被视为潜在的成长区域。

第 161 天 伊玛戈：精力最小化者／最大化者

> 除了自大者的快乐之外，最大的快乐就是诋毁者的。
>
> ——艾格尼丝·里普利厄

异性相吸这种说法千真万确！夫妻经常是由一个精力最大化者与一个精力最小化者组合而成。若一个伴侣安安静静，宠辱不惊（一个精力最小化者），则另一个往往热情洋溢、兴奋过度（一个精力最大化者）。这种对立面的结合正是大自然中一个机智的对称关系。正如浪漫的爱情一样，这种组合与每一个人都在寻求自己的伊玛戈匹配者有关。精力最小化者本能地寻找一个精力最大化者，以便为自己的人生增添更多的动力；而精力最大化者则本能地寻找一个精力最小化者来适度调节自己。

发展成精力最大化者或者精力最小化者的程度取决于我们童年时受伤的时间以及受伤的程度。我们越早受伤，或者受伤越严重，成为一个精力最大化者或者精力最小化者的倾向就越明显，而伊玛戈则会指引我们找到那个跟自己极其对应的人。

以下有一个描述精力最大化者的特征的列表，在那些与你相符的短语上画圈。

依靠他人	坦率、主观性强	过于纵容他人进入自己的心理空间
行事冲动	将情感向外喷发	常常过于依赖他人，过于慷慨
常常夸大需求	很难向别人宣告自我界限	不相信自己的方法，总问他人
总是关注他人	擅于操纵他人	时而积极上进，时而消极被动

比较这个列表中圈出的特征数目与昨天精力最小化者列表中圈出的特征数目，哪个数字大，则本质上你属于哪个。

★ 我了解内心的真相后，体验到自我的表达形式。我再一次认识到，由于创伤而产生的破洞正是治愈之光照射进来的地方。

第 162 天 伊玛戈：精力最小化者／最大化者

> 习惯就是习惯，谁都不可能将其抛出窗外，而只能连哄带骗，让它一步一步走下楼梯。
>
> ——马克·吐温

明确了自己是精力最大化者或者是精力最小化者后，你要如何处理呢？暂时，你只需了解自己的精力最大化者或者精力最小化者倾向，然后，将其作为自己的一部分来接受。在接下来的几天，或者几周，甚至数月的时间里，注意一些导致倾向明朗化的具体事件。慢慢地，当进入理性的恋爱中，你的知识与意识就会对你及你的伴侣大有用处。之后，你将有极好的机会在你尽力满足恋人的需求时，来调整自己的精力最大化或者精力最小化的极限。如果你是一个精力最大化者，总是喜欢黏着自己的恋人，那么你可以努力克服促使你黏人的种种恐惧。这样，你就能给予恋人更多的独立空间。如果你是一个精力最小化者，在恋爱中总是表现得若即若离，那么你可以尽力使自己不要过于担心受到控制，也不要担心对恋人必须随叫随到，时时刻刻都要深情款款。

越是了解自己，距离治愈自己的创伤就越近。打破习惯性的思考和感觉以及行为模式，尤其是那些源于童年创伤的模式，可以让我们得到解脱，进而过上更充实、更有成效的生活。理性的恋情提供了一个理想的环境来帮助两个人以这种方式解放彼此。这样，他们就能共同实现最佳的自我了。

今天，回顾一下你过去的某段恋情中的几种情形，在那时，你的精力最大化者或者精力最小化者倾向可能已经造成一些问题了，然后，拿出笔记本记录下这些情况。你应该发誓要对这些倾向保持清醒，并在将来的恋情中努力克服它们。

★今天，我静静地闭上双眼，沉思在前方所有的精彩机会。我意识到，为了在恋爱中保持理性，我必须甘愿完善自己。

第 163 天 挥霍的情人

我们付出的爱是我们唯一能保留的爱。

——阿尔伯特·哈伯德

真爱有时会折射出浪漫爱情的特质,犹如宝石般晶莹剔透,恋人的声音如此悦耳动听,感觉如此性感迷人,但是,真爱与浪漫爱情之间有着深刻的差异,二者的区别犹如泰山之于鸿毛,前者深刻、永恒,后者肤浅、善变。浪漫爱情很容易产生,但也会转瞬即逝。这是来自无意识大脑自然赋予的礼物,以此来诱惑我们踏上充分实现潜力的旅途。这是人类心灵的深层力量所创造的一种短暂的存在状态,但是,真爱却是理性与目的实现的成果,是一种动态的存在状态,也是一个得来不易的奖品,只有那些坚持到底的人们才能获得。

将浪漫爱情转变为真爱的过程可以比作一个继承了万贯家财的孩子挥霍一空后的回家之旅。为了回家,这个孩子必须进入职场,学会一门手艺,还需培养自律精神,要减去因大吃大喝长出的一身脂肪,还要放弃一些权利的幻想。简而言之,这个孩子必须超越一些利己的利益,培养出一个卓越的自我,一个既能够付出,也能够接受的自我。只有这时,怀着新得到的精神,这个孩子才能享有永恒的财富与滋养心灵的富足。

今天,继续你"回家"的承诺,练习有助于自己成为一个完整的人的技巧,以便你能将浪漫爱情转变为真爱。

★当放松下来开始今天的反思时,我想象出一条通往内心深处的蜿蜒小道。我抱持这个真理:"自觉地在这条小道上行走,我将会返回自我的真正家园。"

第164天 好习惯

在当今社会，"惯例"这个词语的使用仅限于与一些节日或特殊场合有关的做法。例如，每年 2 月 2 日看土拨鼠的影子、在婚礼后给新郎或新娘敬酒、在新年当天要吃黑眼豆，等等。其实，每个人每天都要做一些有自己独特怪癖的惯例性事务。也许每天早上，我们都会以某种个人专属的方式起床、穿衣、从家到工作地点，或者锻炼身体。我们的一些惯例性的习惯有特别积极的效果，例如，总是喜欢早晨在前厅门廊喝第一杯咖啡，但有一些习惯却有负面效果，例如，总是把不受欢迎的信件拖延到最后才强迫自己去看。我们需要多注意自己的个人习惯，这样才能从好习惯中获得更多好处，同时，也能改掉坏习惯，或者将其变成好习惯。这样，就可以让我们的日常生活变得更加愉快而富有启迪性。

今天，至少指出三件你每天都要做的事情，然后，挑出其中一件并想出一个办法让这件事变得对你而言更积极有益。

★我注意到，在一定程度上，我并没有意识到我的世界的组成模式。依靠创造精神，我感到自己拥有在生活中的每一件事中创造意义的自由。

第 165 天 整体中的部分

你下一次观察一棵树的时候,想一想树上那些相互交织在一起的树叶,想一想这些树叶多么依赖大树的生命力,并且,树叶同时又为大树的生命做出了多大的贡献。

在世间万物的大组合中,我们根本就不是单身者,而是一个更宏大的力量——宇宙的生命脉搏——的不同个体表现。当在一段稳固的恋情中与另一个人结合在一起时,我们会真切地感受到这种力量,并体会到一个单独的连接如何能让我们重新找回对宇宙的归属感。我们可以依赖大自然的富足与奇迹来提醒自己各种生命形式之间是相互依存的,直到获得那种十足的活力感。

今天,到大自然中走一走,以恢复元气,注意观察万物之间是如何彼此关联的。

★今天,我秉持这一想法:"我是生命挂毯中的一个结点,我注意到,自己不再感觉孤单。"

第 166 天 学会爱的语言

爱我们的邻居充其量就是能对他说一句:"你在经受什么?"

——西蒙娜·薇依

刚开始时,大多数人觉得练习目的性对话让人感觉非常沮丧。做起来很难,可能看起来很做作,而且确实让对话速度慢了下来。我们常常不想去练习目的性对话,而是又返回到原来那种迷迷糊糊的"自动驾驶"模式,这并非没有道理。在这种时刻,我们需要提醒自己,目的性对话虽然起初很枯燥,但最终会为我们节约时间,它会减少我们用于消除随意交谈产生的不良后果所需的时间与精力,而且,目的性对话疗法也祛除了因为情感受伤、误解、错误而所需的必要的解释,或者仅仅是不专心造成的痛苦。

而且,随着更多的练习,目的性对话会变得更加自然流畅,我们也会从中受到鼓舞。渐渐地,这会成为个人习惯,其中蕴含着我们特有的镜像反射、确认他人权利,以及表达共情的风格。如果坚持下去,那么我们就能很快掌握其技巧。这意味着我们很快就能体验到它的高效,以及由此产生的积极的亲密关系。

今天,至少同两个人专门练习目的性对话技巧。

★在这个静谧的时刻,我逐渐明白,起初看起来拖后腿的笨拙设计,其实是最终使我获得自由的关键。

第 167 天 精心设计单身生活

我们的社会并未给单身状态的人树立什么好的榜样。激进一些的观点将单身视为是自我放纵的肆意狂欢;而保守一些的看法是将此看作是一个学徒期,在此期间,人们勤奋努力以求吸引最有前途的伴侣。到三十岁还单身的人依旧被视为不太正常,而且无能。

我们应该自己掌控并创造自己的单身生活形象。我们确实很想建立稳固的恋爱关系,因为这种结合能提供成长与快乐的机会,并能使我们同宇宙万物连为一体,这在其他情况下是不可能实现的,但这并不意味着我们就要一直生活在阴影中,直到那个有缘人来到我们身旁。

单身生活是一个享受生活并丰富个人阅历的时期,这样,我们才能积累更多的经验献给自己和他人,以及宇宙,因此,必须精心设计单身生活,从而让它具有独特美感。

在笔记本上画一张图展示你目前的单身生活。不要担心图画不像艺术作品,只要画出你脑海中的第一个形象,不论它是象征性的,还是毫无夸张的;是现实主义的,还是抽象的。之后,再另外画一张图,展示你能如何改进目前的单身生活质量。也许,你会想出一幅富有启迪性的画面,它将在接下来的几个月一直停留在你的脑海中。

★今天,我接触到内心的"画家"。在生命的最深处,我利用自己的创造力来设计自己的形象,以保持本质与完整性。

第 168 天 愤怒信号

愤怒是一个信号，而且是一个值得倾听的信号。

——哈丽雅特·勒纳

愤怒是我们能体验到的一种最强烈的情绪。在这个极其忌讳强烈情绪的社会里，愤怒往往要承受最大的指责。当因为某人冷酷无情的话语、不负责任的行为而怒不可遏时，我们会说一些诸如"怒火中烧""气炸了"或者"大发雷霆"之类的话。如果强压怒火，我们就会被它"毁灭"。为何不冷静下来以合适的视角来看待这种愤怒？我们可以将其视为一种有价值的报警机制，这种机制与我们的活力感有直接联系。

首先，我们必须认识到，当人生气时，这通常涉及某个童年创伤。当我们对某人生气时，预示存在一些未解决的、失控的情感，这会使双方都陷入麻烦中。通常，愤怒与引起愤怒的刺激物不成比例。当接到该信号时，首先，我们必须尽可能充分地而且以建设性的方式来释放这种情绪；然后，再去面对另外一种。我们可以利用从本书中学到过的表达愤怒的指导原则（第 136～139 天）来释放愤怒。接着，释放出怒火后，我们需要深入研究愤怒的原因。除了另一个人的所作所为，或者不作为，我们必须想想自己的原因：期望是否过高，还是反应过激？是否能更加有效地就自己的需求进行沟通，以此来预防激起愤怒的局面？这种深度自省就是愤怒信号要求我们去做的事情。

今天，复习你在第 136～139 天学过的表达愤怒的方法。对自己发誓，若下一次感觉自己开始生某个跟你有深厚感情的人的气时，就用上这个方法。

★今天，在这个静谧的时刻，我容许自己体验内心的任何躁动不安。我认识到这是自己的生命在遭受威胁，深深地呼吸着，让这个躁动聚集起来，然后，再终止，以此来释放出恐惧。

第 169 天 必需品

> 爱是烈火，因此，天堂与地狱其实是同一个地方。
>
> ——诺曼·O.布朗

与爱有关的最为常见的比喻意象就是火。我们与钟爱之人初次见面的情形就具有诸如"火花"或"烟花"之类的特征。他或者她会继续"点燃我们的爱情之火"。激情熊熊燃烧起来，我们"热切"地渴望对方的身体。一种无法摆脱的特质潜入双方的关系中，犹如飞蛾无法抵抗火焰的诱惑力。一种必须得到他（她）的感觉表明，我们遇到了自己的伊玛戈匹配者，于是，我们对恋人说诸如此类的话语："我无法想象，没有你一切会怎么样？"或者"如果不能拥有你，我可活不下去，我也不想活。"

这种需要的感觉——无数情歌或者情诗里描述的东西——反映了无意识大脑正在我们的恋人与早期照料者之间建立起连接，早期照料者在当时掌握着我们的生死大权。明白他们之间这种连接后，现在我们感觉终于能让所有的生存需求得到满足了，但是就像火一样，这个恋人的能力既具有创造性，也具有毁灭性。我们需要同自己的伊玛戈匹配者建立良好的关系，从而让生命更加充实，否则，我们的生命只能被烧成灰烬。无论最终的结果是什么，开始时，我们似乎都极其需要这团火在生命中燃烧，否则，生命就会变得阴暗而且冰冷。

今天，至少回忆两次过去恋爱中你都体验到了这种必然性的感觉的情形。对于每一个让你产生这种感觉的人，扪心自问："我当时如何确切感觉到，或者表达了另一个人是我必须得到的人？在哪个方面那个人掌握着我的生死大权？"

★今天，我在思索一个更震撼的事实，即我是一个依靠者。因为我意识到，我的存在就是宇宙慈悲为怀的恩惠之举。祈祷时，我为此表达感激之情。

第 170 天　最小影响

天生的气质只在一定程度上决定了我们是精力最小化者（安静、被动且自立）还是精力最大化者（吵闹、活跃且易于亢奋）。主要影响我们成为哪种类型的早期照料者及整体上进行社会化的方式。

精力最大化者与最小化者之间不存在孰优孰劣，但不幸的是，我们的文化倾向于重视那些理性而且克制的人，因此，精力最小化者由于其情感及需求深藏不露而显得成熟而且能干，更容易为人接受。相比之下，精力最大化者则总是以夸大其情感，以及吆喝人们对其进行关注的方式应对一切，因此可能显得有些失控。

抛开表面情况不说，精力最大化者的心理状况可能比精力最小化者更好，虽然精力最大化者的行为在社交上可能并不值得称道，但至少清醒地意识到自己的情感与欲望。表面看，精力最小化者可能生活过得更优裕，但与自己的情绪分离已久，因此在实现幸福与完整的过程中他们往往背负着双重负担。只有先认清真正需要什么，才能开始着手去尽力满足自己的需求。

如果你是精力最小化者，那么至少记下两次你因克制情绪的"抑制性"素质而受到赞扬的情形；如果你是精力最大化者，那么同样记下两次因为那些让你感到触及真实情绪的"表现型"素质而受到责骂的情形。

★今天，在这个静谧安详的时刻，我将此奥秘当作治愈创伤的灵药的一部分，并且发誓要沿着通向完整的道路一直走下去。我对完整的渴求如此深刻，这让我不知不觉间选择了与我互补的人为伴，跟他们在一起，我不会感到空虚。

第171天 童年创伤

不论抚育我们长大的家庭有多么稳固、父母有多么相亲相爱,早期的照料者怀有多么好的意图,我们都没有受到完美的抚育及社会化。每个家庭都有一些可以改善的空间,因此,我们都有一些童年时期遗留的创伤以及未能得到满足的需求,并且因此变得失意、沮丧。不论受伤的缘由是什么,伤害到何种程度,我们一生都在渴望治愈创伤。

在成年后的恋爱中,我们寻求从恋人身上获得自己童年时未能得到的东西,以此来治愈创伤。这是因为恋人是我们的伊玛戈匹配者,即某个与我们的父母有相同特质的人。只有这个人才能从父母中止的地方再重新开始,给予我们渴望的东西。为了能成为完满的、相互关爱的恋爱伴侣来为彼此疗伤,我们需要了解创伤的性质,以及为抵御创伤而采用的防卫机制的特点。这样,我们才能做好充分准备。

今天,试着更细致地了解自己是谁,如果可能,了解你在童年时期各个阶段的恐惧和需求以及问题。想一想你最早的记忆,那时你是什么样子的?接着再想一想以后的时期。四岁时你是什么样子?六岁、八岁、十岁、十二岁时又分别是什么样子?

★在这个治愈创伤的宁静时刻,我打开内心的平安之所,让自己坦然面对伤处,而不是出于恐惧否认其存在。

第172天 童年创伤

> 个性的形成需要日积月累，但也可以迅雷不及掩耳之势毁于一旦。
>
> ——费丝·鲍德温

童年时期，每一个阶段都有不同的任务与技巧需要掌握。这一时期特有的抚育需求取决于在何种程度上，这些需求未能得到很好的满足——毕竟，没有哪个父母或者早期照料者是完人——每个人都要在一定程度上忍受创伤的痛苦，因此，形成了个性防卫机制。我们携带着这些创伤与防卫系统度过童年的每个阶段乃至人生的各个时期，直至最终治愈这些创伤。要将这些创伤及个性防卫系统追溯回童年时期可能比较困难，因为我们一直将防卫系统小心地隐藏着。挖掘这些防卫系统时动作一定要轻柔一些，因为我们同时也在重新激活这些创伤。

童年时期，我们强烈地关注自己对父母的依恋之情，最大的忧虑常表现为以下两种形式之一：害怕被拒绝（即令人痛苦的接触）或者是害怕被遗弃（即失去联系并受到伤害）。如果因为害怕被拒绝而感到痛苦，那么我们可能会成为逃避者：往往消极被动，沉默寡言，不由自主地回避与所爱之人过于亲密的接触，因为我们总觉得他们对我们要求过高，可能会给我们造成伤害。如果因为害怕被遗弃而痛苦，那么我们往往会变得非常黏人：自己一个人待着时会没有安全感，于是，总是要求伴侣对我们表达爱意与亲密。这是精力最大化者的一种反应形式。

在笔记本的一页上写下"童年创伤"这个标题。回想一下你的童年以及过去的恋情，再确定你是易于受到被拒绝的创伤带来的痛苦，还是被遗弃的创伤带来的痛苦。你是一个逃避者，还是一个黏人者？确定后，在笔记本上记下你的创伤类型以及个性防卫机制。

★今天，借助内心的勇气，我进入一个能识别我的个性防卫机制的地方。我没有为这些个性防卫机制而感到生气，相反，我感谢它们保护了我。之后，我让这些个性防卫机制一个接一个离去……

第 173 天 童年创伤

长远看，躲避危险并不比完全暴露于危险中更安全。躲避危险者和勇敢无畏者一样会陷入危险中。

——海伦·凯勒

当我们蹒跚学步的时候（1.5～3岁），我们开始走到父母视线之外的地方，从而开始人生中第一次大胆探险。我们都是小探险家，在测试自己独立行动的能力时，我们有这个底气是因为随时都能够回到安全有爱的家庭基地。这对我们及父母而言都是巨大的挑战。难怪父母普遍都在抱怨"可怕的两岁的小不点！"我们想要享受充分的自由，与此同时，还要享有绝对的安全，因此，我们常常感到受挫——并给他人带来很多的烦恼。

童年时期，我们要么遭受了被抑制的伤害，因为父母或者其他照料者早期不想让我们有足够的自由离开他们的安全监督范围；要么受到被忽视的伤害，因为父母或者其他早期照料者在我们需要他们的安慰时往往不在场。

如果因为被抑制而受伤，那么我们会发展成一个孤僻的人：我们会远离他人，坚持自己的自主权，而且唯恐伴侣有需求，这是精力最小化者的反应。如果因被忽视而受到伤害，那么我们就会成为一个追求者：我们总在追随着伴侣，想要从他们那里获得不断的支持与依靠。如果没有得到，那么我们就会气愤不已或者惊恐不安，这是精力最大化者的反应。

基于童年及过去恋爱的经历，这两种情况哪个更令你痛苦？是因常常被抑制而成为一个孤僻的人，还是因被忽视而成为一个追求者？将你的答案记在笔记本上标有"童年创伤"的那一页。

★ 今天，在神圣的欢庆时刻，我用了一点时间感谢自己参与目前正在做的事情，因为我认识到治愈自己创伤的重要性。

第174天 童年创伤

当他们叫你长大的时候,他们的意思其实是,不要长大。

——汤姆·罗宾斯

三四岁的时候,我们想知道,作为与这个世界相关而又独立的人,自己是谁?作为小探险家,我们开始踏上成为自我的道路。为此,我们必须在内心建立一个强大的自我形象,以及建立生命中其他重要人物的强大形象,正如孩子们玩假面化妆游戏时试衣服的大小一样,我们也会尝试各种身份来看是否与自己相配,并观察别人对此如何反应。任何身份都可以抓来尝试一番——至少尝试几个小时!无须考虑真实性别、种族,我们练习做母亲、叔叔、一个喋喋不休的人以及各种漫画书及童话故事中的主人公和女主角,甚至还能为自己创造出一些人物来。我们以这样或那样的形式沉迷于自作主张的表演中,而且希望这个自我能得到别人的认可。

在寻求身份的过程中,我们的创伤来自以下两种经历之一:一是受到羞辱,例如,我们的身份试验遭到拒绝或蔑视;二是受到忽视,因为我们身份试验不受认可或理解而感觉自己是隐身人。如果曾受到羞辱,那么就会变成一个控制者,会控制并批评伴侣来确保自己的个人安全及"正确性",这是一个精力最小化者的防卫性行为。如果某个人曾受到忽视,那么他就会成为一面柔光镜,这是一个精力最大化者的反应机制,他们常以顺从为特征,以便能得到爱;或者以消极对抗为特征,以便能为所欲为。

今天,确定伤害是源于受到羞辱,因此使你成为控制者,还是源于受到忽视,因此使你成为一面柔光镜。在笔记本中标有"童年创伤"那一页,记下你特别的创伤及应对行为。

★进入内心的平静之处,我想象自己被旧的行为方式羁绊。我认识到,通向自由的钥匙掌握在自己手中。

第175天 童年创伤

我并不害怕暴风骤雨,因为我正在学习如何驾驶轮船。

——露意莎·梅·奥尔柯特

上学前那几年,我们开始与他人竞争,以便发现自己的个人能力和极限,常常在回应他人或者与他人竞争时对自己有最强烈的感受。我们也开始判断什么属于自己,什么不属于自己。在这个阶段,我们试图能有效地管理这些新发现的自我。另外,我们还在试图掌控周围的环境,并获得足够的能力,在社交中游刃有余,从而建立自尊。有时,这些任务学起来很难。

父母及其他早期照料者对我们的尝试会有不同的强烈反应,但是,其中有两个反应可以帮助我们理解童年创伤。有时,孩子会得到衷心的认可;也有时,孩子可能又会受到严厉的批评。由于不能确定到底该期待什么,孩子会面对成为失败者的恐惧。孩子对此的反应就是成为竞争者。这是一个基于积极竞争的精力最小化的策略。父母的反应可能是对孩子的成就一直未能给予支持,甚至还因此而批评他们,于是,孩子会面对成功的恐惧,甚至是招致批评的深层恐惧。为了应对此种情形,孩子就会成为妥协者,即一个总是以精力最大化的方式支吾搪塞、操纵他人,甚至搞破坏的人。

今天,确定自己的伤害及对应的个性防卫机制。你经常会因为害怕失败而成为一个竞争者,还是因为害怕成功而成为一个妥协者?在笔记本上记下答案。

★今天,在祈祷中,我整理生命挂毯中的每一根丝线。思索可以为我所用的丝线的色泽与质地。

第176天 童年创伤

理想存乎己心，障碍亦是如此。

——托马斯·卡莱尔

当我们开始上学并与其他孩子混在一起时，一个重要变化就此产生。我们曾受到某种驱动去确立一个安全而有能力的自我，而现在，这种以自我中心为特征的驱动力开始减弱，我们开始感受到一种新的冲动：关爱冲动，这表现为我们对同龄人的关心。我们在学校形成了各种各样的友谊。我们期待父母对我们在社交上如花朵般绽放的表现予以赞叹、鼓励以及指导。

一些学龄期的孩子，因为父母保护心过强，或者太急于表示反对，或者未能很好地教授孩子所需的社交技巧，会觉得在这个阶段很难交到朋友。如果某个孩子有这样的父母，那么他就会感受到被放逐与排斥的恐惧。这个孩子就会以精力最小化者的模式来应对，他就会成为一个孤僻的人，也会排斥他人，同时，退缩回自己的世界，而另一些学龄期的孩子却特别合群，而且有很多朋友。之所以会这样，是因为父母有意无意间给他们传递了这个信息，即自我关照是不好的品质，而关心他人则是好的。这种孩子遭受的创伤就是害怕给别人添麻烦，于是，就会将自己变成一个照料者，这是一个精力最大化者的角色，是以自我牺牲和时常侵入他人生活为特征的。

今天，评估一下你的创伤属于害怕被放逐与排斥，使你变成一个孤僻的人，还是属于害怕给别人添麻烦，使你成为一个照料者？在笔记本上记下答案。

★ 今天，在这个静谧的时刻，我想象着自己以及所有的创伤。想象自己在关爱自己的一切。

第 177 天 童年创伤

亲密是一种难以掌握的艺术。

——弗吉尼亚·伍尔夫

今天，看一下我们走向成年的旅途上的另一项任务：成为一个青少年。青少年的一个主要任务就是最终与家庭分离。一个青少年必须在同龄人中确定自己的地位，与此同时，与某个特别的人建立一段满意的情感上的和性方面的亲密关系。在这一点上，父母有责任接受正在走向成年的孩子身上萌发的性欲，同时，还要为其提供适当行为的模板，以使他们知道在这个新产生的备受渴望的亲密关系中适当的行为界限。毫不夸张地说，这绝不是一项容易的任务。

有时，父母会担忧或者嫉妒青少年的力量和自由以及性能力。他们对这些情感的反应可能是将"缰绳"拉得太紧，这实际上是在说："你还没有准备好，我们不会让你走。"青少年会因被控制而受到伤害，因此成为叛逆者。叛逆者本质上属于精力最小化者，他们总是违反规则，对生活抱有愤怒以及失望的态度。

还有些父母也受到全新而陌生的青少年世界的困扰，于是采取了一种完全不同的方式。他们会喋喋不休地谈论孩子朋友的装束、品味及行为上的怪癖，或者错误的地方。由于害怕跟别人不同，孩子就变成一个循规蹈矩的人。循规蹈矩的人本质上是精力最大化者，总是挑剔和控制别人，永远都在试图给别人强加规则以保证稳定性。

今天，确定你是因为害怕被控制而使自己成为一个叛逆者，还是因为害怕跟别人不同而使自己成为一个循规蹈矩的人。将你的判断写在笔记本上，并记下你变成这样的过程。

★今天，在这个静谧的时刻，我认识到，我害怕接受一些已经影响到自己的行为。我深深呼吸，以此来接受自己。之后，我体验到真实的自我。

第178天 童年创伤

识别童年创伤也许会让人感觉非常压抑。我们每识别一个创伤，总会发现还会有无数个创伤在无意识大脑的某个角落里若隐若现。幸运的是，我们能够修复创伤。在修复创伤时，我们也在致力于满足无意识大脑实现完整、充分体验活力，以及与宇宙万物在精神上合为一体的愿望。由于已经了解有关创伤的具体情况，而且还有治愈创伤所需的必要工具，因此，一切就靠我们来接受挑战了。

而且，潜在伴侣在小的时候也受到过伤害，常会为此采取与我们相反的个性防卫机制。如果我们是逃避者，那么他们就是很黏人的人；如果我们是追求者，那么他们就是很孤僻的人。这意味着，通向完整的关键在于，在伴侣帮助我们满足他们的需求时，我们要也帮助伴侣满足自己的需求。

拿出笔记本，复习过去几天以来你在本单元中获得的见解。在那些引起你强烈反应的见解上画圈或者添加下划线。下决心在将来要更加清醒地认识到你辨认出的特定创伤以及应对机制。

★ 在虔诚的祝祷中，我认识到自己正在做的工作在将来会绽放成生命中无法想象的自由与恩典。

第六部分

成为一个值得被爱的人

第179天 学习去爱

> 机会通常会伪装成艰苦的工作，因此，大多数人总是认不出它们。
>
> ——安·兰德斯

人类必须学习如何在稳定的恋情中去爱另一个人。人并不是生来就会爱别人的。我们的生命力能量，即宇宙的精华部分，在本质上是中立的，并不会必然地倾向爱。作为对社会化及自我发展过程中体验质量的回应，我们要么变得体贴入微，要么变得自私自利，要么大公无私，要么一毛不拔。我们跟别人以及自己作对，直至被剥夺生命的精华；我们满足自己及他人的需求，直至生命精华受到滋养。

即使我们并非生来就知道如何在稳定的恋情中去爱另一个人，学习去爱其实就是服从我们自己的生存指令。当从自我取向转为对他人感兴趣时，我们作为个人就会成长。我们重新获得那部分遗失的自己，学会了用新的更有表现力的方式来表达自我，而且，还增强了有效应对生活的能力。这个学习过程并不简单，但只要持之以恒，就能成功。我们只要坚持做力所能及的事就可以，无须将自己逼得过紧乃至于放弃。

今天通过练习，你至少应该使自己身边的三个人感觉更安全、更自在。当你听到一段困难的、情绪化的谈话时，务必试着使用目的性对话技巧。

★今天，在独处的时间里，我秉持这一重要的真理："当与受伤的动物共处一室时，让自己平安无事的关键就是，确保让受伤的动物认为自己是安全的，而且不能感到痛苦。"

第 180 天 助力启动

努力学习新的相处技巧时，我们偶尔会感到困惑："如果另一个人不练习，只我一个人练习这些技巧，又有什么用？我如何才能让另一个人——我的好友、约会对象，或者我将来的伴侣——也一起练习？"

伊玛戈疗法魔术般的魅力之处就在于，它必然会在另一个人身上实现耀眼的变化，而这个人同时也是我们改善自己的观点和行为之后的受益者。由于意识在不断延伸，而且养成了新的行为模式，我们就会在恋爱中创造出改变的空间。正如一个电量充足的电池在给另一个电量不足的电池充电一样，我们要让另一个人感到安全、得到理解。更有价值的蓄意的活动将会激发另一个人同样的能量，哪怕只是为了让他们更靠近我们，即治愈力的主要源头。为了使另一个人恢复活力而不含任何利己之心，我们启动了一个动作——反应的机制，这将最终治愈我们。

在接下来的一周里，专门在某个特定的人身上练习你学过的某种相处技巧，看一看能否观察到一些积极性的反应。

★虽然常常会等待他人主动联系，但在今天这个静谧的时刻，我决定首次冒险，尝试由自己来决定结果。

第 181 天 公平战斗

他一看到腰带就要攻击别人的软肋。

——玛戈特·阿斯奎斯"谈戴维·劳合·乔治"

遗憾的是,如果某个人做了什么我们不喜欢的事情,许多人就会选择攻击。我们因此就能满意了吗?通常不会。正相反,我们启动了一个痛苦的恶性循环,而且看不见何时才能结束。

有时,争斗是难以避免的,但重要的是,要知道怎样才能更好地斗争。我们要做的第一件事就是克制回击的冲动,因为这是自我毁灭的举动。如果我们对某人的行为感到很难过,那么要对自己说,"我能做些什么使事情对我们双方不那么棘手?我怎样才能公平地战斗,而不是要靠耍阴谋诡计?"

公平的争斗是为公平而战,而非为反对另一个人而战。通常,我们总认为另一个人是故意给我们带来痛苦的。实际上,他们只是在试图传达观点,让别人听到他们的感受而已。发生冲突时,我们需要记住,对方关心我们,但就是无法倾听你,因为对方觉得自己受到了攻击。因此,我们需要平静地分享情感。这样,就让另一个人知道我们很难过,并给予其机会来回应。这也意味着与对方交流自己希望他们如何对待我们,而不是交流希望他们如何虐待我们。最后,这意味着我们要承担责任来激励他们做得更好,但不要期望他们会主动担负这个责任。这意味着我们应该以提出改变行为的要求来应对一种坏行为,而不是用我们的坏行为来应对。

今天,复习你在第 146 ~ 151 天学过的提出改变行为要求的方法。在你目前的生活中,是否有需要应用此方法的情形?答应自己,如果下一次对某人的行为不满,那么就有意识地采用这个方法来应对。

★无论何时,我感觉有必要回击某人时,或者要靠耍阴谋来跟某人争斗时,我就会意识到,我已经容许自己遭人贬低了。今天,在这个深沉而静谧的时刻,我秉持这一观点:"我要对自己的体验及行为负责。"

第182天 没有人是完美的

我不好，你也不好，那就好。

——伊丽莎白·库伯勒－罗斯

我们很容易坠入追求完美的陷阱之中，既要求自己完美，也要求别人完美。一旦落入这个陷阱，就很难进步了。我们因为太胖就排斥自己的身体。如果某人没上过大学，那么我们就不会跟其约会。一旦在最初几次尝试中未能立即取得与生命挂毯的和谐效果，我们就会放弃任何形式的精神追求。追求完美和有高标准以及设立宏伟目标是一回事，但是将任何与人相关的事跟完美联系在一起，这就是另一回事了。没有任何肉体是完美的，无论是从审美上讲，还是从其他方面讲。没有人的精神或者灵魂是完美的：没有丝毫的私心、疑虑、恐惧，或者悲伤。当然，也没有谁的人生或者事业是完美的：没有任何粗糙的斑点、失败以及罪过。事实上，人性之美就在于我们的不完美，因为，光亮正是通过不完美与创伤才能照进内心，从而为我们走向完整铺平道路。如果我们想要变得更加完整和更有活力，那么必须先接受自己的基本人性，以及别人的基本人性，然后，尽自己最大的努力（不是说要做到最好），做最好的自己，还要看到并且培养别人的长处，使我们能继续实现个人成长的目标。

指出两件你对自己不满意的事情，一件是个性特质，一件是身体特征。
对其中的每件事，向自己提出以下问题：
完美的替代选项是什么（回答时不要闪烁其词，说得尽可能绝对）？
我能切实做些什么来改变这种事情吗？
我身上自己喜欢的哪一项长处能弥补这件事情？

★今天，在这个静谧的时刻，我闭上双眼，慢慢地呼吸。我专注于内心固有的更伟大的智慧。我放弃追求完美的行为，这反而使我可以理解更加深层次的完美。

第 183 天 抵制改变

冰冻三尺，非一日之寒。

——约翰·利利

承认并改变我们的个性防卫机制以及习惯性行为可能会很艰难，而且很可怕，因此，也难怪我们常常会抵制这种改变！无论喜欢不喜欢，无论性格有多少瑕疵，我们深深地认同自己目前的性格；无论多么清醒地意识到自己的行为是追求幸福之路上的绊脚石，可我们还是深刻地认同自己的行为，因此，我们要学的主要功课是熟悉的个性防卫机制以及习惯性行为不是真正的自我。正相反，我们真正的自我在这些个性防卫机制与行为的控制之下。

在人生中实现改变，并不是要消灭我们的核心自我，而是要让那个根本的自我显现出来，但是，做这种解放真我的改变是一项艰巨的工作，只有真正面对负面自我，承认它们、融合它们，再慢慢改变它们，我们才能变得完整且充满活力。企图逃避自我揭露以及改变行为这项重任就是自我忽视，或者，说得更严重一些，是自我虐杀。

今天，回顾你刚开始伊玛戈疗法时（第3天）表达的希望。想一想自己学过的所有技巧，花些时间记下你脑中印象最深刻的东西。在回顾你所取得的成就时，再利用这段时间感受一下激动之情，同时，继续履行你要完成伊玛戈治疗的承诺。

★今天，在神圣静谧的时刻，我想象自己已经摆脱了身上那些无用的部分。这是我秉持的真理："改变可以使我更加接近真实的自我。"

第 184 天 好的幻想

起初，恋人之间一切都很美好。他们疯狂地热恋着，只顾自己的做法及破坏性的习惯似乎都随风飘走了。他戒烟了，她也不再每天晚上工作到很晚。在安全、温馨的、新的爱巢中，他们能比以往更加坦诚、更加亲密。因为每个人都在为对方付出，他们感到能安全地分享彼此心底的担忧、罪过、恐惧，以及希望。他们开始为将来制定计划。可惜正是在这个时刻，现实吹爆了浪漫爱情的泡泡，事情开始变得不正常。

浪漫爱情是一种幻想，使我们无视伊玛戈匹配者身上不好的一面。由于迫切想要维持新发现的喜悦感并得到拯救的感觉，我们调动一切否认策略来与这个不利于伴侣的坏消息保持距离。当现实终于不可避免地将这个否认现实的烟雾屏障撕碎时，幻想开始消散，于是，我们不得不面对最艰难的任务：应对我们的伴侣以及自己身上的负面特质与负面行为。这是一个最大的挑战。最终的现实有多么美好，即将面临的前景就有多么丑陋！

今天，拿出你的笔记本，想一想过去某段恋情的初期。至少指出两件你和恋人常在一起做的事情，当时，这些事情对你们都大有好处，而且你特别喜欢做这些事情，诸如谈论亲密的事情，分享你从未与他人分享过的秘密。你为何不能与恋人继续做这些事情，或不再喜欢跟恋人一起做这些事情？你在本书中学过的那些相处技巧也许能帮助你继续，或者重新开始做这些事情？

★今天，在静谧的时刻，我惊叹大自然的神秘，它以希望来诱惑我们，以愉悦来引诱我们，只用一个小小的伎俩就能使我们乖乖就范。如此一来，它就可以创造奇迹，以重建我们的完整性。

第 185 天　连续体

就在我试图将头脑中所有事情捋顺的时候，我开始困惑不已。

——玛丽·弗吉尼亚·米卡

毫无疑问，由文化决定的性别角色以及刻板印象对个人成长及男女恋爱有破坏性影响。当我们提起"阳刚的"男人和"阴柔的"女人时——或者，"阳刚的"女人和"阴柔的"男人——我们在试图将人类行为安插进天然的现有类别里。实际上，社会性别是沿着一个生命连续体建立起来的。在每个个体的真实生活中，特定性别的可能特征范围是非常宽广的，而某个人的情感与行为可能会在此范围内波动，变化程度可能随着时间与情况的不同而发生变化。

这些性别刻板印象以及性别角色就像紧身衣一样束缚着我们，并且破坏了自然表现力及个人成长。它们对个人有害，这是因为，如果身份中的某些方面被贴上"性别错误"的标签，它们就会迫使我们放弃这些方面个人才艺的发展。这些被压制的、不为人接受的特质就成为被遗失的、被否认的那部分自我。同样，这些刻板印象以及性别角色也使我们的恋爱变得复杂。它们影响了我们的"完美伴侣"形象，并强迫我们将虚假的局限性及期望强加给跟我们约会的每一个人身上。

今天，至少指出你身上的三种特质，由于社会化的力量，你或者别人认为这些特质更适合异性。对于每一种特质，你向自己提出以下问题：我是否曾在任何时间对此感到羞愧？

我是否曾试图对别人掩饰这个特质？是否有办法让自己喜欢这个特质，或者让我能经常将它展示给别人？

★用一些时间沉静下来，我审视对自己有吸引力的异性形象。我鼓起勇气放弃了这些形象，让自己体验一种超越语言及思想的现实。

第 186 天 权力斗争的各个阶段

权力斗争有六个可预测的时期。这些阶段类似于伊丽莎白·库伯勒·罗斯在其名著《论死亡与临终》一书中指出的六个阶段的悲伤：震惊、否认、愤怒、讨价还价、绝望和接受。让我们悲伤的是"浪漫爱情"即无须努力就可以幸福生活到永远的幻想的死亡。我们的震惊来自最初发现伴侣的种种不完美之处时。可以理解，我们最初的反应是否认自己的发现。首先，不管怎么努力消除它们，这些不完美就是不离不弃，于是愤怒随之而来；其次，我们试图进行讨价还价——"如果你做这件事，我就会做那件"，这不可避免会导致更多的唇枪舌剑，因为双方总是在不断责问彼此；再次，当我们不再尝试任何措施，就会有一段绝望期；最后，我们不得不接受这个现实，即自己的恋情并不像刚开始想象的那样是一段神奇的完满之旅。在这一刻，恋情要么结束，要么陷入权力斗争中的僵局。对那些选择坚持到底的恋人而言，他们的恋情会越过休战期，继续发展成真爱，从而获得快乐的归属感。

今天，回想一下以前的浪漫恋情，试着指出权力斗争中的这些特定时期。你可以将哪些具体的情感、行为及事件分别与震惊期、否认期、愤怒期、讨价还价期、绝望期，以及接受期联系在一起？尽可能在笔记本上记下较清楚的情况。

★有时，我难以承认自己心怀这种幻想，即自己的需求不用付出努力就能得到满足。今天，在这个反思的时刻，我思考这个真理："权力斗争理应发生，因为冲突发生于成长产生之时。"

第 187 天 社会化

> 家庭——这只亲爱的大章鱼，我们从未真正逃离它的触角，而且，在我们内心的最深处，我们也从未真正想逃离它的触角。
>
> ——道迪·史密斯

作为孩子，需要承受极大的压力去适应社会，这对我们有巨大影响，也不可避免地伤害了我们。我们收到源于各处的社会化信息，但最为有效的社会化力量是照料者。凡是我们的被社会认为不可接受的行为——愤怒、萌发的性欲、对待事物的个人看法、在严格的性别角色之外的试验——都被小心翼翼地修剪掉。这种持续的修剪强化了这一信息，即社会对我们来说太危险了，而在修剪过程中，我们在一定程度上也明白了，除非能"正确地"思考、行事，否则我们对于社会而言就是危险的。当我们推三阻四抗拒修剪，试图做自己并且充分体验成长时，照料者们发出社会化的战斗呐喊给予回应："这都是为了你好。"

他们有一些言论比较直截了当，诸如："别像个孩子一样哭个没完！""你并不是真的难过，你只是累了。"据我们观察，其他信息则更加微妙：诸如他们在生活中做出的选择、他们对待彼此的方式、他们追求自己想要的或者拒绝自己不要的东西的风格。在本单元中，为了找回在修剪过程中失去的那部分自我，你将专注于自己是如何被社会化的，尤其是被你的父母社会化的。

今天，想一想成长过程中你父母的婚姻状况（如果你是单亲家庭长大的，想一想你父亲或母亲的某次认真的浪漫爱情）。回忆具体的场景以揭示父母恋爱的真实情况。向自己提出以下问题："我从中得到了什么信息？"例如，思考他们如何表达爱意或者愤怒，然后，问自己："父母如何表达爱意与愤怒，教会了我什么？"在笔记本上记下你的答案。

★今天，在虔诚的祷告中，我专注于内心筑起的安全之所。借助从内心汲取的力量，我承诺要回顾过去生活中的场景。

第188天 社会化（刺激-反应）

每一个孩子都是一个艺术家。但问题是，一旦长大，如何使其依旧是一个艺术家。

——巴勃罗·毕加索

每个人生来就有一个精力充沛的核心自我，它会立即同外面的世界进行互动。这个核心自我通过四个基本功能与外面世界连接起来：思维、感觉、行动、感知。只要思想依旧自由，情感未受到限制，身体精力充沛，感官活跃，我们就能充分体验外面的世界，内心也能充分感受外面的世界。我们的边界是开放的，因此，核心能量可以自由而随意地进出，但这四种功能都是社会化的目标，在整个教导过程中——父母起主导作用——在每一个转折点，我们动态的完整性都受到挑战。

在走向成年的途中，我们沿着个人边界在一些战略地点竖起了围墙，以便能够控制能量经核心自我而流动。在整个童年阶段，我们看清了何种思想、情感、行为，及感官享受能够得到赞许，以及何种会受到责备。我们听到许多"能做的事"，"不能做的事""应该做的事"及"不应该做的事"，于是，吸收了那些对他人行之有效的，或者，至少是别人看重的观念及刺激-反应模式。我们与外界的天生而自然的连接因此受到阻碍、扭曲，甚至被剥夺活力。现在，我们已经成年，却和自我以及也许能被我们深爱的人中断了联系。

今天，至少想出三个你小的时候父母强加给你的评判及批评，尤其是对那些最终转化成为"能做的事""不能做的事""应该做的事"及"不应该做的事"的评判及批评。

★今天，在这个静谧的时间，我认识到，成长来自同情，而不是批评。

第 189 天 社会化：思维

当父母拿出学习卡片给婴儿床上躺着的宝宝一张张看，并祈祷他们很快就能学会说话，能主动学习，在上学前——两岁时就表现出很强的求知欲，他们这是在做什么？这就是思维上的社会化。思维是促使社会经济及科技进步的动能，因此也是最被人们重视的。每一天我们都被灌输新的功课来学会归类、分析、解释，以及理性化，而且这种灌输在我们童年时强度特别大。

有时，我们处于一个严格的奖惩体系中以提高我们思维上的社会化成就，每取得一个"优秀"成绩，就会有额外的零花钱，每考一个"不及格"就得被关在家里不能出去玩。其他一些时候，这些思想信息更隐秘。也许由于我们沉浸于父母的观点态度中已久，在他们潜移默化的影响下，自己已经意识不到。也许我们被告知，"你聪明反被聪明误"或者"你太笨了，不知道面对现实"，思考的自由被颠覆破坏，这为我们下一步的社会化做好了准备。虽然我们渴望可能带来快乐的任何有创造性的冲动，但是不得不接受思维上的限制，只能思考一些我们可以想象的事情。

今天，在笔记本的某一页上写上"社会化：思维"这个标题。在这一页上，列出父母影响你思维的方式。也许，有的方式是积极性的，至少表面上如此，例如："他们鼓励我阅读。""妈妈吹嘘我的考试成绩。"其他方式也许是消极的，例如："他们教我仇恨富人。""我父亲说我很蠢。"

★在冥想的时间里，我慢慢地让意识从大脑皮层的思想中离开，进入潜藏在身体与心灵中的智慧中。

第 190 天 社会化：情感

上一节论述了社会是如何高度认可智力过程的。别人要求我们通过镇静而理性的思考来控制情绪，思考成为压抑情感的排泄口。我们出于悲伤、受伤，或者愤怒而将处事方式理性化。我们将自己的喜悦与衷情导入积极性思维与语言中。从传统上讲，在这一领域对女人的要求相对放松一些，可以允许她们哭泣，或者恐惧，或者多愁善感。事实上，相比较于表现出勇敢与清心寡欲，女人身上的这种情感表达甚至更受推崇。在压力重重的时刻，父母更有可能对女儿（而不是儿子）说："去吧，宝贝，去哭一会儿吧。"但这并不意味着女儿就得到了父母更好的养育。在许多家庭中，女儿只是在哭泣的时候才能得到情感上的支持。于是，她学会以哭泣来吸引别人对自己的关注。与此同时，儿子则被留在一边自己体会这个信息——男子汉大丈夫不能哭。至于若想表达一些阴暗的情绪，诸如愤怒、嫉妒、气愤，或者蔑视，则儿子或女儿通常都不被允许。

今天，在笔记本的另一页上写下"社会化：情感"这个标题。在本页，记下父母采用的方法来影响你压抑、控制或者表达情绪。例如："我生气的时候，他们就让我回自己房间。""因为哭泣，爸爸说我像个女孩子。"

★在这个神圣的时刻，我进入内心深处。我反思这一真理："情感是活力的表现。"

第 191 天 社会化：行动

虽然社会重视行动和成就，以及"我能做"这样的态度，但对我们的行动仍旧存在大量的限制。人们虽然鼓励我们成长，但是对我们的修剪工作一直在持续——他们以肯定的言词告诉我们，我们只能以被社会认可的方式成长。"好好走，别跑。""手放在自己身体两边。""安安静静地坐着。""别跟饿狼似的吃饭。""三思而后行。"童年已逝，我们已不再质疑这些禁令。社会要我们循规蹈矩，服从他人，这种力量如此之大，让我们与自己的自发性及肉体都失去了联系。令人难过的结果就是，我们对自己是否能够作为一个独立的人来行动缺乏自信。虽然人们允许女孩有比男孩更多一点的自由来表达情感，但她们在行动上却受到远远多于男孩的限制。人们允许男孩玩粗野的游戏，却不允许女孩玩；人们也不要求男孩像女孩一样关注自己的服装、姿态，以及外表。尽管如此，男孩女孩都逃不脱其各自的不公平的训练，以遵从文化规范。

今天，在笔记本的一页上记下这个标题："社会化：行动"在这一页上，列出你父母影响你的行为、活动，或者是身体形象的种种方式。例如："他们总是说我骨瘦如柴。""我不喜欢踢足球，爸爸偏要我踢。""妈妈制定了我何时能用起居室以及能在那儿做什么的规定。"

★在这段专门为独处留出的时间里，我彻底放松自己，我意识到，必须与自己的人格连接起来，这样，在与世界打交道时，我的行动才有力量之源。

第 192 天 社会化：感知

如果你有一个感官退化，那么你的其他的感官也会退化。这是你与自然、与艺术、与食物、与其他人在感觉上，以及在肉体上的联系。

——阿娜伊丝·宁

正是在感官领域，关系肉体快乐与性欲的地方，我们受到更多的限制与劝诫。因为正是在这里，我们看见分裂，它导致社会更加看重智力，而不是身体上的天生的快乐。我们被教导，过于放纵一般的感官快乐，尤其是性方面的快乐，有一种固有的罪恶。"别碰身体那个部位。""把衣服穿上！""你想让人把你当成流浪汉吗？"鉴于我们——不论男女，得到的各种反应，诸如，沉默、劝诫，以及嘲讽，竟然还能自得其乐，这真是一个奇迹。我们几乎被引导得要去相信，如果没有身体会更好，这样也就没有这些狂野的渴望了；或者，如果我们只是用身体从一个地方走到另一个地方，如果我们只吃能让我们维持生命的食物，一切会更好。一些人较好地挺过了对感官享受的压抑，他们虽然受到伤害，但还能偶尔随意享受感官自由，但另一些人，他们压抑的感官享受一点一点以扭曲、有害的形式渗透出来，诸如性虐待、独身、洁癖。对所有人而言，对感官享受的调控深刻影响了我们与异性的关系的方方面面。

今天，在笔记本的一页上写下这个标题："社会化：感知"。在这一页上，列出父母调控你对待或者表达肉体感官享受的方式。例如："我的父母因为手淫而惩罚我。""爸爸批评我用小弟弟来思考问题。""妈妈不让我穿紧贴在身上的衣服。"

★在这个虔诚而静谧的时刻，我认识到感官享受之美。我秉持这一真理："我的感官享受是自然的表现。"

第 193 天 社会化

我长大后有了父亲的容貌、父亲的话语模式、父亲的姿态、父亲的观点，还有母亲对父亲的蔑视。

——朱尔斯·费弗

父母并非我们童年时期唯一的社会化力量。社会还通过教师、朋友、牧师、神父、拉比、书籍、电影以及杂志等来调控我们，但若说到社会化，父母则是我们生命中最强大的力量。我们是以他们的形象为模板塑造的，不论我们或者他们是否能够充分意识到这点。

我们是用四个基本功能来连接自己与世界的，即：思维、感受、行动、感知，父母传递给我们所有这些功能的信息。当看到这些信息的范围时，我们就会明白它们的累积效果已经阻塞了我们大部分的核心能量。经过社会化的修剪，原本充满活力、欣欣向荣、枝叶繁茂的植物，沦落为一根病恹恹的茎，只是有潜力长成原本的样子。虽然所有人的四个基本功能在某种程度上都受到抑制，但每个人可能都有一两个方面尤其受到压制。务必看清楚修剪工在哪里造成的破坏最严重。在后面的单元中，你将探索你的特别的社会化对你的"自我"概念产生的影响，这个影响迫使你去掩饰、遗失、否认或改掉本性中的某些习惯，以便能形成被社会接受的"表象自我"。

复习你为每一个功能的社会化做出的列表：思维（第189天）、感受（第190天）、行动（第191天）以及感知（第192天）。在每一个列表中最重要的条目下面划线。之后，再决定，是否有一些功能总体上比另一些功能受到的社会化影响更严重些。这些正是最需要你去改变的功能，以便能重新获得最初的完整性。

★在这个深刻反思的时刻，我让一个景象浮现出来，它代表了我遗失的各个部分，这些部分彼此结合，盘旋在一起，慢慢形成一个有活力的、生机勃勃的整体。

第194天 洞悉结果

> 我们绝对可以断言，没有激情就不可能取得伟大的成就。
>
> ——乔治·威廉·弗里德里希·黑格尔

随着按照本书的方法训练，到了此时，我们已经很清楚地意识到恋爱问题的根源所在，但是，虽然很有价值，但洞察本身并不能治愈我们，毕竟，它只是信息，并不能改变我们。

为了产生变化，洞察必须转变为行动。不论体验创造了什么，都必须由体验来更正。为了融合洞察，我们必须使自己置身于新的形势中来学习并练习新的行为，这将有助于改变过去的行为和观点。

为了得到好的恋爱结果，我们必须做出改变，其过程取决于是否每天都有意识地驱使自己不断向前。我们也许不能总是成功完成这个任务。这个过程就像爬山一样。虽然我们总是看到相同的景象，但是随着获得新的"高度"，也获得更深刻的洞察。有时，感觉正如披荆斩棘，步履维艰，我们只是模模糊糊走在上山的旅途中。而有的时候，我们又觉得好像在原地踏步，或者，跌跌撞撞倒退了几步。重要的一点是：不要站着不动。行动才会带来改变，停止行动就会停止改变。

今天，重申你要坚持改变的承诺，你每一天都要以理性的新脑相处技巧来替换无意识的旧脑相处技巧。专门练习一下目的性对话技巧，或者对你生活中的某个人提出改变行为的要求。

★今天，我祈祷并承诺，要将现实作为一个变化中的有机体来接受，并且让这个自然过程内化到我的内心，再逐步展开。在思索这个现实的时候，我坚信："我只有靠我自己才能成为自己。"

第 195 天 择偶市场

现在再考虑长期单身者的情况。长期单身者就是那种总是安定不下来的单身汉，或者总是逃避亲密关系的女人，甚至那些经历了一系列失败的婚姻的人，某种意义上讲，也属于长期单身者，他们在恋爱中只是偶尔关心对方，但本质上还是只顾自己。

在这些长期单身者中，许多人的共同特点就是，他们在等待一个确切的白马王子或者白雪公主，就是某个他们立刻就能认出的理想伴侣。对他们而言，这可能是最好的人生伴侣。他们对承诺的恐惧类似任何"购物者的疑虑"，总是这山望着那山高。他们担心，如果将自己投入这段感情，结果以后发现又有一个新的、更好的伴侣，怎么办？然而，伴侣关系不是凭退款保证就可以建立的。

这些单身者不明白的是，他们的问题在于自身，而不在于外部的择偶市场。许多人真的很有潜力成为一个深情的伴侣。我们需要建立自我意识并培养相处技巧，这样才能与他人紧密联系。一旦这种意识及技巧已经习得，随着技巧的掌握，将会发现，有大量机会等待我们。

尽力回想并记下你过去生活中的某一次情况，当时，你因为某人没有达到约会要求或者你的伴侣要求而拒绝了对方，但后来你却意识到自己的判断是错误的。

★今天，我默默地下决心要成为一个值得被爱的人，而不是去寻找某个值得我爱的人。

第 196 天 有话就大声说出来

有多少次我们发现自己期待别人说出我们心里的想法:"我的笑话冒犯她了吗?""他在下周末前会给我打电话吗?""她意识到我有多喜欢她吗?"我们一直在疑惑,有时甚至为此焦虑不已,却从不开口问。也许是因为太过羞怯、不好意思,或者害怕看起来太爱打听别人的事;也许是因为我们正在进行某种权力斗争,我们想要他们负起责任来先开口说话。不论因何缘故而沉默,我们都在使自己承受不必要的痛苦。鉴于人性的真相,反过来,我们可能直接或者间接地也会使他人遭受痛苦。

当我们有心事并且为此烦恼时,最好还是立即就说出来,你要么就直截了当地提问,要么就鼓励对方交谈从而引导出某种相关的回复。彼此有感情的人需要坦诚交谈,而不是默默地猜测对方要说什么,或者玩沟通游戏。

今天,在跟某个人电话交谈或者当面交谈时,说出你的心里话。你可以说出心里已经憋了一段时间的话,或者想到什么说什么。不论什么都可以,就是不要欲言又止,之后又不停地猜测。

★今天,内心放松下来后,我逐渐意识到,与他人联结起来是走上亲密道路的唯一途径。我发下誓言:"我要接触他人,并冒险跟他们亲密接触。"

第 197 天 攀登高峰

我们朝自我意识迈出的每一步，都是理性地与他人建立联系的一步，都会使自己上升到更高一层的人生状态。随着在自我的高山上攀登得越来越高，我们变得理性而自觉，丢弃了越来越多狭隘的日常问题。我们攀登得越高，就有更广阔的视角来看待生命中无处不在的荣耀。正是这一视角打开了发现永恒真爱的大门，也正是这一视角激励我们全身心地投入真爱之中。

爱召唤我们超越世俗的自我，这样才能一睹永恒的真容。这常常是一段艰难的上坡路，我们也许会在崎岖的山坡上跌跌绊绊，甚至还会倒退几步。偶尔，可能会精神不振，可能会受到极大诱惑想要忽略呼唤我们继续向前的召唤。在这些时刻，我们要提醒自己，能否实现作为个人的完满，以及作为超越自我之爱的伴侣的完满，取决于我们是否愿意排除万难，坚持到底。当接近山顶时，我们的回报就是一个令人震撼的 360°全景式风光。

想一想，在过去几个月里，自从做了本书中的练习后，你获得了个人成长的哪种特定方式。为这个进步鼓励一下自己，让它激励自己向更高的山峰攀登。

★今天，我专门花一些时间恢复精神。闭上双眼，让自己放松。之后，我意识到，我正在踏上一条将引领自己充分实现活力与真爱的路。

第198天 与人为善

要与人为善：你遇到的每一个人都在打一场硬仗。

——约翰·华生

每个人在人生道路上前行时不可能没有遭受过任何伤害、不公、失望及挫折，而人们也不可能立即就从这些痛苦的遭遇中恢复过来。事实上，在遭受痛苦多年后，甚至在人生的大部分时间里，我们仍旧会不由自主地感受到某些痛苦。

在单身状态时，我们很容易忘记，痛苦是每一个人日常经历中固有的一部分，并不仅是我们自己独有的。只从外表看我们遇到的每一个人，我们也许并不能看出其内心正在进行的苦苦挣扎。事实上，我们遇到的人也许正在尽其所能地掩饰这些挣扎——不仅向别人掩饰，也向他们自己的理性大脑掩饰。为了跟其他人建立积极的联系，也为了表现人性中最为高贵的那一部分，我们要对遇见的每个人心怀慈善。这意味着要承认，其他人也有值得人同情的问题，而且，他们跟我们一样也有权得到安慰、幸福，以及实现自我。

接下来的一天，练习更加仁慈地对待你遇到的两个人。尽力将他们想象成正在为自己迫切需要解决的问题而痛苦的人。不论是否是成年人，都将他们视为受到伤害的孩子。

★我有时会忘记，世界上并非只有我一个人有问题。在今天的沉思时间里，我要加深自己对别人遭受的痛苦的认识，并且运用自己的同情与接受能力帮助他们。

第 199 天 失而复得

异性相吸的古老观念就是一个常见的伊玛戈之谜，于是，我们常常会发现两个人因为互补的社会化方式而相爱。例如，一个小时候常受到鼓励去踢足球，但其画漫画的兴趣却常被打击的人，可能会爱上一个插画家，而这个插画家小的时候家人却不让其进行激烈的运动。这是什么情况？大自然又在故技重施。正是因此，我们才受到吸引去跟某个人谈恋爱，因为，我们相信他们有潜力治愈我们的创伤并使我们成长。大自然以她狡黠的智慧诱导每个人跟另一个貌似与他（她）不相容的人配对，以便能发生其成长所需的化学反应。

于是，我们会看见冷静的、使用左脑的数学家跟多愁善感的、使用右脑的诗人约会，或者，我们会了解到，两个同居的朋友常常发生性方面的冲突：她喜欢得到许多感官刺激以及前戏，而他似乎不愿表达感情，而且不喜欢被触摸。

今天，想一想三个你认识的人。他们是如何或曾经如何受到跟自己一点也不像的爱情伴侣的吸引的？

★今天，在这个宁静的反思时刻，我承认，自己的某些方面还没有完善，还没有为终将拥有的伴侣做好准备。

第 200 天 玩具

有一些玩具老少咸宜。

——英语谚语

你小的时候最爱的玩具是什么？球？纸牌？弹珠？布娃娃？积木？跳绳？毛绒动物？拼版玩具？火车模型？手指画？剪纸？为了重新获得核心活力感，没有什么可以比挖掘我们的童年以获得启示更有效果。作为成年人，我们可能无法重新体验到那种兴奋之感，但是，仔细回忆很久以前曾让自己如此快乐的事物，可以为我们的贪图享乐的"面粉厂"创造出极其有价值的"谷物"。

有的时候，我们只要找一找成年版的童年最爱的玩具。例如，1 000 块拼图，而非 50 块的拼图；一套油画作品，而非一盒蜡笔，或者某种对我们的战略规划技巧有挑战的棋类游戏，而不是那种只需要跟着小兔子脚步走的小时候最爱的棋类游戏。

有些时候，我们可以用自己的想象力将童年时与玩具有关的体验重新塑造成更适合成年人身份的体验。例如，我们可以建一个装饰性的鸟舍，而不是用积木搭一座微型城堡；去参加一个露营旅行，而不是在起居室搭一个床单帐篷。许多人仅从搜集旧玩具（尤其是搜集与他们小时候最爱的玩具相同的玩具）中就能获得极大乐趣。还可以用一下午的时间到一家玩具店里转转，或者租一部卡通电影来看。

与玩具为伴，可以使世界更加活泼，使我们更易于接受游戏。有许多方式可以找回我们遗失的孩子般的热情与活力。

指出你小时候喜欢玩的三种玩具。每一种玩具的成年对应物是什么？务必在本周至少选其中一种玩具。

★今天，在欢乐的沉思中，我回忆童年时的快乐与活力。我在心里牢记着这种体验，以让自己感受毫无约束地游戏的活力。我发誓："每一天都要体验自己内在的活力。"

第 201 天 智慧的学堂

反省是智慧的学堂。

——巴尔塔沙·葛拉西安

我们想要从恋人身上得到什么？哪一种伴侣最适合我们？我们最有可能选择哪一种恋情？

要回答这些问题，并且在回答问题的同时为踏上寻求亲密伴侣的旅途做好准备，就必须仔细审视我们小时候曾发生的事情。这意味着要反复回顾我们的童年，并且提出相同的问题。看起来这是很单调的事情，就像那些侦探故事一样，故事里的受害者在反复回答相同的问题，然而，如果你仔细观察，你会发现，每一次该问题被问到时，这些问题又产生新的深度。我们需要反复清扫旧材料上的尘埃才能发掘新的宝贵的线索。在这些需要反复向自己提问的重要问题中，有一些问题涉及童年创伤：

在童年的不同时期，我们分别受到何种抚育？

我们因此产生何种负面情感？

我们采用何种个性防卫机制来应对上述情感？

从那以后，我们的童年创伤开始影响我们所有的重要的思想、行为以及人生选择，尤其是恋爱方面的选择。无论是有意还是无意，我们总是力求在稳固的恋情中治愈童年时的创伤。这并不意味着我们会得到好莱坞影片中的完美伴侣，或者完美恋情，但是（虽然是无意识之间），我们几乎注定会得到最佳伴侣，虽然这只是从我们内心最深处的视角来看的，但我们还是尽量充分利用好它吧。

再次复习你在第 172 ~ 178 天列出的"我的童年创伤"。

★ 今天，我深深地呼吸以汲取勇气，使自己能够看见并理解童年时受到的伤害。

第 202 天 隐藏的自我

早在童年时期，我们就已经开始对别人隐藏我们自己的某些方面。如果因为粗声大气地唱歌而受到妈妈的责骂，我们就学会轻声地唱，这样别人就听不到了。拨弄自己的生殖器受到大哥哥们嘲笑后，我们一定确保在没人的地方才会这样玩。因为大人不允许我们吃巧克力，所以我们才会从橱柜里偷出来吃。我们掩饰自己对叔叔的大胡子的恐惧，因为别人似乎都不害怕。久而久之，就形成了一个"隐藏的自我"——一个我们日常生活的秘密分享者，他（她）以不为外人所知的方式思考、表现，以及对事物做出反应。

作为成人，我们已经从一些童年时期的过错与耻辱中恢复过来了，并且会找一些"安全"的场合来释放自己的一些秘密；但是，我们还会将个人身份中的许多方面都归为隐藏的自我。有的时候，隐藏的自我会有突如其来的无意识反应，这些反应常常没有任何意义，即使我们自己也不清楚其意义何在。只有在开始发掘隐藏自我的根源时，我们才能明白自己的动机。在本单元里，你将会仔细查看隐藏的自我，以便了解其秘密到底是有助于你实现完整的自我，还是会阻碍你实现完整的自我。

在笔记本新的一页写下这个标题："我的隐藏的自我。"在这一页上，列出你不愿为人所知的特质及活动。以补全这句话的形式来记录每一条目："如果人们知道……会怎么想？"

★我认识到，自己身上那些害怕与人分享，或者不好意思与人分享的部分其实最需要爱与抚育。借助内心的力量，我承诺要完全接受自己。

第七部分

了解关于自我的真相

第 203 天 隐藏的自我

还有什么地牢像自己的心一样阴暗!
有哪个狱卒像人的自我一样铁石心肠!

——纳撒尼尔·霍桑

虽然,我们常常责备社会迫使我们掩饰、限制我们隐藏的自我,但作为个人,也有自己的责任。因为我们为自己的某些部分,以及为这些部分表现出的我们感到耻辱,于是,我们限制这些部分。由于担心如果过于自我坦露会受到人们的嘲讽或者排斥,我们甚至变得神经质。

我们必须学会珍视隐藏的自我。诚然,有许多行为最好还是保持隐秘,例如,手淫、咬指甲、凌晨两点时狼吞虎咽一千克双层巧克力屑冰淇淋,等等,但是,我们都有个人习惯和个人品位,以及一些小小的怪癖,这些绝对都是可以接受的,如果在适当的环境,甚至会让人觉得还挺可爱的,而且,只有我们自己才有释放它们的钥匙。

解放隐藏的自我的第一步是需要我们以更多的宽容、更多的尊敬及理解来看待它。毕竟,这是一个非常人性化、非常聪明的自我,而且,它包含了大量的关于我们个人的最真实的信息。如果由于应对童年教养的方式所致,到目前还是没有足够勇气做真正的自我,那么我们至少需要接受这个事实,而不是为此哀叹。在一个更理性、更宽容的环境里,我们才能重新获得自信。

今天,回顾昨天列出的那些特质与行为,你觉得哪些易于宽容地看待,即接受它们和尊重它们。如果有可能,甚至可以透露给别人。在这些条目下划线。

★今天,在这个寂静的时刻,我进入内心一个精神上感觉安全的场所。在这个场所,我发誓要尊重这些隐藏起来的自我。

第 204 天 隐藏的自我

我们常常将隐藏的自我视为不受欢迎的异类。我们向他人掩饰的特质及行为中确实有许多会招来批评和嘲笑，甚至厌恶。比如："我午饭常吃薯条沾果酱。""我在自己的个人所得税上作弊。""我有时一连三四天不洗澡。"但我们隐藏的自我也包含一些珍宝，这就是独特个性的真实表现，在别人看来也许还挺可爱、令人钦佩，甚至是宝贵的。例如，你可能喜欢夜晚悄悄溜到室外，对星星轻声许下愿望——这是一个很有诗意，而且还能给情感带来极大满足的习惯，也许会给其他人带来启示；你也许喜欢看周日早间的卡通片让自己痛快地大笑一场；你喜欢写一些平淡无奇的歌词；你喜欢做一些荒野探险的白日梦。

这些都是别人可能会理解，并且可能帮助你更加投入地去享受的活动。一些隐藏自我的秘密一旦见光，很快就会摆脱其阴暗的性质。有个别的自我秘密甚至还能闪耀出独特的光芒——这是给自己，也是给他人的礼物。现在该给你的隐藏的自我赠送一张绿卡作为礼物了！

回顾你两天前（第 202 天）列出的特质及行为，决定哪些应该继续保守私密，哪些可以让别人知道，然后，专门挑选出一个在支持性环境中很有可能被人接受的特质或行为。

★ 今天，我在沉思中深深放松自己。我想象自己向别人敞开心扉并得到肯定。我接受这个真理："在我隐藏的自我中有等待发掘的美。"

第 205 天 隐藏的自我

分享有时比付出更难以做到。

——玛丽·凯瑟琳·贝特森

为了实现个人追求的精神与情感上的完整，我们需要将隐藏的自我带到阳光下。这意味着与他人分享隐藏的自我。我们可以对密友更加坦诚，先在密友那里测试这个让隐藏的自我走出来见光的过程。如果有特别的动力，我们也可以试着向刚开始约会的对象透漏更多隐藏的自我。

私生活中的新来者给我们一个新的机会来与另一个人就坦诚相待。如果他们知道了，例如，知道了"我有神秘的帮助者""我梦想成为一个名人""我喜欢听某合唱团的老专辑"，或者，"我在一个人时总喜欢把自己幻想成为一个虚构的角色"，分享隐藏的自我，意味着要克服对别人会怎样看待我们的担忧。显然，隐藏自我中的一些特质或者活动是比较容易向他人公开的。我们也许不愿告诉任何一个人——至少现在还不愿意，告诉别人我们偶尔会从杂货店偷一些小物件；或者，我们床底下藏着一些色情杂志；或者，我们有时会对着一个陶瓷土狼吐露内心的秘密，但这不应该阻碍我们倾诉秘密！越是学会真诚待人，我们对自己以及对他人就会建立起更多的信任。

今天，指出你生活中的一个，或者几个人，你可以向其分享隐藏自我的某些方面。向自己的隐藏自我发誓：将来，你会努力做到对它们更加坦诚。

★在这个深刻反思的时刻，我想象自己点燃一根蜡烛，我承认这个真理："我就是那个可以照亮自己内心昏暗之处的人。"

第 206 天 隐藏的自我

> 我们接受过去的裁定，直至改变现状的需要大声呐喊，迫使我们不得不在舒适的惰性与恼人的行动之间做出选择。
>
> ——勒恩德·汉德

过去的习惯很难被打破，其中最难打破的一个就是尽力向别人隐藏任何可能为我们招来讥讽、蔑视的习惯。不幸的是，我们最终因为花费大量精力来使隐藏的自我保持隐秘而耗尽了自己的生命力。

为何不用更积极的方式使用这些精力，从而解放隐藏的自我，也释放生命力？我们现在就可以开始，先从生命中那些看起来最宽容的人做起。这些最初的努力将使我们为理想的情形做好准备。在理想的情况下，我们和一个无条件爱我们、接受我们的伴侣建立起理性的恋情，从而使之成为安全的避难所，在此我们将会体验自我解放。在这充满爱意的恋情中，我们不会受到来自社会的批评与评判，可以让以前觉得不能见人的那部分自己重新获得生命力。我们可以像动物一样自由地手舞足蹈，可以将奥利奥饼干上的糖衣舔掉，可以讨论我们对 UFO 的看法，或者连续两个小时看电视上重播的《蜜月新人》，而且，我们可以致力于将隐藏自我中更阴暗的方面转变为更积极的、更有创造性的表现方式。

下决心在接下来的一周里跟某个人分享隐藏自我的一个秘密。你可以选择分享你在前天（第 204 天）指出的某个特别的特质或行为。

★当我放松下来并深深呼吸时，我想象，随着创造完整人生的努力的不断进展，隐藏的自我可以为我提供大量的成长机会。

第 207 天　界限

由于伊玛戈动态的影响，精力最大化者与最小化者常常配成一对。造成他们之间产生最大麻烦的根源之一就是界限——也就是，知道一个人从哪里结束，另一个人可以从哪里开始，以及知道一个人可以有多大的自由侵入另一个人的隐私或私人空间。精力最大化者的界限往往比较模糊而且灵活。他们跟所有人分享其情感体验，而且很难区分哪些是自己的思想，哪些是别人的。他们易受到别人影响，而且急于跟别人打成一片，因此，没有很清晰的自我形象，也不理解别人对清晰的界限的需求。他们觉得可以随意给正在工作的伴侣打电话喋喋不休地聊应该去哪里度假。精力最小化者则正好相反，有许多刻板分明的界限来界定他们是谁，什么东西是属于他们的。他们不理解精力最大化者的分享需求，因此，精力最小化者往往迟迟不表达同情或者爱慕。他们抵制接触，一旦伴侣开始将自己的个人物品搬到他们的领地，他们就会非常担忧。

今天，想一想在过去或者目前，你跟某一个与你有相反的反应风格的人谈恋爱，也就是说，如果你是个精力最小化者，那么你就回想一个精力最大化者恋人；或者，如果你是一个精力最大化者，那么你就回想一个精力最小化者恋人。指出在哪几种情形下（至少指出两种），对方的界限感会对你造成困扰。接着，再指出在哪几种情形下（至少指出两种），你的界限感会给对方造成困扰。

★进入内心的圣地，我看见自己正在跳舞。被困于一个固定的舞蹈动作中，我一遍又一遍地重复这个动作。看着"心灵屏幕"上的自己，我开始尝试一种新的舞步，刚开始时，动作有一点笨拙，但慢慢地，跳得越来越优雅。我对自己说："只要我想，我就可以自由自在。"

第 208 天 拆墙

> 我知道，在你恨别人的时候，你也在恨你自己。
>
> ——奥普拉·温弗瑞

仇恨就像一堵墙，限制了我们的自由，也遮挡了我们的视线，而且，还在我们的生活中投下一道阴影。当我们修建了一堵针对另一个人的仇恨之墙时，它的作用就像一个跳板，直至我们最终感受到表现为自我仇恨的反冲力，它会阻挡来自他人的光芒与关爱，于是，我们最终也会连带着仇恨他们。为了让爱进入生命中，我们需要拆除自己修建的仇恨之墙，尤其是那些自我仇恨的墙壁，它们极大地限制了我们的人生。这意味着去爱在社会化过程中被我们排斥的那部分我们——即当看见它们在别人身上反射出来时，会引起我们强烈憎恨的那部分，以及我们投射到伴侣身上的那部分。

起初，我们很不情愿做这些拆除工作。例如，我们不想去爱被自己抑制的感官享受或者多愁善感，因为这感觉就像是背叛了最初使我们排斥这些部分的那些人，而且，如果给予这些曾经遭到鄙视的部分更多自由，我们岂不等于让自己再一次被人排斥？鉴于这种担忧，务必记住，不要仅仅只是用我们全部的情感炸药将这些墙炸开。相反，我们要一块砖一块砖地拆除这堵墙。这是不容逃避的事情：拆除自我仇恨之墙是一项艰巨的任务，但如果不去做这件事，爱就无法进入或者出去。

列出别人身上的五个被你憎恨的特质。指出其中一个别人在你身上也能看到的，暂时就当这是你的特质。之后，至少再想出两个方法来更加自由地运用这个特质，这样你就能对此更加宽容。

★进入平静的内心，我想象着自己在一块砖接一块砖地拆除仇恨之墙。随着墙的倒塌，我开始看见阳光以及墙那一边的美丽风景。

第 209 天 不可避免的抱怨

男人与女人，女人与男人。怎么都不行。

——埃里克·乔恩

有无数的列表记录着男女两性之间相互怀有的不满。这些列表为数不清的书籍、文章、电视情景喜剧、社会学研究以及心理治疗研讨会提供了素材。异性成员"到底怎么了"是更衣室及美容院里的共同话题。

女人常常指责男人几个显而易见的缺点：不愿意听人说话或者不跟人交流；不愿表达情感；总是有优越感，总是专横跋扈；只在乎女人的容貌。此外，他们在性方面对女人太挑剔、太草率、不可靠，而且感觉迟钝。

毫不奇怪，在男人对女人最常见的抱怨中，许多正好与女人抱怨男人的情况相反：太情绪化；总是喋喋不休；在性方面太轻浮；过于敏感；过于关注自己的外貌。

这其中的要点就是：为何女人不能更像男人，男人不能更像女人？这可以改成"为什么某个人不能更像我一点？"这是难以避免的抱怨，这种最关键的抱怨可以引起所有的抱怨。隐含在这些抱怨中的是一个价值判断：从男人的视角看，男人比女人更好（例如，更易于被人理解）；而从女人的视角看，女人比男人更好（例如，更易于理解别人）。战线就这样划出来了。

今天，想一想并记下你曾听到过的、读过的，或者自己发出的针对异性的那些"不可避免"的抱怨。仔细看看每一条抱怨，问自己以下问题："这是一种合理的抱怨，还是一种基于偏见的判断？"

★在今天的独处中，我承认，自己常倾向于将世界视为自己的延伸。借助内心的勇气，我释放出这个感知，以便让他人的世界能展现出其特有的辉煌。

第210天 "完美"困境

追求真爱并不取决于在我们能否在外面的世界寻找到某个完美的人。正好相反，为了拥有一段永恒而完满的恋情，我们需要查看自己的内在并敞开心扉，不论这段恋情将我们带向何方，我们都追随它的指引。寻求完美是一个非常难以实现的目标。结果，我们建造了一个障碍训练场来淘汰除了那个最合适的候选人之外的所有候选人，从而编造出一个几乎不可能发生的剧情。

首先，要求我们的大脑先客观地选择表面看来有最佳特征的可能人选——诸如他（她）要有讨人喜欢的个性、长得好看、聪明伶俐、愉快的生活方式等——之后，我们才能允许自己的心灵自由地发挥主观功能，从而爱上对方。主观观点与客观观点是完全分裂的，这极大地影响了我们的行动能力，以及找到获胜者的能力。

如果想真诚地寻找永恒之爱，我们必须允许这两个单独的视角充分合作。头脑与心灵都必须在一开始时就具有充分的包容性，这样，我们才能找到自己爱的人，才能爱自己找到的人。为此，我们必须拆除那个障碍训练场，建一个游乐场取代它。在这个游乐场里，所有的恋情都可以安全地在浓浓的爱意中上演。

今天，练习敞开心扉。无论何时，当你想要批评某个人的缺点时，尽量试着指出他（她）身上的长处。在笔记本上记下你今天想要批评别人的次数。

★我意识到，自己常常依照客观标准以及限制性的规则来生活，这使我很爱挑剔别人而不是接受别人。今天，在这段清静的时间里，我想象自己变得更善于接受别人，也更加包容。放下戒备，我感受到自己活跃的生命力。

第211天 自由离开

我们会在人生长河中游上数周、数月乃至数年，心里想着自己已经逃脱一个旧恋情的情感控制，然而，突然之间，就像一只从海洋深处跃上来的章鱼，伸出一只旧恋情的触角一把攫住了我们。于是，那段恋情中一些尚未解决的情感（诸如未实现的愿望、无人理会的抱怨、从未消失的怨恨和一丝残存的爱意），又一次控制了我们。

为何我们不能一劳永逸地永远摆脱这只章鱼？问题并不在于章鱼的力量，而在于我们自己的力量。章鱼只是活动在一片小的水域中，之所以它依旧能时不时抓住我们，是因为我们还没有离开它的水域。如果想要自由，那么我们只需一直向前游去，直到远远将它抛在身后。

今天，想一想过去恋情中的某个仍旧"抓住"你不放手的东西，这是某个你希望能够抛于身后的东西。接着，运用第104～108天学过的"告别"方法来跟它道别。

★今天，我想象那些仍旧紧紧抓住自己的触角，它们使我不能摆脱旧恋情及旧的行为模式。在寂静的二十分钟里，我平静地呼吸着。我认为，自己有能力游到更清澈宽阔的水域中。

第212天 身体语言

抱一个人的最好方式就是将他（她）搂在怀中。

——梅·韦斯特

在浪漫恋情中，触摸扮演了至关重要的角色。满意的面对面交流包括身体接触。尽管事实上，我们通常将性行为称为"做爱"，但身体上的亲密接触并不仅指上床。除了争取和谐的性生活，身体亲密还包括建立积极而且相互响应的行为储备，包括友爱的牵手、温暖的拥抱、深情的亲吻、温柔地依偎在一起、宠爱地拍拍对方、慰藉地环抱对方，以及能疗伤的留言，等等。

我们中有些人有很好的身体感，因此，富有爱意及可信赖的触摸就会做得比较自然，但有些人则在社会化过程中，在不同程度上遗失了身体感。我们被禁止触摸别人，以及被别人触摸，因为小时候大人就教育我们，人们身体通常都是很"污秽的"；或者，身体特别笨拙、丑陋；或者，我们的身体不能让别人碰触。许多人因为小时候受到身体上的虐待，因此与自己的身体及他人的身体日益疏远了。

恋爱给人们一个独特的机会来充分表达他们的身体感，并能使他们重新拥有失去的身体感。由于伊玛戈的作用，很有可能触摸者与非触摸者最终会结成夫妻。

今天，回顾目前你与约会对象、朋友、家人及同事之间的关系。你是一个触摸者，还是一个非触摸者？你对自己表示爱慕的方式，或者与他人接触的方式感觉舒服吗？今天，伸出手触摸某个人。

★今天，在沉默不语的二十分钟里，我放松自己并深深地呼吸，以体验自己的呼吸、心跳、身体的各种感觉，以及衣服触及肌肤的感觉。我承诺要让身体享有充分的活力，并且，尊重这个真理："我的身体是神圣的。"

第213天 丢掉不合身的旧衣服

伴随着成长，我们不可避免会收到别人的关于人生的"旧衣服"：都是我们的父母沿用多年的老观念和陈词滥调。通常，传给我们的都是一些又大又空的东西，诸如："没有稳定的工作，你就一文不值。""不要太自大了。""你得让男人来追你。""在婚姻中，尊重比爱更重要。""如果你说不出什么好话，那干脆就什么都别说。"

由于我们都是依赖性较强的孩子，因此即使我们并不喜欢别人的这些"旧衣服"，我们也只能拿来用。虽然它们并不适合我们，但是父母坚持要我们穿上，我们总不能光着身子四处乱跑吧！过一阵子，我们长大一些，慢慢就适合这些"旧衣服"了。因此，我们并没有按照自然的身形生长。在这一刻，不论是否意识到这一点，这些旧衣服已然变成我们自己的。既然已经长大，我们确实可以重新选择。我们不必一直穿着这些旧衣服，倒是应该仔细看看收藏着各种想法的衣柜，将那些太大、太小或者太丑、穿着不舒适的"旧衣服"都扔出去，然后再努力打造一个真正适合你本人的思想"衣柜"。

今天，至少指出三个你的父母作为"旧衣服"传给你的关于人生、爱情、性或者性别的观念。你还在一定程度上"穿着"这些"旧衣服"吗？它们现在适合你吗？

★在这个静静反思的时刻，我仔细检查自己的思想"衣柜"，小心地将那些不适合内在自我的"旧衣服"都拿走。我认识到这个真理："我可以选择那些让真正的自我光芒闪耀的衣服。"

第 214 天 爱情的各个阶段

不论年龄大小，人心只对向其敞开心扉的人敞开大门。

——玛丽亚·埃奇沃思

恋爱的发展阶段类似于童年的成长阶段。最早的阶段：依恋，是浪漫阶段，就像婴儿与母亲的结合一样，恋人们刚开始彼此结合；接着就是探索阶段，这时婴儿开始意识到自己的独立身份，恋人们也开始彼此分化；之后是狂风暴雨般的身份阶段与能力阶段。童年时期，这些阶段包括能力检测，以及在学校习得基本的学术及社交技巧。在成年人的爱情情形中，这就是"权力斗争"时期，这时，每个人都在探测对方的界限，并确定自己相应的角色及策略。如果以上这些阶段成功完成，那么关系就会发展到下一个关心阶段，这时，每个恋人都真心地关心对方的福祉，类似于童年的中期阶段，我们学会对同龄人表示同情。最后是亲密阶段，这时恋人终于实现了结合，这是在他们的浪漫"依恋"阶段时常常可望而不可即的事物。就像青春期的孩子们开始彼此分享内心最深处的自我，只是成熟的恋人能更有技巧地投入其全部思想、心灵和灵魂来进行分享。

在某段特定的恋情中，这些阶段可能会循环出现。稳步前进的秘诀在于，对我们现在位于何处、将要前往何方保持清醒的认识。

今天，想一想你过去的浪漫史中某个严肃的、相对维持了较长时间的恋情，并试着指出并记下这段恋情经历的几个阶段。你和恋人走到多远？你们是否有大量的阶段反复？是什么阻碍了你们向前走到更高阶段，或者阻碍了你们维持在更高阶段？

★有时，在严肃的恋情中，我感觉自己像个成年人，但有的时候又感觉自己像个孩子。今天，在这段沉思的时间里，我接受这个事实，即改变可以预示成长，也可以预示倒退。我选择成长。

第 215 天 遗失的自我

我们内在天性中的某些部分不仅对别人隐藏（隐藏的自我），而且也对自己隐藏。这就是那些遗失的自我部分，是身份中被人遗忘的某些方面，在我们努力变成可被社会接受的人的过程中被我们抛置身后。也许，我们曾经喜欢像风一样跳舞，或者喜欢画一些奇幻的小岛，但这些活动与人们眼中最适合我们的兴趣并不相符，于是，这部分就被深深埋藏起来，几乎消失殆尽。

虽然社会化对于人类和谐共存很有必要，但它的各项规约却常常扭曲我们天生的自我表现。我们的照料者——即社会的代表，已经成为妥协者，严格遵从各项社会规则——也想让我们遵守社会规则，因此，我们没有长成高大、笔直、自由自在的参天大树，社会化把我们变得扭曲和粗陋。

成年后，我们的许多东西已经丧失了踪迹，而正是这些东西使我们独一无二并快乐，而且在别人眼里独具魅力。本单元将帮助你找回遗失的自我。

用心灵的眼睛探索你小时候生活的地点。在家、社区及学校周围走一走。在每一个地方都尽力重新体验你曾在那里度过的时光。注意那些可能为遗失的身份提供线索的细节：你曾经做过哪些不同的事情？你曾做过什么白日梦？其他人——尤其是你的照料者对此有何反应？警惕一些特定的信息，即那些促使你放弃自己某些方面的信息。

★我无所畏惧地重返过去，在这二十分钟的寂静时间里，我发誓要成为一条嗅觉灵敏的警犬，以便能发现每一个可以指引我找回遗失自我的线索。

第 216 天 遗失的自我

并非每一个人的生活都是他们自己安排的。有一些人的生活是别人为他们安排的。

——爱丽丝·沃克

为了找回遗失的自我，可以看一下我们小的时候与外面世界进行联结的各种方式，即四个基本功能的社会化：思维、感觉、行动、感知。今天，主要考虑我们的思维可能如何被他人及社会影响。

也许，你曾有一个想象力丰富的玩伴，你常常向他倾诉内心深处的秘密，直到你被迫将这个玩伴驱逐出自己的生活。如果是这样，那么这个玩伴知道的是哪个"自我"，是成年后的你遗失的自我吗？也许你会告诉别人你对某事的观点，或者解决问题的策略，或者一些很快被否决的决定，或者你会很容易被人说服去拒绝这些决定，这些都是关于什么的观点、策略或决定？你是否曾用心去做一些你感兴趣，却又被他人认可的事情，直到最后你不得不放弃？尽力回忆，有这些精神排泄口的时候感觉如何？你是否曾怀有某个特别的幻想或者雄心，但最终不得不放弃？这是什么幻想或者雄心？什么使你放弃它们的？

在笔记本新的一页上写下这个标题："遗失的自我：思维。"在这一页上，列举出一些你小的时候作为一个善于思考的孩子的重要方面，但你长大后这些方面都遗失了。在写完每个方面之后，简要说明是哪种外界压力促使你失去它的。

★ 我自然地呼吸着，想象自己在内心的安全之所轻轻地靠着。我从这里吸收那些曾经享有，但现在不再拥有的特别的思想。

第217天 遗失的自我

我并非一下子就失去自己。多年来，我洗刷自己的痛苦时，慢慢地擦掉了自己的脸，就像流水将石头上的雕刻慢慢冲掉一样。

——谭恩美

小时候，我们大部分的生命力都用于感觉中。通过情绪，我们深刻地体验外面的世界。我们的大笑源于腹腔深处，我们的泪水能流到心灵最偏僻的角落。我们怒火中烧、吓得出一身冷汗，或者兴奋得发抖。我们会一连几天抑郁难过、嫉妒得脸发青，或者气愤得脸发紫。这其中许多激烈的情感令我们周围的世界无法承受。一次又一次的忧郁后，父母告诉我们不该悲伤，而应该快乐。愤怒和嫉妒，以及气愤，都受到指责。当我们举止轻浮时、犯傻，或者傻笑，似乎没有人喜欢我们，甚至没有人看我们一眼。

对我们的感觉加以一些自我限制当然是有必要的，但我们大多数人不得不通过改变自己来适应社会，结果，我们忘记了自己也曾开心得大笑，或者忘记满怀无限的热情，或者忘记我们也能勃然大怒。为了摆脱一些感觉，我们遗失了一些精神的精华部分。这一部分能够如此深刻地感觉事物，现在我们却找不到它，而且成为我们伴侣的人们也找不到它。

今天，在笔记本的另一页上写下这个标题："遗失的自我：感觉。"在这一页上，列举出你童年及青少年时期的几次情形，当时，你体验到或者表现出强烈的情感，远比成年后现在的情感强烈。对于你列出的每种体验，简要解释一下你是怎样在别人影响下失去这种强烈感觉的。

★在静静的沉思中，我将自己许多的情感状态视为棱镜上折射出的美丽而充满活力的光芒。我发誓要尊重个人棱镜上的全部光源。

第 218 天 遗失的自我

> 我曾经这样度过生活：我相信其他人的力量及能力，却唯独不相信自己的。现在，我发现原来自己的能力是货真价实的，我为此目眩神迷，这感觉就像在一件旧外衣的衬里中发现了一大笔财富。
>
> ——琼·米尔斯

童年时期，我们的父母与老师永远都在告诉我们应该做什么，不应该做什么。有时，他们是在给我们传达有用的指导，这使我们骑自行车时或者搭建营火时可以保证自身的安全，但有的时候，他们却是在表达他们的判断："你不该在邻居面前表现得这么傻。""你笨拙得像头牛。""你穿得干净整齐时看起来漂亮多了。"这些信息不可避免会影响我们的行动，这使我们与自己更加真实的冲动失去了联系。

就行动而言，当我们抱怨自己在哪个方面缺乏能力时，遗失的自我就得以显现："我不会跳舞，我的舞步难看至极。""我不会画直线。""我不擅长运动。"当我们抱怨时，我们可能会为此感到一丝绝望或者急躁，但如果仔细听，你会发现这些怨言告诉我们，我们曾经拥有这些能力，只是一路走来将它们遗失了。当其他人（例如，某对浪漫情侣、某个好友或者某个熟人）指出我们身上不为自己所知的某个方面时，也会揭示出遗失的自我。

今天，在笔记本的另一页上写下这个标题："遗失的自我：行动"。列举出你记得自己童年时期喜欢的活动或者能力，但在社会化过程中逐渐放弃了它们。对于每一个活动或者能力，尽力解释是什么评价或者影响使你放弃它的。

★在内心的静谧之处，我认识到，因为认为自己不能做某事，所以我在自己身上强加了一些局限性。现在，我认识到自己有能力将这些"不能做"的事变成"能做的"事。

第219天 遗失的自我

> 激情能犯的唯一过错就是郁郁寡欢。
>
> ——多萝西·L.塞耶斯

谁说孩子是无知的？事实上，他们天生就倾向于感官享受。他们喜欢玩自己的身体，喜欢光着身子乱跑，而且渴望跟每一个受到他们感官吸引的人调情。

社会化使我们在成长的过程中对自己的身体及感官享受感到难为情。我们仍旧对于与感官享受有关的激情有强烈的感觉，但已经丧失了伴随着这个激情的大部分乐趣，取而代之的是耻辱、罪过、尴尬、恐惧、愤怒，最糟糕的是一种令人心痛的空虚。

为何爱情中总掺杂着一丝痛苦而甜蜜的渴望之感？我们为何会与自己天生的驱动力如此格格不入？我们大胆而自然地听从感官指引我们向前的能力出了什么问题？在大多数情况下，我们一点一点失去了最有活力的那部分自我，因为父母、老师及整个社会都教导我们要变得更加文明。

今天，在笔记本的另一页上写下这个标题："遗失的自我：感知"。回想自己的童年和青少年时期，尽量想出你早期的感官享受或某种表达受到打击，甚至惩罚的各种情形，然后，将它们列举出来。

★今天，进入内心的安全之所，我意识到自己的感官享受受到的伤害在何处。我为此祈祷："我的感官享受是上天赐予的，以让我感受全部活力。"

第 220 天 遗失的自我

> 每五个完全适应社会、能正常活动的美国人中，就有两个从没有机会发现自己的人。很有可能，这是因为他们从未与自己独处过。
>
> ——玛丽亚·曼尼丝

遗失的自我可能会难以追踪。我们很久以前就已经埋葬了最初的捧腹大笑，并且放弃了滑稽的走路方式，不再在雨中奔跑、不再用舌头接飘落的雪花，或者不再对着划过的流星许愿。这些美妙、使人快乐的习惯曾将我们同宇宙联结在一起，但我们都放弃了。

我们已将父母的声音内化到自己身上。以前由父母告诉我们的事情，现在可是由我们告诉自己，并且，我们由衷地相信这些话：跳舞的男人都是女里女气的；如果表现出愤怒，那么我就交不到朋友；因为我是书呆子，所以人们不喜欢我。如果现在排斥的事物曾经是我们的一部分，如果拥有它们的时候并没有觉得不妥，那么就不再能轻易回想起那段久远的时光。就像隐藏的自我一样，遗失的自我也是我们看不见的，但与隐藏的自我不同的是，我们不仅看不到遗失的自我，也从来想不起它。

你是怎样着手寻找遗失的自我的？你已经在本单元里做了一些此方面的工作——发掘早已忘记的关于自己原本是谁的记忆。下一步要做的就是仔细观察你以前的各位恋人。伊玛戈指引你选择了对方，因为其具有你所缺乏的特质，而这其中的一些特质也许曾是你的遗失的自我的某些方面，例如，狂笑（你后来以腼腆的笑容取而代之）、快速表达愤怒之情（这很久以前就被你抛之于身后了）。遗失的自我可以在过去恋情的镜子中找到。

今天，复习你在笔记本中列出的关于"遗失的自我"的所有条目。接着，再回忆你过去的恋人。他们在哪些方面可能代表了你成长中遗失的那些部分。

★我认识到我渴望找到自己身上遗失的那些方面，我也意识到自己必须接受这些遗失的自我，这样，我才能成为一个完整的人。

第 221 天 疗愈性的示意

我们浪费时间去找完美的恋人，却不去创造完美的爱情。

——汤姆·罗宾斯

当爱情的浪漫阶段开始消退，我们的梦中伴侣也开始消失，逐渐变成一个活生生的陌生人。有时，我们会将这个新人物当成我们最大的敌人。如果真爱真的会开始，那么这正是真爱开始的时刻。迟早，我们会将伴侣的福祉看得跟自己的同样重要。在这个有利的坚实基础上，我们可以开始疗愈工作。

现在，我们可以看见伴侣一些让人不愉快的行为正在出现——但并非出于敌意、不体贴，或者针对我们的自私自利（尽管这可能会是最终的结果），而是由他们童年时期的创伤、恐惧，或者个性防卫机制造成的。将犯错的伴侣当作受伤的孩子，这种做法使我们可以对其表示共情和关心，逐渐地，我们可以真心去爱他（她）。谁不想去帮助一个痛苦的孩子？谁又能避开一只遭人遗弃的小猫或小狗绝望的喊叫而不予理睬？我们不要回击恋人，而是应该给予更多疗愈性的示意来处理这个局面，诸如，我们可以采用目的性对话技巧来支持伴侣交流的欲望，以便让恋人觉得在我们面前很安全；或者，我们可以提出改变行为的要求，而不是劈头盖脸地责备对方。

在接下来的一周里，练习将与你关系密切的成年人视为受伤的孩子。如果你这样看待他们，那么请注意自己能在多大程度上变得更有同情心。

★在这段无言的时间里，我让自己接受这个现实，即那些攻击我的人只是在试图使自己安全。我认识到，当我帮助别人治愈创伤时，他们会感觉更安全，我遭受的攻击也会越来越少。

第222天 去钓鱼

在伴侣关系的绝望时刻，我们都会想起那句久远的老话："不要担心，大海里的鱼多的是。"大多数童话故事对这种绝望情绪不甚支持，因为它们总是告诉我们，这个世界上只有一个人是专为我们而生的——我们命中注定的那个白马王子或白雪公主。据童话故事讲，要找到这个人非常困难。在现实中，海里有许多鱼，但是我们到底怎么样才能找到我们那个特别的伊玛戈匹配者？我们不需要为此担心。在茫茫人海如此众多的"鱼"中，有许多可以跟我们的伊玛戈画像匹配。这个事实也说明了许多人总是一次又一次真心爱上同一种类型的人的原因。

永恒爱情的秘诀不在于找到那个合适的人选，而在于跟一个可能的合适人选共度艰难的时光。相爱很容易——但从此幸福生活到永远就没那么容易了，这需要双方都坚持不懈。只有凭借理性地运用工具来打造坚实的、相互信任的关系，我们才能深刻领悟永恒的真爱，才能掌握必要的相处技巧来打造永恒的真爱。

今天，是该再一次检查一下你的伊玛戈"雷达"系统的时间了。你爱上某个人时，自己是怎么知道？你有过失眠、厌食、头晕目眩这些感觉吗？你想与那个人在肉体上、情感上及精神上融为一体吗？如果那个人靠近你，你是否会张口结舌或者滔滔不绝？至少指出三个最可靠的爱情症状。

★今天，我放松下来，想到自己是以如此精妙的方式被设计出来，只要遵从心中的感觉，我就能遇到那个合适的人，他的需求将召唤我走向完整的自我。这个想法令我陶醉不已。

第223天 父权制度

除了人权，我不承认其他任何权利——我不知道什么男人的权利与女人的权利。

——安吉丽娜·格里姆凯

还是让我们面对现实吧，尽管我们最近在实现性别平等权利方面取得了不小的进步，但在许多方面，这依然是男人的世界。在商业、娱乐、科技、教育、艺术、体育领域以及政府部门，男人依旧占有绝大多数的主导地位。其结果就是形成一个确定男女性别角色及行为标准的父权制社会。表面上看，男人在这些情况下会日益兴旺发达，而女人则成为牺牲者，但真实情况更加不妙。在这种不公正的制度下，男人与女人都会失去完整性。人们从不鼓励男人在情感上体贴人、会照顾人，或者承担被动性的工作。女人，从一开始就处于不利地位，最终不得不压抑她们天生的所谓"男性化"的能力。人们不希望女人命令别人、与人竞争，以及尝试成为生活中更加活跃的角色。

作为个人，我们必须努力反对这种父权制的控制，并且构建一个更加灵活的性别观念——这是一种能容许我们及伴侣享有自由，使我们成为一个完整的人，一个充分实现自我的人的观念。只有将每种性别的不完整性结合在一起，我们才能使自己实现完全的平衡。

今天，给你的异性自我更多的自由。如果你是男人，平常行事粗野，大男子主义严重，那么试着做些更柔和更"女性化"的事情，例如，到当地某个玫瑰园或花店里赏花。如果你是女人，平常总是比较被动，那么试着做些更大胆自信、更"阳刚的"事情，例如，邀请某人出去看一场电影，或者要求老板给你加薪。

★在今天的沉思中，我让自己感受由于父权制的主导地位而使社会遭受的深刻创伤。我认识到，只有充分尊重与融合每个人心中的异性自我，才能塑造完整自我。

第224天 有限的框架

单身生活只存在于一个有限的框架内。虽然我们总认为只有靠社会化的作用才能为一段稳固的恋爱关系做好准备，但事实上还有一个更深层的现实原因，人的天性就是渴望完整及彼此相连，特别是拥有一段安全、亲密、生机勃勃的恋爱关系。童年时期，我们完全依赖亲密的关系来获得身体、情感及精神上的支持；而现在，作为更加独立的成年人，我们在天性的驱动下去寻找一个可以与自己平等相处的伴侣，他（她）能治愈我们的童年创伤。

如果这看起来言过其实，那么只要想一想我们平常是怎么称呼那些单身的人们，就知道有没有夸大其词。我们很少使用"单身"这个词的字面意义，正如"一个单人跳棋""一个绝缘体"，或者"一个独来独往的人"。相反，我们会参照他们的婚姻或恋爱情况来界定单身者：单身汉或老姑娘——这是一些对未婚者的别称。表面看，这似乎反映了社会对婚姻的偏见，但实际上，却揭示出我们在无意中认可了我们最根本的关系性质。要看此话是否说得有理，我们只需要回想自己在恋爱及与另一个人结合在一起时的情况。在那时我们与世界相安无事，感觉自己特别富有活力。

今天，回顾你在第171~178天指出的童年创伤。接着，再花几分钟时间想出至少三种方式，用来通过建立一个稳定的关系来实现你的个人成长。例如："我可以学着不那么挑剔。""我可以学会遵守诺言。"

★今天，进入内心深处，我思索这个强有力的真理："完整只能在关系中实现。"

第 225 天 智慧之语

一句假话或者被误解的话，可能会跟一个莽撞的轻率之举一样，造成同样多的灾难。

——詹姆斯·萨伯

当两个人争吵得不可开交时，我们会说一些本不想说出的话，并且会曲解别的话。当感觉到危险时，我们就像被逼到绝境的动物一样张牙舞爪。成为另一个人的出气筒当然是一种危险的感觉！争吵之后冰冷的沉默变成无尽的深渊。因为，我们记住的那些话不时从峡谷的崖壁上来回反弹，在脑海中一再回响变形。也许，我们还会听到过去生活中的气话的回声。在这些回声的影响下，误解别人，以及被他误解的可能性极大！

目的性对话会使这种局面变得清晰明了。这给了双方一个独特的工具来解除误解、表达真实的情感、维持平和的氛围。通过花时间来反思当时听到的话，我们可以确保自己准确地记住并理解了听到的话语。通过确认所到的话语及表达对此的共情，我们不仅能以最准确而且最有建设性的方式加工这些话，同时，还能令对方相信我们已经理解他们试图在说什么。我们这是在创造性地行动，而不是破坏性地回应。于是，突然之间，那些曾经导致误解产生的话语增强了我们致力于实现相互理解的效果。

今天，在与其他人的对话中专门练习目的性对话技巧，应至少练习两次。记住，任何一种对话模式都可以用来练习目的性对话技巧，这样，当需要用到这些技巧时，你就能应付自如。记住，你拥有的任何一种关系都可以用作稳固恋情的训练场。

★今天，在清静的二十分钟里，我让自己意识到言语的力量。我下定决心："我将永远让自己的话语更具有治愈作用。"

第 226 天 一次做一件事

20 世纪 60 年代，当冥想在美国刚风行起来的时候，许多人以为这只是一种不必使用毒品就能诱导人们的意识状态发生改变的方法。冥想是印度教的宗师发明的，他们在荒山僻野已经练习了几百年，直到科技将世界极大地缩小，西方人才知道。虽然西方犹太基督教的宗教传统里也一直包含着冥想练习，但还是东方宗教哲学在 20 世纪 60 年代的兴起促使普通西方人"重新发现"冥想在日常生活中的作用。

现在，冥想被普遍理解为一种突破日常的理性，它可以形成一种解放精神以及理智的意识。通过冥想，我们可以使思想得以从世俗的纠结中解脱出来。这样，我们就可以关注对我们有特殊价值的事情，例如，我们最深的情感、最重要的体验，以及最重要的关系，等等。正如一位美国诗人及禅宗修行者加里·斯奈德所言："冥想是学习一次做一件事，而且要将这件事做到极致的艺术。"

今天，作为一种加强冥想练习的方式，特别注意下面提供的冥想练习。

★今天，我专注于落在额头上，两眼之间的一个光点。当全神贯注于这个光点时，我的眼中放射出一道道光，从而使世界沐浴在爱之中。

第 227 天 万物相连

在社会化过程中，我们失去了部分自我，因此，变得不那么自然——即我们本打算要成为的样子——变得更加做作，活成别人想要我们变成的样子。于是，我们与自然界日益疏远，不再有小时候体验到的与宇宙连为一体的快乐感觉，而且自己再也感觉不到自己是那幅伟大的生命挂毯中的一个重要节点了。相反，我们感觉自己就像浩瀚缥缈的虚无中一颗颗彼此隔绝的尘埃。

自然界让我们感觉异样而陌生，觉得这是一个未经教化的领域，应该尽力驯服或者将其控制在一定范围内。我们在大楼里、城市中以及各个国家内部处理生活琐事，从而切断了自己与自然之间的联系。我们要记住的是，表面拒绝的事物其实是某个深埋于我们内心并被我们否认的东西。为了重新获得原有的完整性，我们需要与自然重新连接起来。我们必须再次学习将自然之谜看作是令人惊叹的奇迹，而不是令人恐惧的未知事物。

我们必须像孩子一样，以清新的、无拘无束的感官和活跃的想象力去亲近自然，并且深信我们就是自己体验到的世界的一部分，同时，世界也是我们的一部分。只有这样，我们才能重新发现并利用那部分狂野的、未经驯化的自我，才能使自己获得更多的活力与生命力。

在接下来的一周里，抓住每个机会，像童年时期那样亲近自然：挥舞双臂，御风奔跑；在开满野花的草坪上打滚；在被风吹皱的水面上，看你的脸像涟漪般一层层散开。

★ 专门花时间来虔诚地独处时，我将世界想象成从月球上看到的样子。从这一视角看，世界小到足以握在手中。于是，我很容易就能看出生命之间是怎样彼此相连的。

第 228 天 真诚地表达感激

我们常常仅仅只是机械地说一声"谢谢"来回应那些为我们帮忙的人们。有时，我们甚至连"谢谢"都懒得说。如果我们能给他们一个惊喜，那么就会好许多。例如，用一个小礼物来表示感谢；或者在别人面前赞扬他们给予的善意与支持；或者给他们写一个便条，告诉他们我们非常珍惜他们为我们所做的一切。我们之所以未能以这样的方式表示感激，并非是因为我们不是发自内心地感激别人的帮助，而是由自己内心的一些复杂冲突所致。也许是我们太羞怯了，不好意思表达自己；也许是因为我们觉得自己不配接受别人给予的满怀关爱的善意与支持；也许很难如此公开地承认我们确实需要他们的帮助；或者，也许是我们总是想着自己的事情，想当然地认为别人已经知道我们对他们有多么感激了。

务必花时间与精力以合适的方式向别人表达我们的感激之情，否则，我们最终会失去他们这些帮助者。这未必是因为他们开始讨厌我们了。如果我们冷淡地对待他们过去给予的帮助，那么他们完全有理由（根据客观判断）感觉，我们其实并不需要他们的帮助。

今天，至少指出你生活中一个亲近的人，他（她）最近给你帮了一个忙，但是你还没有好好感谢他（她）。接下来，再想出一个具体的表达感谢的方法，不能只是简单说声"谢谢"了事。

★在接下来的几分钟时间里，我在心里回忆别人赠送的所有礼物，从而能够体验爱的祝福。

第 229 天 太过聪明

许多人在幼年时会对某一个思想留下不可磨灭的印象。之后，他们就会在这个思想的控制下度过一生。

——阿加莎·克里斯蒂

有时，童年时期越是聪明、敏感的人，就会越快、越彻底地服从社会对我们的安排。我们为了得到好处而太过精明了！我们一旦琢磨出适当的伪装，立即忙着制作一套"丛林服装"，以便能与环境融为一体。我们聪明伶俐，总是能知道怎样才可以出人头地，并且成功地摆脱了所有不受欢迎或者不被支持的特质。很快，我们就彻底消化了灌输给我们的社会化信息，从而使它们成为我们的一部分。我们不仅采纳"最佳的""最受推崇"的行为模式，而且还将这些行为模式背后的观念与价值内化在自己身上了。

用心理学术语表达，我们已经摄入社会化经验，不再需要父母、老师、教练，或者神职人员告诉我们不能哭泣；或者由于我们不够才华横溢，因此干不了想干的工作；或者好姑娘不应该打扮得太性感。在我们内心深处有一个声音同样能做这些事！

今天，复习你在第 187~193 天阅读社会化单元时在笔记本上记下的那几页内容。从那时候起，你对于社会化要求你学到的经验有何见解？或者你在何种程度上摄入这些社会化经验？

★在我选择的处所花时间进行反思后，我辨认出几个能够内化他人的价值观与判断的方式。在此过程中，我感觉这些声音不再能够控制我。

第230天 被否认的自我

> 对一个文明人的考验，首先，是自我意识；之后，是面对自我时最深层次的真诚。
>
> ——克劳伦斯·戴伊

你是否在某个人批评你之后，曾这样气愤地抱怨过："我，反应迟钝？""你是想说我在嫉妒别人吗？""我没有待人苛刻。"

被我们否认的自我包含着所有我们没有看见或者不承认的个人特质，但其他人对此了如指掌。通常，那些被否认的特质对我们而言太过痛苦，因此我们无法接受。只有当某些"按钮"被按下，突然意识到自己对此反应强烈时，我们才会意识到这些特质的存在。这些"按钮"常常会指向我们父母（专业上称作"内向投射对象"）的某些方面，我们童年时期不知不觉间将这些方面摄入自身，但又极其鄙视这些方面。例如，我们拒绝认错、当我们没有安全感时就大吃大喝、当别人出错时就发出难以抑制的傻笑。要承认自己确实有这些特质，无异于是要我们承认，自己与父母一样。对大多数人而言，这至少会让我们感觉不舒服，有的人甚至还会感觉特别害怕！

接下来的三天，本书将帮助你以最小的痛苦代价来面对被否认的自我，这样你才能实现自己的完整。你越是能接受自己的本来面目，就越能够进行积极的改变。

今天，在笔记本新的一页上写下这个标题："被否认的自我。"在这一页上端，列出别人曾对你提出的批评，当时，你震惊之下矢口否认。现在，指出哪些特质是被你否认的自我，并在其下面划线。

★进入内心的勇气之源，我认识到，自己需要知道并理解关于自己的一些阴暗的真相。这样，我才能努力让自己变得更加清醒。

第 231 天　被否认的自我

被否认的自我主要在别人对我们批评或者指责时，令我们气急败坏、烦恼以及困惑的时候，才显现出来。我们不明白，自己怎么可能会因为某个特定的负面特质而受到攻击，然而，我们痛苦愤懑的部分原因正是因为我们被击中痛处了。在灵魂深处的某个地方，那个一直为我们否认的负面自我由于受到直接的打击而蜷缩成一团——于是，某个"按钮"已经按下了。

但是，还有一个重要的方式可以揭示被否认的自我。在我们批评别人的时候，它也会浮现出来，因为别人拥有的某个不为我们喜欢的方面，其实就是自己身上令我们最不满意的特质，但我们却常常否认这一点。我们对恋人抱怨："你总是不愿做爱！"而实际情况是，我们从不主动要求过性生活。当他们不站在我们这边时，我们气得大喊大叫，但也总是让他们失望。批评通常是一种间接的暴露：我们如此激烈地贬低别人的某个方面，其实就是在公然展示自己身上某个令人讨厌的特质。

　　翻开笔记本上写着"被否认的自我"标题的那一页，在这一页下面列出在密友或者过去的恋人身上找到的你最讨厌的特质。现在，再看看这些特质中哪些是你一眼就能看出自己被否认的自我特质，然后，在它们的下面划线。

★在这段静静祈祝的时间里，我承认，我对别人的批评往往指向自己身上最让我讨厌的地方。

第 232 天 被否认的自我

信心不是在白天的时候发出听起来虔诚的噪声,而是在夜深人静的时候,向内心深处的自己提问,接着,就起床去工作。

——玛丽·珍·伊里翁

不可否认,被在意的人批评确实很痛苦,尤其是当这些批评反映出我们特别令人憎恶的特质时,就更让人痛苦。难怪我们总是试图吓唬别人和自己,以此来否认这些批评。我们使用的一个方法就是"以其人之道还治其人之身"。不幸的是,真相正如一个回力镖,不论我们使出多大劲将它扔得远远的,它最终总落回我们的脚边。

但是,要有信心!虽然这是很艰巨的任务,而且迄今为止,这个自我仍旧被我们否认,但是接受这个关于自己的真相也许能极大地解放自己。我们再也不用让自己疲于阻挡或者回击别人对我们的进攻了。这些真相并不会让人们将我们驱逐出人类,毕竟,其他人虽然已经注意到我们身上的这些特质,但还是喜欢或者关心我们。一旦体验到这种最初的解脱,并意识到自己现在正与这些破坏性行为进行正面接触时,我们就可以尽力改变它们,以使自己再次实现完整性。

复习本单元进行的"被否认的自我"的有关内容。查看一下有没有其他列在笔记本上但没却有下划线的负面特质,现在可以看出这些负面特质属于你被否认的自我的哪些方面?如果有,就在它们下面划线。还有,对自己发誓,将来要追踪别人对你的批评,以及你对别人的批评时,要仔细思索,看这些批评实际上是否揭示了你被否认的自我。

★我不再害怕了解关于自身的真相,于是,我走进沉默无语的内心来庆贺萌发的自我意识。

第 233 天 现实中的爱

我们最好既要给予爱，也要接受爱。

——伯纳德·甘特

真爱，是永恒而完满的爱，也可以称为"现实中的爱"。真爱并非基于浪漫的幻想，也不会保证伴侣能预期我们所有的欲望。浪漫爱情是童年需求催生的渴望与梦想。与此不同的是，现实中的爱从日常的意识、尊敬与奉献中汲取能量，而浪漫爱情却总是反复无常，一经风雨，就消失殆尽；现实中的爱有坚实的基础，可以抵御任何"狂风暴雨"。

为了获得现实中的爱，我们需要更多地了解自己、了解伴侣，以及关系治愈的目的。我们必须多接受伴侣的弱点及欲望，要甘愿为其付出无条件的爱，这样，对方才能治愈情感创伤。而且，还要敞开心扉接受伴侣给予无条件的爱，这样，我们才能变得更加完整。

现实中的爱并不能创造恋爱，它反而是在恋爱中产生的。相爱的两个人在恋爱中一直处于照料别人与被人照料的良性循环中，现实中的爱由此而产生。

想一想目前生活中一段亲密的但是非家人之间的关系，至少指出三种你为对方付出的方式。之后，再指出三种你收到对方为你付出的方式。

★ 今天，在深刻的沉思中，我在脑海中想象出一个无私之爱的景象。慢慢地，我置身于这个景象中，成为其中一个恋人，我吃惊地发现，越是去爱别人，就越容易被别人爱。

第234天 难忘的时刻

> 如果某人在倾听，或者伸出一只手，或者轻声说出一句鼓励的话语，或者试图去理解一个孤独的人，不同寻常的事情就会开始发生。
>
> ——洛丽塔·吉扎提斯

任何一个好恋人都知道，做一个更加善解人意的伴侣（同时也有更多乐趣）的秘诀在于，将一个通常平淡无奇的时刻变成特殊场合。如果你的浪漫伴侣帮了你一个忙，给对方一张精致的卡片、一小盒糖果，或者一束气球，而不是仅仅说声"谢谢"。不要只是将你的约会对象领到一家意大利小餐馆的角落里吃饭，可以在你的起居室里摆上事先备好的野餐，再辅之以鲜花、芳香的香薰，以及有乡村草坪音效的录音带，来给他（她）一个惊喜。如果你们要一起去洗衣房洗衣服，那么就带上一个新的棋盘游戏甚至是一个相机，这样，你们以后也许能制作一个微型相册。即使是留在枕头上的一朵玫瑰花，或者在你家吃饭时记得约会对象爱吃的食物，这都告诉对方，你在以一个特别的方式想着他们。要给平常的事情增添一抹特殊感，需要付出时间、精力，而且要别具一格，但这也是在用一个奇妙的方式来表达你的体贴入微，并且可以给恋情增添活力。

在接下来的一周里，至少想出一种方法将某个平常的事件变成对某个恋人、约会对象、密友，或者某个家人而言，有些特殊意义的事件。

★每一个事件都孕育着神圣，每一时刻都可能是真正邂逅的那一刻。在今天的清静时刻，我让自己的眼睛能像X光一般透视出每一刻时光中的神圣景象。

第 235 天 放弃部分自我

如果你想要相信某个事情，你必须先相信其他一切必要的事情，你才能相信此事。

——于戈·贝蒂

在自我转变的过程中，我们必须放弃自己。在我们这种重视行动的文化中，"放弃"隐隐约约有一丝令人厌恶的意味。这似乎与某种宗教教义或者是某个独裁者有关，这个独裁者的理性化教育要求我们服从其统治，不得挑战其权威。我们都是有防备心的，放弃带来的感觉就是某种死亡或者自我毁灭。

再也没有什么比这更偏离真相的了。在转变过程中，我们放弃自己，其实是在跟无意识驱动力合作，而不是与之对抗，这样才能使我们成为完整的、真正的自我，才能充分地感受到活力。这个举动反映出我们对基本的自我价值的信任。这并非屈服于某个外部力量，而是更加彻底地将自己交给自己。这样看来，放弃是一个非常有勇气的步骤。这绝不是某种自杀性的行为，而是具有非常积极意义的行为。

我们既承认创伤，也认可健康，在接受自己的力量的同时，也承认自己的弱点，既有分裂的自我，也有表象的那部分自我，这些都是成功实现自我转变的先决条件。为了充分释放自己的潜力，我们首先必须停止玩乐，然后开始为自己是谁负起全部责任。

花一些时间想一想并且记下一些情形，在这些情况下，你不愿意面对某些自己不喜欢的那部分自我，或者，拒绝放弃某部分自我，这给你和他人都带来了一些困惑。现在，你准备好停止拒绝，已经开始放弃某部分自我了吗？

★今天，我专门花时间恢复精神，我想象自己面前有一个天蓝色的清澈而深不见底的水塘。放弃自我正如跳进这个水塘一样，可以治愈创伤从而转变为一个完整的人。

第 236 天 释放愤怒

在成长的过程中，我们接收到的信息告诉我们愤怒"不好"；周围的人们教导我们，愤怒会给人带来危险。生气时，父母试图哄骗我们："噢，好吧，你怎么了？这有什么可难过的？我们出去到院子里玩一会儿。"如果这一招不管用，或者我们的父母没有足够耐心来试验其效果，那么我们就会受到忽视、威胁，或者被打屁股、被剥夺某些权利，或者被送回自己房间。他们极少会说一句同情的话，诸如："我明白你生气了，你需要把它发泄出来"，而且，他们几乎从不允许我们表达自己的愤怒之情。

电视、电影、视频游戏、漫画、说唱乐、摇滚乐，以及一些身体接触的运动项目因充斥一种暴力而产生激动人心的效果，这岂不是一个奇迹？因为这与我们"和善的"、礼貌的社会准则格格不入。不管怎样，我们必须处理自己的愤怒情绪。于是，我们将愤怒概念化，对它进行严格划分，并加以程式化，这样，就能以最安全的方式处理它了，但这是间接的愤怒，不是我们原来的那个愤怒。

拿出笔记本，想一想你小时候生气的情形。那时你是被如何对待的？再想一想你父母如何表达他们的愤怒——他们跟对方喊叫吗？还是沉默不语，变得喜怒无常？现在，再想一想目前的情况：你通常做些什么来处理愤怒？还是对此不予理会？你是否能找到其他方式来释放愤怒？例如，通过看动作片，或者是放一张旧的摇滚唱片，并且将音量开得大到震天响？

★ 今天的反思时刻，我鼓足最大的勇气去感受和体验。表达愤怒是我神圣的权利，只要我能以无碍于自己和他人的方式来处理。

第237天 害怕改变

直到一切危险都过去才敢航行的人，绝不能出海。

——托马斯·富勒

可以理解，恋爱的时候，我们总是想让伴侣去做所有必要的改变，以便他们能和我们在一起生活。真相比这要更难以接受：为了能拥有一个能治愈童年创伤的恋情——这是唯一能保持活力的感情——我们必须要改变，变成伴侣需要的那种人，以便能治愈伴侣的童年创伤。这种人是比伴侣真正的父母更能有效地"抚育"伴侣内心的人。为了使自己变成这种人，需要改变我们身上那些跟伴侣父母的身上类似的负面特质——接受伴侣的伊玛戈影响。正是这些特质不知不觉间吸引伴侣到我们身边的。

这是一项令人却步的任务。尽管感觉上是因为害怕痼疾难除而使恋情陷入瘫痪状态，但其实并不仅仅是因为这个原因，真正的原因是对改变的恐惧。我们害怕与遗失的自我以及被否认的自我进行格斗，这意味着要面对自己的已内化的自我厌恶，还要为感觉不安定以及不可爱而承担责任。改变确实会让人感觉危险至极！我们的遗失的自我以及被否认的自我都属于生存机制。我们担心，如果我们回收了自己身上某些曾被认为不可接受的部分，那么将必死无疑，而这其中首当其冲的恐惧就是，我们由于缺乏相处的技巧而感觉束手束脚。

本书中传授的理念及技巧就旨在帮助你减少主动改变自己的恐惧。

今天，休息一下，做点轻松的事情调剂一下。打个盹、好好洗个澡、看太阳落山、听听自己很久都没有听过的音乐。

★今天，在这个静谧的时刻，我献上这个祈祷："帮助我改变我能够改变的事情，接受我不能改变的事情，并赋予我智慧来理解这其中的不同之处。"

第 238 天 相同的时间

选择，尤其是我们想要的选择，只长在想象中的树上。

——索尔·贝娄

幻想很有趣。当生活艰难，或者当我们感觉孤单、无人理解，或者无聊的时候，随便靠在哪儿想象某个性感而体贴的尤物来满足自己的每一个欲望，使我们达到神魂颠倒的地步，这也不无好处。我们越是不去面对现实，幻想就会越发令人兴奋。想象中那个天赋异禀、天生好色的伴侣不仅能违抗所有的理性跟我们一起沉醉，而且还能超越各种自然法则，激发出我们难以想象的快感。

血肉之躯的伴侣如何能比过这个幻想？我们心里必须分清什么是幻想，什么是现实。一定不能将二者混淆，我们用了多长时间纵情于幻想，至少也得花同样多的时间来享受现实。

今天，找个地方靠几分钟，来幻想你理想的恋人。当结束幻想时，对自己说："我刚刚的幻想是某个跟现实截然不同的事物。我为什么需要这个幻想？"

★ 今天，进入我的清静之所，我立下这个誓言："我要生活在真实的世界里，并且用幻想来引导自己去获得需要的东西。"

第239天 对话与盘问

如果我们不注意，那么对话可能蜕变为盘问。于是，愉快的心情突然转变，我们感觉好像坐在一个侦探对面。或者，随着我们一个接一个连珠炮般向约会对象发问，我们自己也变成了一个侦探。当我们跟人首次约会时，我们既紧张又好奇，可能会表现得像一个面试官一样："你在哪儿出生的？有兄弟姐妹吗？喜欢说唱乐吗？你去过欧洲吗？"当我们生气的时候，我们可能会像一个检察官一样拷问另一个人："你昨晚到哪儿去了？为什么不打电话？你觉得我会怎么想？你怎么回事？"

太多的问题会让对话看起来有对抗的意味：我们要持续从别人那里获得信息，而过多的问题则会使对方"叫板"，拒绝提供信息。与此相反，目的性对话技巧则是一种温和的方式，可用来帮助某个人谈论他们想谈的事情。这种方式不仅更有可能使另一个人对谈话感觉舒适，而且能给我们机会来了解这个人真实的思想及情感。

接下来的一天，在所有对话中练习目的性对话技巧。无论何时，若你想要用自己一连串的问题打断别人的话时，则可以通过镜像反射、确认及共情来尽力鼓励对方继续说下去。

★我意识到，当在别人面前暴露自己时，我有很多方式让自己更加安全。今天，在这个清静的时刻，我发誓，要让别人在我面前始终有安全感。

第 240 天 我们的父母及其他

几百年的重担落在孩子的身上。

具有讽刺意味的是，我们小时候遭受的大部分心理伤害都是通过那些最想要保护我们的人造成的，即照料者。即使是用心良苦、兢兢业业的父母，最终也会做出一些事情伤害到他们的孩子。尽管他们也无能为力。毕竟，父母也有他们的童年创伤，由于多年来忍受负面的情感以及不正确的个性防卫，这些创伤进一步恶化，而他们的父母，即我们的祖父母，也有自己的童年创伤，这也影响了他们对子女的抚育。如此类推，一直可以追溯到人类存在的初期。

即使我们假设，父母在要孩子之前就通过亲爱的伴侣关系治愈了大多数的童年创伤，但他们最终还是会伤害到孩子。每个孩子都是独一无二的，有自己的内在气质。为了不伤害孩子，父母必须要极其善于随时正确地评估孩子当下的情感，并根据孩子天生的需求来正确回应那个情感状态。在有记载的人类历史中，还没有哪个父母这么有才华，或者做好了充分的准备！

今天，如果可以，那么去了解一下你的父母是怎样被抚养长大的。他们童年时期受到过什么样的伤害？这种伤害可能对他们养育你的方式，以及对你的童年创伤产生什么影响？

★ 今天，在这个虔诚而静谧的时刻，我承认，父母小时候曾遭受深深的伤害，我敞开心扉，接纳他们隐藏的和受伤的自我。

第 241 天 自然的治愈

> 爱，就像祈祷一样，既是一种力量，也是一个过程。
>
> ——佐纳·盖尔

除了爱，别无其他方法可以使我们获得拯救。但这并不是指在寻求爱或者发现爱的过程中，而是在爱的本身。这是进化及历史的经验，这是大自然的计划。当我们遇见自己的伊玛戈匹配者——尽管这个人看起来与我们那么不相容——大自然已经安排好了一个生化反应，使两个人结合在一起（至少是暂时结合在一起）。我们必须尽力与这个人维持较长时间的关系。换言之，我们必须听从心灵的引导。我们必须努力满足这个特殊人物的需求，不应给予我们想给的爱，而是提供给伴侣治愈创伤需要的爱。正是通过照顾伴侣这种迂回的方式，我们才创造出恋爱中的安全与信任感，这样治愈我们的童年创伤。

大自然不会在意我们是否感觉舒服，它只关心我们最终能否享受更充实的、更令人兴奋的人生。只要我们依旧不完整，彼此之间依旧阻塞，自然本身就在不断遭受阵痛。我们的个性防卫机制会阻断自然的脉动，并会在一定程度上破坏宇宙内部的能量流动。学会去爱不仅仅是一项个人挑战，也是大自然的一个请求。如果我们接受了这个请求，遵循自然规律，我们与大自然都会被治愈。

今天，将你的爱延伸至自然界。做点什么事情来帮助改善当地的环境，同时，在此过程中，你的个人世界也能变得好一点。例如，你可以清理一堆瓦砾碎片；给街上一棵干旱的树浇水；在窗台上的一个瓦罐里，或者你家的花园一块空地上种一些草药。

★在这段默默祈祝的时间里，我沉浸于精神治愈之美中，这是可以通过恋爱来实现的。

第 242 天 建立条件反射

在 20 世纪初，俄罗斯生理学家伊万·巴甫洛夫用狗做了一个行为科学上的著名实验。连续数周，到预定的吃饭时间时，他会先按响一个闹铃，再去喂狗。渐渐地，不论是否到吃饭时间，也不论有没有食物，每一次，狗只要一听到铃声响起，就会习惯性地分泌唾液。由于早期的社会化，我们也习惯了机械地反应，这在一些情况下是不合适的。每个人都承受着其独有的条件反射负担。

例如，有一个小女孩，每一次举止笨拙时就会遭到亲朋好友的无情嘲笑，这让她变得极其敏感。现在她长大了，每当任何人因她做的某件事情而发笑时，即使这本是用来分享快乐的笑，她还是立即就会出于愤怒而畏缩不前。一个十几岁的男孩，在同龄人及电影的巨大影响下去追求一个十几岁的女孩，后来他长大成年后，还是会机械地以原始笨拙的方式来追求女人。幸好，我们是人而不是狗。随着时间的推移，凭借足够的耐心以及自我教育，我们能克服童年时期及青少年时期形成的不良条件反射。

至少指出自己的三个不同的、令人厌烦的行为方式或反应方式。这些方式都是你童年时期或者青少年时期形成的。

★今天，在这个安静的时刻，我鼓起勇气继续前方的旅程。这个真理犹如前方的指路明灯："我身上最被自己厌恶的部分，正是最需要治愈的部分。"

第 243 天 有效的婚姻

仅有爱还不够。它一定是基础,是基石,但并非整个结构体。

——贝蒂·戴维斯

说到挑选伴侣,我们其实并没有多少选择权,这都是由伊玛戈造成的。婚姻的默认设置就是童年创伤的大容器——这是唯一的一个可以容许这些创伤清楚显示,并得到完全治愈的状态,因此,我们不应该对婚姻有如此巨大的起伏感到吃惊。被我们理想化且疯狂爱上的那个人,通常会成为我们与之痛苦离婚的对象。我们就是无法忍受他们的负面特质,尽管如果要充分挖掘自己的个人潜力,及作为别人爱情伴侣的潜力,我们迟早要学会处理的,也正是这些基于伊玛戈的特质。

幸运的是,我们确实能选择自己想要哪一种婚姻。大多数婚姻失败的原因是,在夫妻关系中,斗争在持续重复上演,而我们却不知原因何在。单身时,我们为更理性的婚姻做了部分准备,即能使我们有更多机会获得成功的婚姻的准备,也能使我们更加清醒地意识到驱动亲密关系的隐藏的需求,学习有效表达以及应对这些需求所需的技巧。

今天,想一想某个(你的,或者别人的)以离婚告终的婚姻。尽量指出至少一个在夫妻之间反复上演却始终未能得到解决的斗争,这个斗争似乎令双方都困惑不解而且痛苦不堪。现在,在本书中学过的技巧中,至少指出一个可以用于解决这个斗争的技巧。

★ 今天,在内心深处,我回顾过去失败的恋情。我敞开心扉接受新的知识与技巧,以此来完成爱的旅程。

第 244 天 被抛弃的自我

> 让人们说点关于自己的好话，对他们而言，这是世上最难做的事情。他们宁肯脱掉自己的衣服。
>
> ——南希·弗莱迪

你是否曾以这样的自我贬低的话来回应别人的恭维："我？性感？你开玩笑吧！""我真的不是什么艺术家。""没有人帮忙，我肯定做不好。""拜托，这是小事一桩，别小题大做了。""我肯定，别人也一样好，甚至更好。"

许多人都有一些积极的特质，在别人眼里很明显，但自己却从不承认，或者有的时候根本不知道。当别人将这些特质指出时，我们就被介绍给了被抛弃的自我。虽然这被抛弃的自我的特质本身并不是负面特质，但我们就是拒绝接受，这是因为它们与我们青睐的自我形象不相符。例如，某个女人自认为敏感、有诗意、有自由的精神（一些被社会重视的女人的素质），也许不愿承认她也可以有上进心，而且做事井井有条。某个想让自己看起来大男子主义的男人，也许会故意贬低自己的厨艺。一个害羞、谦逊的人也许意识不到自己很有魅力、很滑稽，完全能够吸引人们的注意力。为了重新实现自己的个人完整，我们不仅需要承认自己所有的优秀特质，还要承认所有不太讨人喜欢的特质。

在笔记本上新的一页写下这个标题："被抛弃的自我"。列举出别人可以认出或者恭维你，但你还是很难相信或者接受的一些积极的特质。再将列表从头看一遍，以了解每个特质是如何描述你的。

★ 走进内心的避难之所，我深深呼吸，让肺部膨胀，里面不仅充满空气，还充满骄傲，我为自己的各个方面感到骄傲。

第 245 天 被抛弃的自我

我们为何常常掩盖自己的光芒？为什么当别人恭维我们时，我们常常感觉不好意思，甚至还有些害怕？我们许多人都习惯于抑制自己的某些品质，因为它们看起来跟我们的工作、我们在家庭中的角色，或者跟我们公开宣称的人生目标不太搭配，而且，人们一直教导我们不要自吹自擂。

无视自己那些让人尴尬的品质，而是去钦佩甚至羡慕别人的品质，这做起来要容易得多。我们会注意到，某个朋友犹如磁铁般的吸引力使派对精彩有趣；另一个朋友总能清晰流畅地表达自己的思想与情感；某个亲戚总是心平气和，他总是能跟大自然很好地交流。奇怪的是，我们赞叹的别人拥有的品质其实也在自己身上，但我们就是不承认。比如，为了接受自身一些令人懊恼的品质，我们必须学会接受别人身上那些最令我们懊恼的品质一样，虽然现在只是钦佩别人的一些品质，但也必须尊重自己身上这些相同的品质。看见并赞扬别人的优秀品质无可厚非，但我们这么做的时候也没有必要妄自菲薄。我们必须尽力了解并赞扬自己身上这些相同的品质。

具体回想一下你曾赞赏过的别人身上的一些好品质。对于每一种素质，问自己以下问题："我要怎样做才能拥有这种品质？"想一些具体的事例来揭示其实你也有这种品质。

★今天，在这个神圣的独处时间里，我想象那些美丽的不同方面的自我，正如太阳发出的温暖一样，从内向外发出耀眼的光芒。

第246天 不着急

既然我们说的没有错，那就着手开始神奇的转变，但我们必须格外小心，不要指望，或者引起突然的变化。在这种习惯速战速决的社会中，我们痴迷于迅速而戏剧化的结果，尤其是在对目前形势失望沮丧的情况下。

但真正而又持久的变化需要花很长时间才能产生。就变化本身的性质而言，思考甚至接受变化是非常可怕的。一头冲进一个急剧的大转变中，会给我们的恋情带来极大的动荡，而且从个人视角看，也会把人搞得晕头转向。我们还没充分准备好就匆匆忙忙进行改变，这就像为一台已经使用十年到十五年的电脑购买一个最新款的软件一样。旧电脑没有能力运行新的软件。如果心灵没有时间来调整，改变就不会在人们的生活中形成。换言之，我们先要将电脑更新并确保它们运行平稳，之后，才能加载新的信息或者软件。在自我成长这件事情上，稳扎稳打绝对能赢得赛跑。

今天，花一些时间来评估你目前掌握新相处技巧的进展。祝贺自己付出的长期努力。让自己安心，不要急于做好行为的典范。只要继续鼓励自己，时间一到，全新的你自然会出现。

★ 放松并深呼吸后，我承认，在自己安排的旅程中慢慢行走很重要。我让自己相信："凡是值得拥有的东西都值得花时间来培养。"

第八部分

剥去表象的自我,迎接真爱到来

第247天 原谅

因为有爱，所以宽恕。

——威尔士格言

如果依旧费力地拖着过去生活中沉重而无用的行李箱，那么我们如何能自由地走进一个更加开放、更能解放自我的未来？对那个很久以前伤害过我们的家人依旧满腹怨恨，反复重播和过去恋人的痛苦争吵，以希望最后能想出一句适当的"遗言"，或者幻想报复那个曾经背叛我们但已经不在我们生活中的朋友，这对我们又有什么好处呢？比对我们没有好处还要糟糕的是，这些挥之不去的想法真的会对我们造成伤害。它们使旧伤口，或者老对头一直活跃在我们心间，而且最棘手的是，它们分散我们的精力，使我们不能集中精力去实现我们的积极目标——即在跟别人的相处中更富有技巧，让自己成为一个更加完整的人。

除非原谅那些伤害过我们的人，否则，自我治愈的工作不会开始。当原谅别人时，我们会摆脱原来的消极情绪，使自己重新定位于一个积极的心态。有了这样一个新的视角，我们才能跟宇宙重新联结起来，并再一次感受到信任、希望、乐观与善意。

今天，练习原谅至少三个曾在最近或者很久以前伤害过你的人。大声说出你的谅解，明确地说出你所原谅的事情。如果合适，那么可以使用你在第104～108天学过的告别技巧。之后，再考虑跟本人直接表达你的谅解。

★今天，我在思考，也许我一直沉浸于过去的伤害。我异想天开地认为，只要我一直记着这些伤害，时间久了，犯错误的人就会认错。在这段富有创造力的清静的时间里，我放弃这个想法。

第248天 复活

如果你极度想要某一个东西,你就可以拥有它。你必须带着一股内心的炽热之情想要拥有它。这股热情能够喷薄而出,穿破你的肌肤,从而与那个创造世界的能量汇合起来。

——希拉·格雷厄姆

社会化本质上是一个损毁个人的过程:它一点一点地除掉个人完整性,对于我们无法除掉的东西予以压制,之后再将任何需要的东西填补到空洞中。在此过程中,我们与自己极度的快乐,即搏动的生命力,失去联系。我们受到限制、劝诫,被人拒绝,甚至为了做自己而被惩罚,于是,至关重要的一体性被破坏了,我们放弃了固有的感官享受。

然而,我们依旧为天生的人类的渴望所驱使,去实现幸福与完满。我们又去寻求社会文化的指导,试图购买以商品形式销售的活力,它们在市场上分别以"爱",或者"性",或者"成功"的形式得到推广。包括一系列最终无用的产品,诸如软饮料、美酒、豪车、时髦的衣服、签下一大笔商业订单、磨炼必胜的电子游戏攻略,等等。我们痴迷于任何能够麻木痛苦,或者刺激残缺的人生的感官的事物。为了重新获得我们完全的活力,我们必须重新找回失去的自我。我们只有跟某个人建立一种理性的相爱的恋情才能做到这点,而且,这个人必须在此过程中能够反射并且指导我们。如果发自内心地想要实现这个旅程,我们就能成功。

今天,至少指出三个你用来取代内心活力感的产品或者娱乐活动。对自己发誓,你要更加努力地练习本书中介绍的人际关系处理技巧。

★在二十分钟尊重自我内心活动的时间里,我想象自己在观察一潭清水。我看见水面上有一张脸焕发出爱与接受的光芒,它可以接受我的全部。

第 249 天　发育周期

儿童的发育阶段并不局限于童年时期。在我们整个成年期这个周期会反复循环：一开始是婴儿时期的依恋阶段，随着我们日益成熟，会进化到探索阶段、身份阶段、能力阶段、关心阶段以及亲密阶段。当我们处于新的形势或局面时，这些阶段就会重新出现。我们一再重新感受到需要跟某个吸引我们的人建立联系、需要在某个特别的努力中获得能力、需要跟某个特别的人建立亲密的联系。

有时，当成年后，重复经过某一个特定的发育阶段时，我们又会倒退回童年时期处于同一阶段时的样子。例如，当我们还是依恋阶段的婴儿时，害怕被遗弃，因此总是黏着父母，以此来应对这种恐惧。如果是这样，那么我们在恋爱的初始阶段，可能也会死缠着对方，以防其离开。我们也许不会完全倒退，但不能低估这些阶段对我们的影响。因为，一旦我们不知不觉地退回到某个阶段，我们就会陷入这个阶段中，直到整个循环结束。拯救取决于清醒的注意力，我们对自己的无意识模式越是了解，就越能够实现蓄意的改变。

今天，回顾你在第 172 ~ 178 天列出的"我的童年创伤"，在那些至今仍对你有较大影响的创伤下面划线。

★今天，在这段静寂的时间里，我认识到，过去行为的影响就是我目前行道路上的荆棘。我尊崇这个结论："清醒的意识会引导我避开荆棘。"

第 250 天 浑浑噩噩时回避

浑浑噩噩的人生是虚度的一生。

——苏格拉底

每隔一段时间，我们都需要避开忙碌的生活，来评估自己曾经在哪里，现在处于什么位置，要去往哪里。作为一种文化传统，我们在每一个新年的除夕之夜时都会做这种评估。对个人而言，在我们每年过生日时进行。只有从这种超然的视角进行审视，我们才能对自己的日常生活方式有一点更为客观的认识；只有全面分析审视我们的过去、现在与将来，我们才能判断自己只是在混日子，还是真正在有意识、有目的的前进。务必经常做这些小型的自我评估，而不是每年仅在过生日时才做一次。

每一天你在做本书中的练习时，就是在做暂时的回避。你已经见过片刻的隐退如何消解当时的酷热；灵感几乎已经为日常生活的磨砺所熄灭，片刻的反思却让灵感的灰烬熊熊燃烧起来，因此，想象一下，这种反思能为你的整个治疗带来什么效果！你每天花一点时间用于反思过去的经历、评估现在的活动，以及预测将来的种种可能，就可帮助你改进整个人生的质量。

今天，回顾一下过去，看看你在过去的 250 天里已经学了多少内容，成长了多少。接着，重申你要完成书中练习的承诺。

★ 我想象自己站在山顶，俯视一个山谷。山谷中一条蜿蜒的道路边上排列着里程标记牌。我看见自己在这条道路上前进，走过一个个里程标记牌后，我记录下自己的进度，看自己是否为稳固的恋情做好了准备。

第 251 天 面对真相

不论我们知道与否，我们亲密的他人——家人、浪漫爱侣、密友及同事——都知道我们身上那些我们拒绝承认的特质。就算我们自己看不出来，他们也能看出我们易于忧郁、沮丧、不负责任，或者只顾着自己。久而久之，他们在我们生活中的存在就会迫使我们看见他们所看见的东西，而我们所见到的东西会让自己畏缩不前。我们意识到，即便能愚弄大部分人，但并不能真正愚弄那些与我们亲近的人。

被我们否认的特质是我们的一部分，为了变得更加完整，我们必须面对它们，并且将它们融合进我们理性的个性当中。心理学家卡尔·荣格将身份中的这一方面称作是我们的"影子"。不论我们多么努力去忽视或者回避自己的影子，那些为我们的人生带来最多光明的人必然会使影子更加清晰可见。起初，一想到要踏入生命中的阴影区就会令人惊恐不安，但是，除非拥有自己的影子，否则，我们将永远会被否认的自我控制，而且，随着我们将影子拒之门外的时间越来越长，影子也会随着时间的推移变得越来越大。

> 再次回顾你在第 230 ~ 232 天列出的被否认的自我的特质。从中挑出一个特质，在接下来的一周，格外注意观察这个特质是否出现，或者，是否有某个跟你关系密切的人向你指出这个特质。

★ 在诚挚祈祝的地方，我思索着这个让人不舒服的事实，即我能否实现完整，取决于我是否有勇气让自己身上的"阴暗面"见光。

第 252 天 救赎

> 人必须学会爱自己……有了完整而健康的爱,人就能忍受与自己独处,也无须四处流浪。
>
> ——弗里德里希·尼采

"救赎"不是流行词汇中的常见词。许多人严格地将它看作是一个宗教词语,与弥补过去的罪过这个观念有关,因此,这个词就有一丝惩罚或赔偿的意味,但实际上,"救赎"从字面上讲,指一种统一和完整的状态。如果这样理解,那么它理应在语言中占主导地位,因为它描述了我们或明或暗都渴望企及的状况。

每个人在生命刚开始时都是与周围的整个宇宙密切相连的。在家庭与社会中成长意味着要牺牲这种活力以及连接,以便能适应社会。仅是诞生的过程就将我们与温暖、安全,以及无所不连的环境分隔开来,我们被投进一个全新而冰冷的现实世界中。现在,就只剩下一个恢复最初自我的渴望,我们渴望再一次与宇宙实现"统一"连为一体,而不是处于被分割得半死不活的、孤单的状态。救赎是恢复我们的完整性,这是识别、接受,以及改变我们的一切后的自然结果;对个人而言,这也是一个神圣的结果。

今天,为了更好地理解救赎可能对你意味着什么,回顾你在第 215 ~ 220 天指出的遗失的那部分自我。你必须要将这部分重新融入自己的身份中。

★一次次温柔、和缓的呼吸将我与内心深处的自我联结起来。我让这段冥想的时间变得安详和宁静,这使我充满一种祥和感。我承认,最初我是与上帝以及他人联结在一起的,于是,我想象自己已经成为一个实现了统一和完整的人。

第 253 天 神圣的精神

看，在那个肉身里面，像一个明亮的灯芯的，是光芒四射的灵魂，由上帝之手点燃。

——马格德堡的米希希尔德

无论何时，当对全人类感到气愤，或者丧失信心的时候，甚至将某个人作为一个异类、一个可鄙的人，或者是一无是处的人而单独挑出来时，我们都有屈服于自私的危险。必须认识到，在这些时刻，我们的视角实在太受限制、太狭隘了，不可能对自己有任何好处。那些自己有过失的人往往是首先攻击别人的人，而且，我们看到的只是表面的不同：即当时的思想、欲望以及情感。另外，这一切看起来似乎受到别人当时的欲望、思想以及情感的威胁。我们必须停下来，要超越我们自己的视角去展望一个更宏大、更真实、更深刻的景象。

从人的天性上讲，没有一个人比另一个人更优越，或者更卑贱。每个人在伟大的生命挂毯中都有一个独特的位置，而且，每个人对于生命的奇迹与美丽都有其独特的洞察，但尽管有这么多的奇异性，我们并非彼此毫无关联。我们都是人类大家族的成员，都是宇宙的孩子。尽管表面上我们可能看起来素不相识，但在表面之下，我们都是用相同的永恒的火焰来照亮人生，焕发勃勃生机，因此，现在是将这些批评放到一边的时候了，我们反而应该感叹，生命中有如此多的相似之处！

在接下来的一天，努力去在你遇到的每一个人身上发现神圣的精神。这可能是某人眼中闪出的一种特殊的活力，一个和善的手势。任何事物，只要能显示你所见的那个人正在做某件更加宏大的善事，一种无私的行为，都是一种神圣的精神。

★今天，在内心神圣的地方，我想象宇宙是脉动的，我作为其中一员加入整体中。

第 254 天 当地的风俗

　　童年时期的社会化方式随着我们所属社区及人群的不同而有显著的差异。农场里有大量动物，因此，与城市里长大的孩子相比较，在农场长大的孩子可能很少受到行动活力方面的负面调控。一个住在工人阶级社区的体力劳动者的儿子也许会因为他学业上"装模作样"而受到斥责，而一个常春藤联盟院校毕业生的女儿若作业没有得到全优，则可能要受到责问。

　　随着日渐成熟，我们很难坚持某一种自我感觉，因为社会每天都在以大量的信息对我们进行轮番轰炸，要求我们遵从社会规约，这不可避免地贬低了我们的身份。在人群中做一个默默无闻的人起初让人感觉很安全，但要跟别人建立亲密关系而无须贬低自我，或者坚持要别人遵从我们的情感、态度、雄心壮志，却变得越来越困难了。应该记住，对自己感觉越是安全，就越不需要别人给予我们外在的确认。

　　今天，尽力回忆你在青春期时曾挣扎着对抗社区或者群体的压力来做自己的几种方式。之后，再回忆一下你过去的几个亲密关系，尽力回想一下你是采用什么方式对别人施加压力的，以使他们像你一样。

　　★在专心的祷告中，我尊重生命核心的独特之美。深深呼吸后，我专注于这个思想："我越是能安全独处，就越能够欢迎并庆贺多样性。"

第 255 天 训练伙伴

自我表达必须逐渐变成沟通，才能使其完满。

——赛珍珠

有的时候，改变可能会让人难堪、尴尬，甚至沮丧。如果我们退出了周围人已经依赖的角色，那么无论这些角色是否有益健康，他们都可能很容易感觉不舒服。对他们而言，我们已经跨越了礼貌的社交界限。由于冒险进入我们不熟悉的领域，也许，我们自己很快就会专注于自己的易于受到伤害的感觉当中，而看不到朋友们的不同反应。即使这些反应很可能是正面的，我们却一味视之为含混不清，甚至有可能是不安全的，而且，还有一个相互影响的问题：我们必须要有勇气单独来练习新的技巧及行为模式，无须让别人知道我们要干什么（至少暂时不让他们知道）。

尽管如此，我们必须同对自己的人生有重要意义的人（即我们的家人、密友、同事、浪漫爱侣等）练习我们所学到的东西。做出改变总是意味着承担风险。仅仅在自己家中的私密空间练习，是不可能让你掌握人际关系相处技巧的。这些技巧必须是在和别人，即我们的训练伙伴交往的环境中才能习得，无论对方知情与否。而且，如果不冒险，那么我们也无法实现自己的完整性。

今天，选一个特定的相处技巧——目的性对话或者提出改变行为的要求——并做出计划跟某个与你亲密的人在下周一起练习这个技巧。

★ 在这段自我恢复的时间中，我秉持这一真理："改变意味着冒险，并且理解正在进行的创伤治疗值得我冒险。"

第 256 天 感官享受

做爱时，可能是我们感官上最为愉悦的时候，但感官享受与性欲并不是一回事。吸引感官的愉悦来自各种不同的活动。精美的绘画作品可能会让我们心醉神迷，而美妙的音乐也会令我们飘飘欲仙；卡布基诺咖啡可能迷住我们的味觉与嗅觉；呼吸着秋天清新的空气，让我们整个身心为之振奋。我们总是固执地认为触觉只与性唤起有关，但其实一件丝绸衬衫、一团温暖的小火苗，或者一次让人神清气爽的淋浴，都会给触觉带来愉悦的刺激。

我们从理性地体验感官活动中获得的能量可以存储下来。我们可以建造一个感官享受库，用以帮助自己在需要的时候充分感受生命活力。可以让自己好好享受一个温暖而且芳香的泡泡浴；或者，也可以请朋友吃一次美味佳肴；或者，还可以自己去做一顿美餐！在寻求感官快乐时越是有创意的、全面的、坚持不懈的，我们就越能充分地感觉到生命的活力。

今天，做些很久没有做的感官愉悦的事情。在此有一些建议可供参考：
在洗澡水里放一些芳香精油，好好洗个澡；
找人做一次专业按摩，或者让你爱的某个人为你按摩；
做几个自己爱吃的菜，准备一个烛光晚餐；
在美丽的树林里或者公园里悠闲地漫步。

★ 在这段宁静的独处时间里，我走进活跃于内心的感官享受中。我秉持这一真理："感官享受是我的一个内在素质。"

第257天 表象自我

还记得《绿野仙踪》中描述的那一幕吗,即多萝西和她的旅伴与那个强大无比的超人——奥兹巫师面对面的情景?小狗托托揭开一面帘子,后面露出一个瘦小虚弱的人,正在制作一张看起来仿佛强大的巫师的面具。

由于隐藏的、遗失的、被否认的或者被抛弃的诸多方面,我们原本的核心自我已经所剩无几。为了取而代之,我们塑造了一个新的替代自我来给人一种完整与力量的表象。这个公开的伪装外表就是我们用来赢得支持、行使权力,以及赢得爱情的人物角色,我们称它为"表象自我"。我们戴上一个自信而镇定的面具,而内心却感到不安及恐惧,但在压力之下每一种面具都会逐渐破碎,或者在放松警惕的时候卸下面具。绝对不要忘记,我们给别人看到的那个人造的自我只是一个粗糙伪劣的替代品,用以替代面具下那个真正的、具有上天所赋予的精神的自我。在剥去表象自我的特质及行为模式之后,我们的真正身份才重新显露出来。

在笔记本上的新的一页写下这个标题:"表象自我"。列出你的表象自我的特质及行为模式,用它们来掩饰或取代隐藏的自我的特质(在第202~206天列出)、遗失的自我的特质(在第215~220天列出)、被否认的自我的特质(在第230~232天列出),以及被抛弃的自我的特质(在第244~245天列出)。

★在这个静谧的时刻,我逐渐安稳下来,我认识到自己佩戴的面具富有限制性特质。我承认,这些面具是为了保护我,以及为了我的安全而存在的,但是,我要让自己接受面具下的活力。

第258天 表象自我

在我们与我们自己，以及我们与他人之间，有同样多的差异。

——米歇尔·蒙田

表象自我让我们与最初的内在自我日益疏远。我们对真实的东西越发困惑。"自我"就是那个我们小心翼翼打造出来的外在形象吗？我们要凭借这个形象在人生之路上披荆斩棘吗？抑或是，"自我"其实就是深植于我们内心深处的核心身份？

当建立一段理性的恋情后，我们学会理解真正的自我实际上是我们的核心自我。这种关系需要核心自我的参与。起初，这种要求会令我们紧张不安。我们跟表象自我在一起会更舒服，但是这个要求是一个间接的礼物。向伴侣揭示真实的自我，并认识到他们是因为我们本人而爱我们，就可以摆脱这些表象自我强加给自己的这些令人窒息的限制。只有这时，我们才能让我们的内在自我开始重新恢复完整，再一次跟宇宙联结起来。为将来的理性的恋情做好准备，意味着现在就要开始识别表象自我的特质，并且，只要有机会，我们就要努力摆脱这些特质。放弃表象自我是一个解脱过程，可以使我们变成真正的自我。

今天，看一下你昨天列出的表象自我的特质。特别挑选一个你觉得自己现在就能摆脱的特质。指出这个特质经常会显现的情形，想一想，在这种情形下，你应该怎样才能表现得更加真实？接着再对自己发誓，从现在起要努力摆脱这个特质。

★在无言的祈祝中，我让自己慢慢地剥去自己曾经制作出来的一张张面具，就像蛇必须褪去自己的外皮才能成长一样。

第259天 取消游戏

哦，找到一个称心如意的人是如此艰难！

——托马斯·坎贝尔

作为一种度过单身生活的方法，配对游戏是一场必输的游戏。如果对此上瘾，我们就会过分忙于试演潜在的生活伴侣，而无暇与任何人锻炼现实生活中的相处技巧了。单身状态给我们提供了一个宝贵的机会来更好地了解自己，以及体验与不同人建立的各种短暂的、不固定的恋情，这样，我们就能更细致地了解生命、爱，以及亲密无间。不懈地寻求白马王子、白雪公主是对这种独特的成长机会的浪费。让自己为真爱做好准备更加有用。这样，如果真爱在生活中自然出现，我们也已经为此做好准备，而且，只要我们允许，真爱必然会出现。当它确实出现了，我们必然会有一个惊喜。鉴于这个人跟伤害过我们的早期照料者之间有相似之处，伊玛戈匹配者必然不可能像我们幻想的白马王子或者白雪公主，但这却是大自然让我们与之一起生活的人，这样，我们最终才能治愈童年创伤。

今天，重申你的承诺，即在做本书的练习时要退出配对游戏。

★我借助一种更大的力量，以便承诺要做自我完善，来完成自我创造。我放弃所有阻碍自己进步的企图。

第260天 慈爱

如果我们不能用心灵接触彼此，接触赋予我们的生命，即便是最崇高的状态，以及最非凡的精神成就，也会无足轻重。

——杰克·康菲尔德

给予爱与接受爱的需求是我们的根本需求。每个人都具有生命力，我们的最终幸福取决于以积极的、快乐的以及使人康复的方式与别人结合在一起。这种爱能采取的最强烈、最有益的形式就是与另一个人在身体、思想以及灵魂上的永久的结合，但是，无处不在的创造爱的驱动力，或者被爱再造的驱动力，却可以在我们做的所有事情中表现出来。当你走过某个人身边时对其微笑或恭维一个陌生人以及帮助某人拿沉重的提包时，都在表达这种情感。在我们处理日常事务或进行日常体验，以及对别人以及自己表示慈爱时，这些事务及体验就会变得更加令人愉快、更加丰富。不是将这些事情看作是无足轻重的、讨厌的，或者是麻烦的，而是将它们看作是让我们的生命更加有活力的机会，以及让周围的世界更加令人满意、更加有意义的机会。

今天，试着以额外的慈爱之心对待你遇到的每一个人、做的每一件事，或者经历的每一个体验。心里牢记"慈爱"这两个字，问自己以下问题："我能做些什么让这一刻变得更加快乐、更有活力？我的什么态度及行为对我自己以及对周围的人更有滋养作用？"确定的答案不会随时出现在脑海中，但是如果你的意图十分积极，那么很可能创造出奇迹来。

★今天，在沉默中，我秉持这一强大的真理："世界本身是中性的，除非我用自己的感知来影响它。"

第 261 天 推卸责任的游戏

有些人自己倒立着，然后说，都是靴子的错。

——乔治·艾略特

责备与批评是恋爱中权力斗争阶段的典型策略。这时所发生的情况正代表了浪漫阶段的对立面：同样的议程，相反的战术。我们想让爱侣满足我们所有的需求；然而，随着现实吹破了所有的爱情泡沫，伴侣不太情愿满足我们每一次异想天开的需求，我们也随之不再使出浑身解数来吸引伴侣或者哄他们开心，以便让其满足我们的需求，使我们变得完整。相反，我们通过胁迫或者恫吓他们来满足自己的需求。

在权力斗争的激烈时刻，我们很难相信这些消极策略起不了什么作用。童年时期，我们就知道，只要哭泣或诉苦，照料者通常就会过来照顾我们。人们常说："会哭的孩子有奶吃。"于是，我们错误地认为，自己可以用这些策略从伴侣那里得到需要的东西。猜测伴侣会注意到我们的哭泣，哪怕只是简单地为了让我们闭嘴不哭。不幸的是，我们得到的可能正好与此相反，并且引发越来越多的冲突，以及不断升级的恐惧，于是，我们害怕从伴侣那里永远也得不到自己迫切需要的东西。

回忆过去的某次恋情，尽力记起一些情形，当时，你使用了相反的策略（也许不同策略之间间隔了一段时间）来获得基本相同的东西：先回忆一个甜蜜的浪漫策略；接着，再回忆一个赤裸裸的、卑劣的恃强凌弱的策略。

★今天，进入内心的僻静之处，我在思索这个真理："我应当为自己得到的东西负责——种瓜得瓜，种豆得豆。"

第 262 天　内在财富

> 我总是看着身外的世界，以期发现能从中得到些什么，却从不看我的内在都有什么。
>
> ——贝尔·利文斯通

"如果我足够幸运，或者足够勤奋——外面的世界能给我提供什么？"当我们思考这个问题时，几十个形象立即跃入我们的脑海，分别涉及爱情、性、金钱、权力、豪车、大房子、体面的工作，等等，但如果问题变成"我能给自己提供什么？"那么我们的大脑就会变成一片空白。这个问题让我们感觉自己很傻、无关紧要甚至是多余的。

真相是，我们要么低估自己，要么完全无视自己，从没有真正审视过自己的各种特质和技能以及可以用于自我发展及自我实现的资源。我们虽然有大学文凭，却并不看重自己的智力。我们认为自己很无趣，却忘记了疯狂的家庭生活以及去过的许多丰富多彩的地方。即便我们已经一次又一次做到百折不挠，但还是低估了自己的能力，直到获得成功。我们觉得如果身边没有别人，那么自己的生活就很空虚。其实，这个时候，我们有很多事情可以独自处理。

今天，至少指出三种可用的方式，欣赏或者拓展你已经拥有的事物，使自己的世界更精彩或者更快乐。

★在这段宁静的独处时间里，我通过内心世界来表现真实的自己，而不是让充满世界的各种表现来展示自己。

第 263 天 最大的敌人

　　许多人很难相信自己的伴侣确实爱他们。有时我们会无意识地大费周折地考验自己的伴侣。我们会让他们瞥见我们不太受人尊重的某些方面，并因此推断，他们一有机会就会离开。如何解释这种怀疑、不信任，或者否认？之所以无法相信别人爱我们，是因为我们无法爱自己。如果因为有一些需求以及特质而贬低自己，那么这是因为我们童年时期的照料者使我们觉得自己的需求很过分，而这些特质则被视为糟糕、愚蠢，或者不适当的。我们轻视这些需求或者特质后面天生的禀赋，即我们的性欲、弱点和竞争性。正是因为这种自我厌恶，我们无法相信自己是可爱的。

　　而这将会把我们带到一个更加严酷的真相面前：如果自我厌恶使我们不能相信自己是可爱的，那么伴侣给予我们的爱就不可能治愈童年的创伤，因此，如果某个伴侣离开了，就会加强这种想法，即我们是不可爱的。是我们让这种想法慢慢渗入内心的，但我们却没有认识到，也许是我们的个性防卫机制，并非核心自我将伴侣推开的。

　　今天，再次熟悉你的个性防卫机制——你在第 160 天绘制的列表——这样，你就可以更加小心地放松一点防卫意识。

　　★ 在这段宁静的时间里，我让自己感受自我厌恶的悲伤与痛苦。随着呼吸的深入，我发誓要让神圣的爱渗透我生命中的每一个角落。

第 264 天 伊玛戈之谜

世界各地的家庭的相同之处在于，家庭是人们了解自己是谁，以及如何做自己的地方。

——珍·伊斯利·克拉克

吸引我们靠近伊玛戈匹配者，以及使基于伊玛戈的恋情如此波澜曲折的动力既复杂又矛盾。其中，一个最难掌握、最没有吸引力的观点就是，伊玛戈匹配者很像我们童年时期的照料者。我们不仅会像小时候对父母那样，对那个人做出反应，而且还常常以父母对待我们的方式来对待他（她）。

例如，就像童年时期总是缠着父母一样，我们可能会黏着伊玛戈匹配者，生怕自己被遗弃；但与此同时，我们可能不会包容父母的弱点，就像父母不会娇惯我们一样。在此期间，我们的伊玛戈匹配者也在通过我们重新上演他们与其父母之间的关系：也许，这既是为了避免被我们吞没而寻求彼此间的距离，也是为了依靠我们来弥补其弱点。

这种基于伊玛戈的恋爱就是一个镜子与婚姻的游戏，尽管如此，这也是真实的情况，而且是至关重要的。为了治愈童年时的创伤，我们需要跟某个与父母相似的人重新联结起来，并且，这一次，要做得比以前更好。

今天，再看一看伊玛戈匹配者是如何反映出你的童年关系的。回顾你在第 50 天绘制的伊玛戈画像。

★今天，我坐在神圣的静谧之所，敞开心扉接受这个事实，即在我的身上也有一些童年时期照料者某方面的特质。我承认这个真理："只有承认某些关于自己的事情是真实的时，我们才能接受这些事情。"

第 265 天 幸福愉悦感

> 爱的忍耐没有极限，爱的信任不会停止，爱的希望不会消逝，它比世间万物都要长久。事实上，即使所有事物都不复存在，爱依然屹立不倒。
>
> ——圣保罗

浪漫的爱情，虽然很像一种"巅峰体验"，却并不代表爱的顶峰，它也不能让我们展望最伟大的生命奇迹。相反，它只是给我们一个预览，是对可能发生的事情的惊鸿一瞥。尽管浪漫爱情只是一个幻想，但它并不是谎言。只有从不稳定这方面讲，我们才说它是"不真实的"。不能希望它保持其炫目的喜悦，但如果让这段恋情继续下去，并为之努力，我们就能变成拥有世界上最美好事物的人。重塑自己就像创造一个天然的泉眼：一旦我们在岩石上雕刻出真爱，水就会源源不断流出来给我们以无尽的滋养。

大自然知道，它必须先用狂喜、浪漫来诱惑我们走到转变的入口。它的目的不是让我们在浪漫的恋情失败后独自品尝幻灭后的残渣，也无意让我们生活在痛苦或苦难中。这些只不过是旅途中短暂的副产品，它产生于恋情的浪漫期结束，下一个更加激荡的权力斗争期开始之前。在稳定的恋情中，浪漫爱情的幸福愉悦感可以成为一个常数，但只有在我们越过冲突与恐惧的山谷，到达彼岸时，这才能实现。

回想一下过去那些没有挺过浪漫阶段的恋情，专注于其中一个恋情，写下你在浪漫阶段曾预想的种种美妙的可能（至少两个）。这些可能是否逐渐变得不太可能了？为什么会这样？有什么事情会让它们成为可能？

★深深的放松后，我运用美妙而匀整的治愈疗法，取用能带来希望与喜悦的清洁之水来洗涤自己。

第266天 逃避

承诺要投入一段感情中就意味着要放弃一些我们有意无意间同另一个人保持距离的活动。这些活动可以用作一个快速"出口",来逃避解决冲突或者学习更加体贴地爱别人的重任。

我们中有些人的"出口"相对而言没有危害,而且易于关闭。也许,我们经常会看很长时间电视,却不去跟恋人交谈或者打牌;也许,我们已经习惯在惹恼某个和我们亲近的人之后,就躲到办公室,或者花园,或者工作室里去等着整件事情慢慢平息,而不是跟另一个人面对面解决这件事情。另外,还有一些人则是由于退出恋情的方式存在较大问题,他们会用香烟创造出一个烟幕来掩饰真相,或者用酒精及其他药物来分散思想,或者以长时间的销声匿迹、出轨、进行高风险的娱乐活动等方式来寻求肉体上的释放。有许多人一遇见困难就想彻底放弃恋情。我们必须达成一致对这些退出方式说"不",并赞同那些能使恋情更坚固、更舒适的方法,这也是让两个人都能更好地治愈彼此创伤的方式。

今天,想一想那些现在与你关系密切,或者曾经关系密切的人,至少指出两种使你易于逃避的关系中的问题。

★ 我总是学不完的事情就是承诺。今天,我将承诺带至我心中的净土中并滋养着它,直至它稳定下来:"我放弃对亲密的恐惧。"

第 267 天 不容否认

只要人们还能装模作样，那么他们对苦难还是了解得不够。

——艾伦·格拉斯哥

如果我们理解遗失的自我的天性，那么就不仅能预测自己能吸引哪一类伴侣，并受到哪一类伴侣的吸引，而且我们还能预见将来会面对的一些问题。因为，虽然我们会选择那些具有我们埋藏的积极特质的伴侣，但也会选择那些具有被我们否认的负面特质的伴侣。这些特质是一组已经深深内化的素质，不会接受它们作为我们青睐的自我形象的一部分。

但是，我们无意识间却受到有这些特质的人、似乎有这些特质的人所吸引。即使他们只在很小的程度上有这些特质，我们都可以将自己被否认的特质投射到他们身上，而伴侣也因为类似的原因受到我们的吸引。随着恋情的继续，这些投射持续交叉，问题就变得复杂了。只有停止伪装成"完美"的人（即不再否认这些负面素质是我们自己的）时，我们才能渐渐摆脱这些问题的困扰。

想一想某个你比较了解的人，他（她）在一定程度上总是无视自己的负面行为或者个性特质。也许这个人实际上已经明确否认有这个特质。现在，再仔细审视自己，你是否在某种程度上也同样无视你自己行为或者个性的某个方面？

★在这个神圣而静谧的时段，我借助某种力量使自己能审视自己的消极方面而无须做出评判。我秉持这样一个重要的真理："只有认清自己的方方面面，我才能获得完整。"

第 268 天 摆脱困境

在任何情感强烈的恋爱过程中，我们都会认为自己或多或少受到冷落。到底做了什么错事，现在，另一个人故意将我们拒之于门外以此来惩罚我们——但我们常常不知自己错在哪里，又没有人宣读对我们的"指控声明"，于是我们就沦落到让自己感觉毫无权力的地步。即使我们知道自己做了什么才受到冷落，也许还是会感到委屈，觉得自己这么做一点也没有错。

无论如何，我们的目的是要摆脱困境重新获得别人的好感。为了达到这个目的，需要做以下事情：首先，跟对方做目的性对话。我们要告诉对方自己的感觉，并让他们明确表述他们的情感；然后，再镜像反射、确认对方权利；最后，不管他们说什么，都表示共情。只有这样，我们才能治愈双方受到的伤害。由于懊恼、愤怒，而向伴侣大喊大叫根本无济于事。

今天，复习目的性对话技巧（第 35 ~ 38 天，第 57 ~ 59 天，以及第 82 ~ 85 天）。现在的生活中是否有可以用目的性对话技巧帮助你摆脱困境，或者帮助你避免陷入困境的局面？若下次在生活中发生冲突，则应下决心运用这些技巧解决问题。

★深深呼吸后，我进入深层放松状态。在这种状态下，我感受到自己在其他所有生命形式及能量中的位置。无论哪里失去联结，我脑中都会浮现出万物一体的景象。我秉持这一真理："在任何情况下，我都有能力保持联结。"

第 269 天 精神与肉体

性欲是一个神秘的事物。

——斯塔霍克

性欲是我们的身份中一个重要且极其个人化的方面，也是大自然赐予的美妙礼物，我们既要重视它，也要享受它。最终，性欲使我们能实现一种精神以及肉体上的狂喜，而这只能在两个在身体和灵魂上都对彼此忠贞不渝的人身上发生。

但这并不意味着在单身的时候，我们不能或者不应该用其他的方式表达性欲，只是提醒我们要避免滥用性欲。我们应该理性、负责任，最重要的是，对满足性欲的方式既感到欢喜而且又不失尊重，就可以做到不滥用性欲。我们可以学着理解，真正愉悦的性爱是一种爱的表现。这样，我们就可以重新获得完全的、天生的体验性快感的能力，从而将性欲从所有社会化强加给它的制约、扭曲以及神话中解脱出来。最终，我们会更清晰地预见，什么会令性方面获得满足，以及更好地了解怎样获得满足。

在接下来的几天里，你将密切关注自己的性欲：目前它在你的生活中如何运用？将来怎样才能更好为你发挥作用？你可以将这一单元视为一个极好的机会，借此光明正大地看看通常在昏暗的地方发生的事情。

今天，想一想你在目前的生活中是如何表达性欲的。让你的大脑自由地在下列问题中漫游，不要进行任何评判：

什么东西能唤起我的性欲？

我如何满足——或者尽力满足——我的性冲动？

我如何克制——或者尽力克制——我的性冲动？

我如何吸引——或者回应——别人的性趣？

★在这个宁静的时刻，我更充分地深入自己的内心，我想象自己就像蜜蜂采蜜一样，在收集被我否认的性欲的各个方面。

第270天 性与爱互相滋养

> 我之所以认为滥交是不道德的,并非认定性是罪恶的,而是因为性的好处诸多,其重要性非同一般。
>
> ——艾茵·兰德

有性无爱,或者有爱而无性,都是令人沮丧而且不完整的。事实上,性与爱二者相互滋养,接着又滋养那些将这两个活动融为一体的人。

正如任何彼此忠贞感情热烈的夫妻所证实的那样,完满的性生活是强烈且持久的情感承诺的结果。那种与一夜情、短期的伴侣,或者脚踩几条船的行为有关的性,即使有情义的因素在内,相对而言也是无爱的。是的,这虽然能让人获得短暂的愉悦,但我们最终还是变回那个没有约束的自我,再一次形单影只,仍旧处于性饥渴状态,仍旧一次又一次在忍受与以前相同的童年创伤。

从所谓的"自由的"爱里(即只有性却没有情感与精神的结合)获得的乐趣缺乏激情的深度,因为激情是源于对某一个特别的伴侣保持性忠贞。如果我们无意识地运用这种"自由的"爱来弥补自己人生中爱与滋养的缺憾时,那么情况就更是如此。源于真爱的忠贞会鼓励人忠于内心深处的自我。其结果是,个人从内心深处敞开心扉,随之而来的是彻底的性欲释放。

今天,花几分钟时间思考下列有关你目前生活中的性与爱的问题:

我在多大程度上重视性与爱?我会更加重视这二者中的某一个吗?为什么会这样?

在1~5分内,我给自己的"性满意度"打几分?(5分为最高分)

在1~5分内,我给自己的"爱的满意度"打几分?(5分为最高分)

★我召集起自己内心的神圣的能量。这使我意识到,爱与性的融合能创造出和谐的交响乐。

第271天 童年时期的性体验

性冲动不过是先前快乐体验的运动记忆。

——威廉·赖希

我们的性欲并不是始于青春期，而是一出生就有了。童年时期的性体验使性欲一发而不可收拾。如果我们早在六岁的时候就开始跟一个六岁的邻居（即我们亲密的玩伴）玩异性之间的性游戏，那么现在的我们可能会将性与温馨且关爱的伙伴关系联系在一起；然而，如果我们最早的伴侣是一个我们不太熟悉的、情感上跟我们疏远的，而且傲慢专横的人，那么现在可能会从与陌生人之间的权力斗争中寻求性刺激。这样，我们可能对性产生彻底的恐惧心理。也许，我们曾遭受性虐待或者被强暴，这会带来持续一生的痛苦。

童年时期对性的态度也受到各种社会化力量的影响。如果母亲逮着我们在手淫并且告诉我们这令人作呕，那么我们可能会变得耻于触摸自己的身体，并且生怕被人逮着自己在享受性爱。也许，由于受人引导，我们认为"真正的"男性在性方面总是积极主动的，而"真正的"女性在此方面则总是被动的；也许，正是我们最爱的电影在我们心中留下这个原始的印象，即性感的伴侣"不正经"，"正经"的伴侣不性感，因此我们对性与道德品质之间的关系混淆不清。不论哪一种情况，我们一定要审视自己的童年，以从中了解成年后性生活方式的起源。

在笔记本的新一页上写下这个标题："童年时期的性体验"。在这一页上，至少列出三件从童年早期到十二岁期间发生的难忘的与性相关的事情，或者与性有关的影响，可以是积极影响，也可以是消极影响。在记下每一个事件或者影响时，务必简要描述它是如何影响你对性的感受的。

★在虔诚的静谧中，我承认关于性的一些信息曾让自己受到伤害，但现在，我决定以性感的爱来治愈曾经的创伤。

第 272 天 禁忌的牢笼

这些快乐被如此随意地称作是肉体的快乐。

——科莱特

我们中许多人成长的家庭与社会环境均训练我们要重视体面的工作，而不是看重性乐趣。强加在我们头上的禁忌囚禁了与生俱来的性天性，而不是解放了性天性。十几岁时，随着荷尔蒙的激增，一些人暂时冲破了牢笼，自由徜徉于各个性伴侣之间，但大多数人在成年后又急忙跑回牢笼之中，重新开始关注体面的工作与得体，但仍旧对如何融合亲密情感与性欲毫无头绪。

现在，在"成熟的"恋情中，我们试图重新体验青少年时期强烈的性感受。与此同时，也想找到一个安全的港湾，给我们提供情感上的安全和支持，以及爱，然而，我们得到的通常不是这方面多了，就是那方面少了，要么就是两方面都收获甚少，或者什么都得不到。我们的性生活最终还是由不能令人满意的、一段段的基于老习惯和陈旧的假设的经历构成的，而不是由一个持续的满足构成的，这种满足是基于与某个特别的伴侣分享理性的、不断更新的生活基础之上的。为了改善实现与另一个人之间的充分而持久的性满足的机会，我们需要更确切地了解在过去的青少年时期及成年时期的性经验中，到底什么对我们有效，什么对我们无效。这种认知能释放自我，使我们能自由地做一个富有活力的人，以及成为别人的富有活力的恋人，这是大自然原本赋予我们的能力。

在笔记本的一页上写下这个标题："青少年时期与成年期的性体验"。在这一页，记下你自十二岁以来的至少三次难忘的性体验，可以是积极性的，也可以是消极性的。记下每一个体验后，简要描述它是如何影响你对性的一般感受的？

★进入神圣空间后，我意识到，必须穿过创伤，才能获得自身的完整。

第 273 天 隐秘的欲望

愿灾难降临在那些不相信性爱之难以置信的美妙的人身上。

——杰克·凯鲁亚克

不论性生活史上曾遭遇什么精神创伤、尴尬、恐惧、羞耻、不幸，或者无聊，我们都怀有性完满的梦想、幻想以及希望，这其中一些是基于现实的经历，还有一些是源自朋友的讲述，或者是我们在电影中看到的场景，或者仅仅是我们的想象力驰骋的结果。也许，听着远处海浪拍打着海岸的声音，我们私下都暗自怀有一个短暂的沙滩恋情的幻想；也许，我们的终极幻想都是有一床舒适的鸭绒被，或者壁炉前有一大堆枕头，我们坐在枕头堆里品着美酒，还有轻柔的背景音乐相伴；也许，我们喜欢想象半夜醒来与恋人云雨一番，或者，我们最喜欢早上一醒来就做爱。在想象自己想要的性关系的景象时，我们要承认这些隐秘的欲望，并给它们试验的空间。

在笔记本的一页上写下这个标题："我的性关系景象：隐秘的欲望"。在这一页，列出你个人的有关性的梦想、幻想以及希望。应用以下例子来激发你的想象力：

我想就着烛光做两个小时的全身按摩；
我希望恋人能表现得更主动一些，以此来引诱我；
我希望亲吻几个小时而无须再进一步……

★进入放松的冥想状态之后，我让自己接受并感触在内心跃动的喷薄的爱欲。

第 274 天 情感需求

> 人们易于将性感当作是一种轻易的撩拨人的性唤起，但我将性感看作是一种强烈的生命力，这种力量能推动我们以原始的方式生活。
>
> ——奥德丽·罗德

性欲是勃勃涌动的生命力的一部分，对性结合的冲动源于我们跟宇宙联结在一起的渴望。在理性的恋爱中，我们将自己的所有呈现于伴侣面前，其中包括全部的性欲。这是一种深刻的精神行为，它可以重建我们的完全投入之感，以及重建我们与周围的生命激情联结在一起的感觉。恋人之间寻求相互尊重与相互满足的结合，脆弱与坦诚会产生一种神奇而神圣的感觉，这种感觉使其与万物联结在一起。

单身的时候，有很多事情有待我们去做，以便能重新发现我们内在的性欲，并且增强自己获得性亲密的潜力。

在笔记本的一页上写下这个标题："我的性关系景象：情感需求"。

在这一页的上半页列出你想要的关于性的感觉，使用积极性的词语或者短语，例如，放松的、激动的、这很特别，而不是没有压力、不枯燥、不脏等。

在这一页的下半页列出你要克服的主要恐惧，用简短的词语或者短语描述，例如，未能满足、刻板、受到伤害等。

★在这个宁静而虔诚的时刻，我专门花时间来预期在这段旅程的尽头等待自己所有的快乐，我献上祈祷，祈求自由。

第 275 天 重新定位

当我们在恋爱中挣扎着成长时,重新拥有遗失的自我及被否认的自我的过程必然使人困惑。我们不太清楚自己身处何地,或者要前往何方,许多重要的个性防卫机制已经从身上剥离,我们担心自己最终会失去获得幸福的最佳机会。拆除旧的个性防卫机制时,我们会在一片陌生的新大陆上寻找熟悉的地标。虽然过去有那么多的问题,但至少它们都是我们熟悉的问题!我们怀念那个约会迟到的旧脑策略,就是想让另一个人担心。当不能随心所欲时,我们就是想痛痛快快地大发脾气,再一次被在某个地方等着我们完美伴侣的幻想撩拨得心急火燎。

在这些令人困惑的时刻,我们需要重新定位。要建立新的地标以指引我们的人生。这意味着提醒自己,我们的目标是唯一值得拥有的目标,这就是一个相爱的、完满而且永恒的爱情。我们还必须记住,实现目标的唯一方法,就是磨炼出更好的相处技巧。

今天,再复习一遍你在第 50 天绘制的伊玛戈画像。

★今天,深深地呼吸后,我让自己体验"改变自己与保持不变"的矛盾心理。我意识到,自己必须做一个决定:"要么选择在一个变化的环境中保持不变带来的紧张局面,要么选择继续恋爱。"

第 276 天 受伤的医治者

> 我的创伤唤醒了你的医治者；而你的创伤则唤醒了我的医治者。
>
> ——雷切尔·内奥米·雷曼

许多精神传统一直坚信，一个人必须遭受重大创伤才能成为一个伟大的医治者。许多部落的巫师曾是（并且现在仍是）一些因濒死体验而被赋予特殊的治疗能力与治疗见解的男人或女人。

在一段稳定的恋爱中，我们看到一种类似的动态。正是受伤的自我——由于童年时期的调控而变得脆弱、戒备心强的自我——会逐渐理解爱、重视爱，并能回应爱。这样，我们反过来才能成为伴侣的更坚强的恋人以及医治者。更神奇的是，受伤的自我激发了恋人治愈我们的能力。"治愈""完整"以及"神圣"这些词语全部来自一个词根。当我们参与医治别人并且被人医治时，我们就在创造完整，我们此时在做的工作是神圣的。

今天，做一些具有治疗效果的事情。例如，原谅某个曾伤害过你的人；看望某个病人；让某个悲伤的人振作起来；向某个慈善机构捐款。

★在今天的沉思中，我在心里牢记："相互医治是通往实现相互完整的道路。"

第 277 天 有话就说出来

童话故事中的青蛙王子受到诅咒。他知道，只要一个吻，就能令自己变回王子，但他不能简单地要求别人吻他，而是不得不耐心等待别人来吻他。谁也不知道这要花多长时间！

我们不是童话中的青蛙王子，而是现实生活中的人，但却经常给自己施加一个类似的咒语。我们的"推理"（如果可以这么定义的话）过程如下：如果我们需要告诉别人自己想要什么，那么，等我们得到时也没有任何意义了。别人应该不用提示就知道我们想要什么。这可能是个很好的想法，但逻辑性极差，而且，这使我们长久处于青蛙王子的角色中，既不舒适，也没有用处。要从周围人那里得到自己想要的或者需要的东西，最好的方法就是尽可能清晰地向他们表达。我们也许不好意思承认，在陷入危机的时候，过于自尊而不愿求助他人；或者，我们太没有安全感，因此，不能珍视任何非自发行为产生的别人对你的关注。然而，除非能跃过这些压抑的感觉，否则，我们将一直陷于自己造成的、不称心的沼泽中。

今天，向某人要一个你一直想从他（她）那得到，但一直未能开口要的东西。如果情况适宜，那么可以使用提出改变行为要求（第 146～151 天）的方法。

★今天，我用二十分钟时间让自己的内心恢复平衡。我意识到，想当然地认为别人知道自己想要或者需要什么，对他们是不公正的。我从心底相信："愿意倾听我的需求就是别人给我的爱的表现。"

第278天 真实自我

> 你需要承认你人生中的事件，这样，你自己才是你的。当你真正拥有曾经的你，以及你曾做过的事，也许这会花很长时间，但这时，你才能对现实有强烈的确信感。
>
> ——佛罗里达·斯科特·麦克斯韦

冲突，所有亲密关系中的流行病，是将原始情感与本能转化为真金的熔炉。这是一种成长的化学反应，这个反应则是进入真爱天堂的前提条件。深刻而又深远的自我变化必然发生，这涉及一些艰难的工作，一些我们从未做过的最为艰难的事情，但这项工作的目标并不是将我们变成其他某个人。我们因受到内心伊玛戈的吸引才走进某段恋情中，已不是原来那个真实的自我了。在社会化过程中，早在多年前，我们就在恐惧的祭坛上牺牲掉了那个自我。现在，我们必须做出另一种牺牲，不过，这一次是在爱的祭坛上。我们必须放弃自己对实现全部个人潜力的恐惧，必须以真实自我的名义，放弃虚假的表象自我。如果做出这种牺牲，并继续努力改变，我们将会重新发现真实的自我，并重新变成一个完整的人。

想一想过去某一次恋爱，在当时的浪漫阶段中，至少指出三个你没有表现真实自我的方式。思考每一种方式都是如何刺激浪漫的，至少是起初刺激了浪漫？每一种方式最终又是如何终止了浪漫？

★在二十分钟的沉思时间里，我在想象内心里那口正在沸腾的熔炉。我秉持这一真理："改变虽然痛苦，但它会让我康复，而不是将我摧毁。"

第 279 天 凤凰涅槃

当感觉自己要坠入地狱时，我们几乎就要成功地抵达真爱的天堂了。那些揭开我们的创伤让我们痛楚的恶魔，以及一些来自过去的悲痛的叫声，总是聚集在我们的周围惊吓我们，使我们与大奖失之交臂。防卫机制开始瓦解，而我们的整个性格结构在不断的变化中扭曲转动。由于一再违反童年时期社会化的禁令，我们最大的恐惧浮出表面。心中的动荡使我们与伴侣之间的问题变得更加激烈、更加危险。

我们与恋人的关系似乎一头扎进一团混乱不清的局面中。这时，许多人可能会受到极大诱惑来放弃这一大业，但是，真正的突破正是在这个动荡的过渡期里发生的。如果在这个可怕的浴火淬炼中坚持自己的初衷，那么我们就会取得胜利。支离破碎的旧我，自私自利的旧人生，以及原来的吵闹不断的恋爱都已经化为灰烬，天堂里的凤凰将从灰烬中腾空而起：这是将改变我们整个世界的真爱。

今天，回顾你在过去的人生中经历过的种种危机。至少指出三个曾帮助你积极度过危机的理性的态度与行为。

★我深深吸了一口气，让它化为内心的勇气。我认识到，凤凰必须燃烧自己，才能再一次荣耀地腾飞。

第 280 天 愿望列表

当你爱上某个人，你所有积攒的愿望都会开始涌现。

——伊丽莎白·鲍恩

单身的乐趣之一就是为将来的稳定的恋情列出一个心愿单。就像所有的购物狂欢一样，为了给自己买到称心如意的东西，我们必须知道自己是谁，要买什么？如果不先想清楚自己需要什么，或者想要买什么，那么我们很可能买一些没用的东西回家。

你希望在恋情中实现什么梦想，即那种你的伴侣也可以分享的梦想？一起航行，穿越加勒比海？集合各种力量办一个青少年课后培训中心？在城里买个小公寓？在乡村买一座大房子？合办盛大的派对招待朋友？彼此用法语交谈？

现在你需要动脑子，挖空心思起草一份雄心勃勃、精彩刺激的愿望列表了。也许你不能实现所有的愿望，但许愿本身可能会富有启迪。而且，做好准备也没有什么坏处。某一次恋情能否成功实现你的愿望，很大程度上取决于你寄予它的希望。

今天，开始为你将来与某个固定伴侣的生活写一个"愿望列表"。至少列出你对那种生活寄予的三个梦想。

★今天，进入无言的沉思中，我接触到内心的梦想者。随着想象的流淌，我意识到自己想要跟人生伴侣一起过什么样的生活。我秉持这一真理："我可以让梦想成真。"

第 281 天 你想要的一切

幸福就像性格一样，必须培养。它不是可以暂时安然放在一边的东西，不去精心培养，它就会长成杂草。

——伊丽莎白·斯图尔特·菲尔普斯

通过与某个伊玛戈匹配者的恋爱——也只有通过这种恋爱——我们才能发现在自己成长过程中失去的重要部分。尤其是伊玛戈匹配者鼓励我们重新发现那些曾给自己带来很大乐趣但又被放弃的行为方式，因为它们受到父母、同龄人，或者社会普遍的反对。也许摩擦自己的身体曾经给我们很大的乐趣；或者，我们曾喜欢放声大笑，喜欢在泥潭中玩耍；或者，我们怀有一个隐秘的愿望——开飞机。也许父母曾嘲笑过我们画画的冲动；也曾因我们坐在外面看云朵或干脆什么都不做而喋喋不休地数落我们。

当看到伊玛戈匹配者时，我们就会发现这些遗失的机会了。这正是所谓"你就是我以前想要的一切"的伊玛戈之谜。其中对我们的挑战就是，要与伊玛戈匹配者在一个对彼此完全忠诚的恋情中融为一体。这样，我们才能变成自己一直想要的样子。

今天，再看一看你的伊玛戈匹配者身上的特点。回顾你在第 215 ~ 220 天绘制的遗失的自我的特质列表。

★ 重新蓄满勇气后，我唤醒遗失的那部分自我，这样才能再一次体验梦想创造的奇迹以及无限的可能性。

第282天 专注力

我们需要的是一杯理解，一桶爱，以及无尽的耐心。

——圣方济各·沙肋爵

任何值得做的工程——尤其是涉及自我实现的工程——都需要给予大量的专注力。大量的专注力会带来更深刻的洞见、更快的发展，以及更大的动力。越是重视并系统地练习帮助我们集中注意力与稳定注意力的技巧，诸如目的性对话技巧、好的学习习惯、祈祷、冥想以及想象等，我们就能越快地见到效果。这些技巧使我们有意识地将较多的一般能量运用于手边的具体任务。我们并非只是满足于肤浅的、糊里糊涂的日常生活，这种生活大多依赖于发生在我们身上的事情。相反，我们可以唤醒自己内心的力量，并且变得越来越能够独立地促使事情发生。不论采取何种形式来努力加强专注力，我们都会得到广泛的回报，因为改变生活方式的同时，我们也在改变世界。

今天，做一个学习集中注意力的试验。例如，试着进行一种特别的冥想；或者，试着想象一个备受重视的目标；或者，试着格外专心地欣赏某个特别的人或物。

★在这个神圣的空间，我认识到，我有力量与能力改变自己的人生，从而使自己成为一个理性而且完整的人。这样，我就能充分体验生命的活力了。

第283天 坦白

理解就是原谅，甚至是原谅自己。

——亚里山大·蔡斯

如果要变得更好，首先，我们必须要承认遗失的以及被否认的自我，这是什么意思？现代心理学术语"招认"只是一个表达"坦白"的新词。这是治疗或者拯救过程的一部分。如果我们没有直面有关自己的真相，并做出相应承认或坦白，那么就不会有改变。正如监狱改造理论中有一个公理，即如果犯人改造好，就必须要悔罪。对我们，也同样如此。对自己及别人，我们都必须坦率承认自己身份中的正面与负面特质。

最有益健康、最有助的坦白方式是不带任何评判与内疚的，这是旧脑的两个最大的盟友。与此相反，我们必须仅仅是单纯地承认真相。为了能够治愈童年创伤，我们必须将受伤的、负面的，以及被扭曲的那部分自我不经任何审查带入自己的意识中。只需要坚信，在这之后，一切都会好起来，而且，我们依旧拥有自尊，依旧为朋友家人所接受。实际上，如果我们要为自己以及他人创造出真爱，那么这种类型的坦白至关重要。

今天，至少向自己坦白两件你一直不敢承认的事情。再从中选出一件考虑向某个亲近的人坦白。诸如恋人、朋友或家人。

★在这段神圣的独处时间里，我进入内心充满勇气的地方，开始打量自己身上不太完美的地方。我秉持这一真理："内疚只会加固监牢的栅栏。"

第284天 受阻的能量

因为各种社会化力量的作用，我们可能会失去与生俱来的感受情绪及表达情绪的能力，但作为补偿，也许会过着高度活跃的物质生活，或者，我们也可能对自己的身体变得如此"刚直不阿"，以至于在情感上却十分"草率"。当伍迪·艾伦说"我跟自然格格不入"时，他的意思是，他的感觉与感知都无法穿透那层都市化的理智薄膜。

在一定程度上，社会化使我们在四个维度上的核心能量都受到伤害，即思维、感受、行动及感知。一些人轻易地逃脱了惩罚，而另一些人则在其中一两个领域受到严重制约，个别人甚至在各个领域都承受巨大痛苦。通过恋情，我们希望修复这些损害——开始时是无意识地去做的，我们在无法抵御的伊玛戈主导的驱动下去跟一个展现出与我们相反特质的伴侣互动；之后，这变成有意识的行动，我们使用必要的工具来运用相处技巧，从而重新实现自己的完整性。

再次回顾你对社会化过程如何阻碍你的自然本能所做的评估（第187～193天），再想出一件你能做的事情，在这一周帮你解放你受到最大阻碍的那个部分。例如，如果那个部分是"思维"，那么你可以尝试着阅读一本挑战自己的智力的书；如果那部分是"感受"，那么你也许需要做点慈善工作。为了放纵一下喜欢感官享受的自我，也许你想好好享受一个芳香浴；为了开发那个雷厉风行的自我，也许你可以计划一个超长的骑行之旅。

★今天，在这段更新自己的时间里，我恢复精神元气。我想象，一缕缕精神彼此交织，汇聚成一个蓬勃跃动的整体。

第285天 安全的性爱

> 男人与女人能给予彼此的快乐越多——无论是在床上，还是在他们恋情中的其他各个方面——上帝就越是与他们同在。
>
> ——安德鲁·格瑞利

不论从公共健康的角度如何界定"安全的性爱"，从情感与精神的角度来讲，"安全的性爱"是指让我们感觉另一个人的陪伴是安全的性与爱。这意味着，我们不仅可以感觉自己的身体上或者情感上不会受到伤害，而且还感觉可以安全地表达需求与欲望，以及安全地考虑另一个人的需求与欲望。

安全的性爱是真正的两厢情愿，这涉及交谈与做爱。在一些与性有关的敏感的讨论中，目的性对话技巧大有用处，它可以帮助你克服羞怯与尴尬，并给你表达的自由。安全的性爱还包括每一个伴侣都努力创造一种愉悦的互动体验，而不仅仅只是个人满意的体验。

如果从这些方面看，性爱都是安全的，这可以产生巨大的变化，其意义深远，并不仅限于两个身体的接触以及释放出双方的性张力。这种性爱可以解放两个灵魂，使其合二为一，并且感受到宇宙的创造力。

今天，承诺下一次你跟另一个人进行性生活时，要更坦率、更诚实地同对方讨论与性相关的问题。你可以运用目的性对话技巧进行辅助讨论。

★今天，在这段静谧祥和的时间里，我进入内心深处，照亮阴暗的性欲区域。我思索这个至理名言："情感以及身体上都安全的性欲，会让我与快乐的生命挂毯重新联结在一起。"

第286天 信念系统

不容修改的计划是一个糟糕的计划。

——普布利柳斯·西鲁斯

通常，我们在世上以及在自己结交的每一段关系里如何行事，在很大程度上由一些信念决定，这些信念已经成为普遍的真理，诸如："朋友不应在一起做生意。""我没有什么特别的。""婚姻中必须有一个人当领导。"不论信念对错与否，我们都以遵照这些信念生活为荣。它们给予我们黑白分明的规则，以供在一个充满变数的世界里一路寻迹前行。

但是，一些普遍的信念太过刻板、含混，或者与遇到的实际情况严重不符。结果，它们非但不能帮助我们，反而阻碍了我们。我们需要重新审视我们的信念，并更加仔细地评估它们的优点及缺点。它们真的反映了所有的经验，还是只反映了个别事例？它们是源于我们自己的亲身体验，还是别人强加给我们的？它们可能会如何阻碍我们过上更加充实、更加完满的生活？

在接下来的四天里，你将回顾一些激发你的行为及恋爱的信念系统。记住这一点，只接受信念的表面价值可能会使你看不见事物的真实面目。

在笔记本的一页上写下这个标题："我的信念系统"。至少写下两个你对世界持有的一般信念（例如："在这个世界上生存，是很艰难的事"或者"世界是个大游乐场，里面充满了机会"），以及两个你对一般人持有的普遍信念（例如："人们基本上都是心地善良的"或者"你决不能完全信任任何人"）。

★今天，借助一个更宽广的视角，我承认，我的信念有时可能是一个基本工具，但有的时候，也可能是一个障碍。我发誓，要在内心找到能将我从桎梏中释放出来的信念。

第 287 天 信念系统

> 我们的幸福或者不幸，很大一部分取决于我们的性情，而不是我们所处的环境。
>
> ——玛莎·华盛顿

从某些方面讲，信念系统起到一个宝贵的作用，因为它们可以诱惑我们的旧脑，也就是，我们的本能的天性。我们常将受自己尊敬的人们给予的教导概念化为一个生活准则，这样，就可以比无准则情况下更加理性地行使职责。例如，当个人危机突然出现，我们即将失去控制的时候，可以对自己说："当……，我应该这样表现。"或者"如果我这么做，那么就会出现那种情况。"负责组建模式的新脑能使我们避过原始的反击本能或者逃避本能，还能让我们想出一个更加理性的反应方式。

但不幸的是，我们的信念系统可能会像本能一样机械，而且不屈不挠。对于在某一种特定场合该如何行事的信念会影响我们在其他各种场合的行为举止，而且，我们对于自己在某一领域的能力的看法会发展成为对我们个人整体能力的看法。

在昨天写有"我的信念系统"标题的那一页上，至少写出你对自己的三个信念，可以在下列句子中以填空的形式来完成这个作业：

当我受到某个人吸引时，我应该采用的表现方式是（　　）。

如果我去参加一个什么人都不认识的派对，那么（　　）将会发生。

如果有事情让我感到困扰，我可不是那种可以（　　）的人。

★在静静的祈祷中，我感谢那些在过去使我安全度过人生的信念；在新发现的自由中，我放弃了那些不再适用于未来的信念。

第288天 信念系统

只有深深打动我们的事物才能改变我们，单凭理性的争论无法穿透层层恐惧条件——构成了我们残缺的信念系统。

——玛丽莲·弗格森

有许多信念未经质疑出处及价值，就被我们做出明确表述，还因为它们不知不觉中对我们的行为产生十分强大的影响，所以，我们必须努力使自己更加清醒地意识到它们，以便能继续让它们反映现实生活，否则，它们会迫使我们过着受到局限的、机械的生活。

有关我们自己性别的，以及有关异性的信念系统可能会格外强大，而且具有欺骗性。从童年早期开始，我们就受到训练，从而对男人与女人之间的差异形成顽固的观点与态度。诸如每一种性别各是什么样？每种性别能做什么？每种性别应该过什么样的生活？在某个特定情况下，每种性别应该表现出什么样的行为与反应？现代研究以及实践已经对其中许多假设提出质疑，这就使我们能够重新评估旧有的刻板印象、发现多种不同的现实，并充分发挥自己的潜力。

在你两天前写下标题"我的信念系统"的那一页上，至少列出两个关于你自己性别的信念。之后，至少列出两个关于异性的信念。例如，你可以试着补全下列关于每一个性别的句子："情感上讲，男人（女人）是……"或者"男人（女人）想从生活中得到的东西是……"

★在一片静谧中，我深深地呼吸。随着每一次深呼吸，我想象生活中的新机会。

第289天 信念系统

> 我由衷地感觉,世上有多少人,这些人一生能活多少天,就会有多少种爱的方式。
>
> ——玛丽·S.卡尔德伦

有的时候,在我们看来,我们的信念既正确又有益,而且,它们显然已经铭刻在我们的脑海中。如果源于自己的经历以及社会所告诉我们的,那么我们逐渐形成一些明确的信念,诸如男人只在意性;或者家人之间相互喊叫很正常;或者应对危机的最佳方式就是保持沉默;那么,在就事论事的情况下,我们会觉得很难有不同想法。生活中的每一种情况——尤其是每一种人际关系——都有其独特的组成成分,都有独特的可能性。这些可能性可能瞬息万变,也可能随着时间的推移而变化。我们陷入自己信念系统中的就是对这些可能性的误解和滥用,甚至完全错失它们。

作为单身者,为恋爱旅途做的部分准备就是揭开我们头脑中的信念世界。我们要逐渐承担起改变我们的世界的责任。新的生活体验取代了旧的体验,彻底的改变将会随之而来,这将启发我们产生更温和的、更有建设性的观点。这种全新的体验正是理性的、忠诚的恋情能提供给我们的东西。

在写有"我的信念系统"标题的那一页上,至少列出三个你对于恋爱的信念。例如:"恋爱常常开始的时候激情澎湃,但六个月后,它就会不可避免地变得无聊。"或者"当你需要的时候,另一个人应该总是在你的身旁。"

★今天,在冥想中,我为能够放松信念对我的桎梏而感到欣喜。我意识到,金属碰撞发出的每一次声响,都可以当作是自由发出的响亮的呼喊声。

第290天 轮流试验

你是否曾想寻找浪漫伴侣，结果却找到一个好朋友？当下一次你为某个人友善的素质所吸引，但又没有感受到强烈的伊玛戈能量时，为何不练习功利性约会？我们感觉某个人不是我们的人生挚爱，并不意味着我们必须躲得远远的，正相反，这个人也许是获得真正疗效的完美练习人选。

当我们刚开始练习功利性约会时，可能看起来是在做一件偶然的、一厢情愿的事情。我们小心地镜像反射约会对象所说的话，以便引出更多的信息，这样我们就不用在交谈中说得太多。再过一些时间，我们可以大胆地分享自己某个以前常常因为羞怯而向人隐藏的方面。我们不要用"你怎么样"的语言抱怨对方，而是用"我要怎么样"的语言提出改变行为的要求。很快，我们就会发现自己的努力没有白费。对方会像恋爱中的人常做的那样，以同样的方式回应我们。我们变得有足够自信，能告诉这个人我们在做什么，并可以主动提出跟他们轮流试验新的行为模式。渐渐地，我们就会赢得一个玩伴来调剂一下生活——这是一种平等而实用的伴侣关系。

今天，为接下来两周内的某段时间安排一个功利性约会。

★今天，在这个冥想的时刻，我尝试接受多种用来治愈自己创伤的方式。我秉持这一真理："每一种关系都是一次增强自己的意识的机会。"

第 291 天 关键信息

> 坦率的批评往往令人难以接受，尤其是来自朋友、亲戚、熟人，或者陌生人的批评。
>
> ——富兰克林·P.琼斯

虽然批评未必准确，但我们还是有很多东西需要学习。对伴侣发起的每一次批评后面，以及在自己受到的每一次批评后面，都有一个对被否认的自我的投射——一个我们其他情况下看不见的自我。这两种形式的批评到底能够多么准确地反映出被否认的自我，可以根据我们当时的感受来衡量。

例如，我们对伴侣所做的某件事格外恼火，一提起这件事就要大发雷霆，这就是一个线索，它暗示着我们对那个问题格外敏感。爆炸性的反应暗示，被否认的自我在这瞬间变得真实可触，而且，我们并不喜欢这种感觉。同样，如果对伴侣给予我们的批评感到惊慌失措，毫无疑问，正是因为这个批评说中事实了，这是我们一直训练自己不去面对的事实。如果聪明，那么我们不仅应该注意这些被否认的自我的标记，还将依照这些标记来行事。以积极的行为改变来应对批评，我们就是在努力实现自我发展。朝积极的方向改变我们自己的行为，就像我们要求别人改变他们的行为一样，这会帮助我们走向完整。只有这样，我们才能将批评化解消散，使它们没有机会升级成全面的权力斗争。

至少指出你对过去的恋人提出的两个批评。这些批评何种程度上准确反映出你的被否认的自我？接着，至少指出过去的恋人对你提出的两个批评，再问自己相同的问题。

★随着深呼吸的进行，又到了今天的冥想时间。我尊重这个事实，即每个批评后面都有一个重要的核心事实。这个事实将使我进一步走向完整。

第 292 天 内心深处的和弦

捡起一个海螺壳放在耳边，我们就会听到它的故乡——大海发出的声音，似乎浩瀚的海洋不知怎么被神奇地装在海螺壳的深处。同样，每个人生都有一个发自内心深处的和弦——这证实了每个人都是浩瀚无垠的宇宙的一部分。

婴儿时期，还不能区分别人与自己时，我们对这个和弦有最强烈的意识。那时，我们感觉与所有的生命紧紧相连。这种联结始于母亲，接着再延伸至我们遇到的每一个人。成年后，只有在与另一个人融合于一个忠贞的爱情时，我们才能再次完全拥有这种令人敬畏的、给人无限力量的感觉。

今天，时不时停下来更加仁慈地看看周围的人。提醒自己，你和这些人所分享的东西，不仅仅只是诸如工作、汽车、对运动的兴趣等一些日常的事物，还包括一些永恒的素质，例如，对安全和幸福的渴望，以及对爱的需求。

★今天，我要寻求一个更广阔的视角，在这段沉思的时间里，敞开心扉，想象那个令人敬畏而无形的网能够慈爱地将我与所有的人及生命联结在一起。

第293天 搜寻过去

人们向自己提出的问题终于开始照亮世界，并成为体验别人的感受的关键。

——詹姆斯·鲍德温

童年可以为成年后持续出现的人际关系问题提供更加深刻的见解。我们必须紧紧盯着记忆的长廊，打开长期关闭的房间，从中释放出更多的信息。童年时期，旧脑形成了个性防卫机制，以抵御任何看起来会威胁到我们生存的事物。随着成长，这些个性防卫机制依旧完好无损，而且还对我们的人生有了更多的理解与控制。旧脑仍旧在运行，它并没有意识到已经不再需要激发那些古老的反应行为来保护我们了。如果希望能自由地活在当下，那么必须小心翼翼地解除旧脑用于保护我们的安全的防卫机制。

现在，如果总是黏着恋人，对感情避之不及，那么可以肯定，我们的问题行为可以追溯至童年时期的防卫机制。只要对这些防卫机制及其形成原因毫无意识，我们恋爱中的主要挫折就会持续存在。我们必须对这些错综复杂的防卫机制有清醒的认识，并且学会如何将这个报警系统重新连接起来，使其有益于现在的生活。只有认清过去受到伤害的原因，并且看清这种伤害对现在的影响，我们才能开始为将来做出改变。

复习你在第171～178天列出的童年创伤与个性防卫机制。自从绘制了这个列表以来，你是否对其中任何一个创伤或者个性防卫机制有更清晰的认识？为什么会这样？在笔记本上记下你的答案。

★今天，进入内心的平静之所，我用一点时间专门感谢旧脑在童年时期保护了我的安全。深深地呼吸之后，我认识到，作为成人，我不再需要童年时期的防卫系统了。

第294天 唤醒野兽

伊玛戈匹配者会渐渐地治愈童年创伤，一部分原因是因为他们具有我们需要培养的特质，可是，"坠入情网"之后，会有一个时期的激烈斗争、动荡与怀疑。之所以出现这些情况，是因为在通过伴侣来重新拥有这些特质时，我们唤醒了内心休眠的野兽，即我们仍旧认为很危险的那部分自我，诸如被压抑的性欲、受到忽视的智力、遗失的大无畏的感觉，等等。

童年时期，我们大费周折来抑制具有这些烦人的素质的野兽。成年以后，当我们与具有这些相同素质的伴侣结合时，这个野兽就开始苏醒。旧脑告诉我们处境危险——伴侣实际上是在将我们推过安全线，于是，我们猛烈地打击伴侣，以便避免与刚唤醒的野兽交锋。我们有意无意地避免承诺，因为，这意味着要尽力理解并接受这头野兽。

今天，再熟悉一下在自己体内休眠的野兽。复习一下你在社会化过程中遗失的那些素质及特质的列表（第187～193天）。这些正是你常常在伴侣身上寻找的与伊玛戈相关的特质。

★今天，我想象盘踞于自己体内的野兽是什么样子的。我没有感到恐惧，因为我认识到，震天的吼声源于因为被忽视而受伤的情感。

第 295 天　性感尤物

> 我不能被关在笼子里跟人交配。
>
> ——格洛丽娅·斯坦奈姆（当有人问她为何还不结婚时说的话）

性别相关的刻板印象和角色可能会对我们的性生活造成严重破坏。女人社会化的方式易于阻碍她们享受性爱的身体体验，而男人社会化的方式则常常使他们不能享受性爱的情感体验。我们在成长过程中一直听到一些相同的委婉的或不那么委婉的信息：

女人给予帮助，男人获得乐趣。

男人青睐的是性，而不是爱；女人青睐的是爱，而不是性。

男人利用女人来得到性；女人利用性来得到男人。

服从女人的男人是懦弱无能的人；控制男人的女人是泼妇。

在性的问题上，两个性别的人都发现自己为此着迷。我们必须推翻上述这些社会信息，以个人化信息取而代之："只要没有伤害任何人，我就有权选择以任何方式表达并享受我的性欲，而且，我的伴侣也有同样的权利。"这就将性的问题交由你与自己性伴侣公平协商解决。

今天，至少指出两个情形，在当时，你感觉在性问题上受到恋人给你的压力，或者对其很失望。对每一个情形，问自己在何种程度上与性别相关的刻板印象可能造成了这个问题？不仅是记住另一个人对此问题应承担的责任，也要记住你自己应承担的责任。

★今天，进入冥想时间，我秉持这一真理："只要没有伤害任何人，我就有权选择以任何方式表达并享受我的性欲。"

第296天 离开监牢

理解被我们归类为阴暗的那部分是很恐怖的。旧脑感觉做自己很危险,而社会化过程又为我们分裂的自我打造了一个监牢。在苏醒过程中,我们接触到那些被关在监牢高墙后面的遗失的各部分自我。

这是令人痛苦的重新接触,与痛苦随之而来的,是不可避免的恐惧。我们问自己,如果将这些关在监牢里的欲望与需求释放出来,那么会发生什么事情?我们已经逐渐意识到,如果我们要在人生中继续发展,那么就必须将这些方面关在高墙后。我们已经学会与损失共存,现在为何要自找麻烦?我们也担心,一旦离开监牢,这些欲望会接管我们的生活,从而使我们小心翼翼创造的秩序陷入一片混乱当中。对这些忧虑的回答就在内心深处,我们知道,作为个人,自己绝不会拥有绝对的自由,除非我们先将遗失的自我从监牢中释放出来。

今天,复习你在第 215 ~ 220 天指出的遗失的自我的各个方面。从中选择一个方面,并至少指出两个具体的方式在接下来一周给予这个方面更多自由。

★我静静地坐着汲取希望,这个现实让我放松下来,只有我将那些被错误监禁的自我释放出来时,才有可能实现完整性。

第 297 天 内心的美好

不要在你身外寻找天堂，天堂就在你的内心。

——玛丽·卢·库克

由于养成时常退缩回自己内心世界的做法——不论是通过祈祷、冥想、沉思，还是通过反省的方法——渐渐意识到，有无限的资源给予我们力量、和平，以及希望。作为宇宙的孩子，这是我们最珍贵和最神圣的资产。我们被创造出来，不是为了一些日常琐事而烦恼，而是要超越这些烦恼，从而与永恒的宇宙合为一体。无论何时，放开这些暂时的忧虑，意识到仅仅是活着，就已经如此富有而且美妙，我们就能感受到这个更崇高的目标。

在内心世界，我们再一次体验到我们与万物的联结。从内心世界返回到混乱无序的外在世界，这里有我们的家庭、工作与恋情，我们欣喜地发觉自己又精神焕发、生机勃勃了。因为，一旦与快乐的生命挂毯联结在一起，平常那些会让我们懊恼生气的日常事件就不存在影响了。这并非是因为这些日常事件受到削弱，而是因为我们自己变了。我们变得更平静、更镇定，因此，也就变得更加平和了。

今天，多花点时间享受一下自己的内心世界。献上一个特别的祈祷，以表达你对生活的感激之情。让自己的思想在内心世界中某个特别美好的某处安详地逗留一会儿，或者对下面的冥想给予额外的关注。

★今天，在一片静谧祥和中，我沉入内心更深处。在那里，我体验到宁静的感觉，这是我的生命精华。在那里，我让自己摆脱浮华世界里纷繁的活动与琐碎的细节。

第 298 天 谁？我？

当独自一个人时，或者跟可以控制的人在一起时，我们可以愚弄自己，但在跟一个亲密伴侣的日常生活中，愚弄自己就要困难得多了。作为可能的人生伴侣，伊玛戈匹配者是最吸引我们的那个人，我们总是不由自主在其身上看到被否认的自我。

一个伊玛戈匹配者身上具有一些我们也有的负面特质或者行为模式，但我们却对此予以否认。如果我们对这个人的小气、虚荣，或者脾气特别恼怒，那么极有可能是因为，我们自己也有这些相同的特质，只是自己绝不会承认。

事实上，我们甚至没有意识到自己也有这些负面特质，直到与伊玛戈匹配者发生不可避免的争斗时我们才注意到它们，而这正是伊玛戈恋情神奇的魔力。通过强迫自己仔细看看被否认的自我，并解决由此带来的人际关系问题，我们利用伊玛戈匹配者治愈了自我。简而言之，一个神奇的变化发生了，通过与伊玛戈合而为一，我们变成完整而健康的个人了。

为了更熟悉伊玛戈特征，复习你在第 230 ~ 232 天列出的被否认的自我特质。

★ 今天，隐退到二十分钟的静谧时间里，我敞开胸怀，接受这个认识，即最初感觉不好的事物往往会通向更加强烈而全面的意识。

第 九 部分

通向真爱的旅程，
每一步都让你更加完整

第299天 无条件的爱

你希望被人爱，这是因为你不爱别人；但是，一旦你爱上别人，这种情况就结束了，你不再询问某人是否爱你。

——吉杜·克里希那穆提

许多人很难接受无条件的爱这个概念——或者更确切地说，无条件的给予。我们常常倾向于从资金平衡表的视角来思考问题，要博得某人的爱，或者要让对方值得我们爱。这是一个经济模型，而不是情感模型。无条件的爱不在于记账。第一次听到无条件的爱时，感觉无论我们的伴侣做了什么，即使忽视、虐待我们，都要心甘情愿地爱他们。"我不能对此苟同。"我们如是反应，但这并不是它真正的意思。

无条件地爱我们的伴侣，仅仅是指给予他们所需要的东西而不求任何回报——不给对方开出账单来支付我们的服务。不要说出一些类似合同条约的话，诸如："如果你对我的朋友好一点，那么我也会对你的朋友好一点。"我们要学会说一些有同情心的话，诸如："因为你需要我跟你的朋友好好相处，所以，我会好好对待他们。"不要说一些像是在做交易的话，诸如："如果你今晚带我去看电影，那么你下午学习时，我就会安静一些。"我们要学会主动做出温暖人心的表示："你学习的时候，我会更安静一些，这样你就能更好集中精力学习。"在人生"股市"上，这种"投资"才能为你赚取最大的利益。

今天，至少想出两种方式，在下一周向某个亲近的人（某个家人、朋友，或者恋人）表达无条件的爱。

★今天，在冥想时间里，我想象自己在一个房间里，房内有一个屏幕，上面显示着无条件的爱的图像。慢慢地，我领悟到："爱并不需要目标，爱没有别的种类。"

第300天 改变负面行为

最终,我们都希望得到别人的喜欢。只有觉得自己不可爱,或者受伤次数太多时,我们才会养成那种怨天尤人的个性,有这种个性的人不是在发泄怨气,就是在抱怨别人。就像脾气温和的绵羊脱下狼皮的伪装,我们可以学习如何放弃过时的个性防卫机制,即负面的或者后天习得的行为。这样,大家都能看到我们内在的善良。

在本单元,你将指出自己愿意开始改变的一些负面行为,不论是因为你已经对它们感到厌倦,还是因为它们曾给你在意的人们造成麻烦。其中一些特质你已经在本书中审视过,诸如你身上不受自己喜欢,而且你常将其投射到别人身上的那些方面,或者被否认的自我的一些你不想要的特征。现在,你将学习一种特定的方式,将这些负面行为转变成积极性的行为。

今天,花一些时间想一想过去恋爱中的一两个情形,你当时表现很糟,同时,又意识到要是能以不同方式处理情况就好了。再特别回想一个事件,在那时你就知道,自己糟糕的行为并没有反映出真正的你。

★我借助自己的精神力量来寻找勇气以便查看自己阴暗的一面,因为我知道这是改变负面行为的根源。我将这个思想作为祷告:"为了实现我的完整性,我必须接受自己的一切。"

第 301 天 改变负面行为

> 不可思议的是，我们真的爱邻如爱己；我们待人如待己，而且，我们会恨己及人；当我们宽于待己时，也会宽于待人。
>
> ——埃里克·霍弗

清醒的意识可能会让人痛苦。我们总是下意识地去挑别人的错，而不是在自己身上挑错，而别人身上一些在我们看来显而易见的负面特质常常也存在于行为中，只是我们不愿意去看。正如我们之前在某个单元所学过的那样，这种将自己身上某个不可接受的或让人反感的特质归于他人的做法称作"心理投射"。

在所有负面行为中，心理投射可能会让人特别厌恶。一方面，我们可能在指责对方一个莫须有的特质——或者，就算他们有这个特质，也远远未达到应受到如此大肆攻击的程度；另一方面，我们拒不承认自己身上的相同特质也使他们大为光火。在他们看来，我们并不是虚伪，就是故意装傻。在改变负面行为之前，最好还是先改变负面心理投射。

> 重新审视你在第 127 天指出的心理投射。尽力想一想自己身上的任何一个负面特质，你常常会将其投射到他人身上。记住，你投射最多的负面特质，就是那些你在别人身上看到（或者，你自认为看到的）最突出的负面特质。接着，再从这些特质中挑选出一个，你觉得自己已经准备好，那么就可以开始改变了。

★今天，在二十分钟的沉默放松时刻，我借助勇气，让自己对别人的批评成为一面反射自己的镜子。因为我知道，看见自己身上的这些"过错"既是我的希望，也是我的救赎。

第 302 天 改变负面行为

啊，但愿上天给我们一种本领，能像别人那样把自己看得更清！那将会免去许多蠢事。

——罗伯特·彭斯

正如之前在本书中了解的那样，被否认的自我中包含着那些被我们否认拥有的方面，我们不仅对他人否认，也对自己否认，但是，别人往往轻而易举就能将这些方面看得一清二楚。人们常常因为过于顾忌礼貌，或者过于拘束而不好意思向你指出这些特质。有的时候，当他们确实给我们指出来后，我们就是不承认，或者对他们说的话不予理会。

有时，我们害怕承认某些特质，因为它们正是父母身上最让我们讨厌的特质。例如，爱唠叨、吝啬、别人工作的时候在人家身边转来转去、喜欢强词夺理，等等，而有的时候，自尊心不容许我们有这些特质，因此导致我们不知该怎么面对它们。实际上，我们也许胆小懦弱，但却喜欢将自己想象得很勇敢；职业要求我们有同情心，于是，常常对自己残忍的话语过耳不闻。我们都是一些受过大学教育的聪明人，既开明又有同情心，他人到底为何会对我们产生偏见？改变这些被否认的负面行为就是真正变成我们自认为的好人的技能，而且，不断否认自己不喜欢的特质要比痛痛快快地承认这些特质，并继续前进，要消耗我们更多的精力。

重新审视你在第 230～232 天列出的被否认的自我的特质。尽力想一想有没有其他特质也属于这一系列。接着，再挑选出一个特质开始改变。

★今天，在清静时间里，我冒险像别人一样看自己，我知道，不论自己透过别人的眼睛看到的是什么，都是全部自我的一部分。

第303天 改变负面行为

当罪恶的海德先生想要变回他的好替身——哲基尔博士时，他只需要喝下一种特殊的药水就可以了。遗憾的是，我们不能通过这种方式，将负面行为改为积极性的行为。美德不是装在瓶子里的。我们必须努力，一次向前迈出一小步，要经历很长一段时间，才能慢慢拥有它。

尽管如此，还是有我们能做的重要的事，这可以使我们有一个良好的开端，而且只花一点时间就可以做到。对于自己拥有的每一个负面特质，我们都可以指出一个能抵消其作用的积极特质，可以将这个积极特质当作努力改变的目标。适用于这种情况（或者适用于我们个人）的积极特质也许跟某个负面特质正好相反。例如，如果看出来自己实际上很吝啬，那么我们就可以将"慷慨大方"当作自己的目标；如果易于不耐烦，那么我们就可以将"耐心"当作目标，或者，我们也可以确定另一种积极特质，未必是一个相反的特质，而是某个可以改善负面特质的特质。例如，为了抵消"吝啬"，我们可以选择"同情"作为目标；为了抵消"不耐烦"；我们可以选择"宽容""和蔼可亲"或"镇静"作为目标。

在笔记本的一页上写下这个标题："改变我的负面行为"，并且写下你在这个单元的前两天挑出的负面特质或者行为。接着，为每一个特质或者行为，指出一个可以抵消其作用的积极特质或者行为，使用正面、积极的话语。例如，抵消"冷漠"的积极特质也许是"温暖"。

★无论我做了什么被别人认为是负面行为的事情，都是为了使自己尽量保持安全。今天，在冥想时间里，我要接受更加有建设意义的方法，以使自己与别人都安全。

第 304 天 改变负面行为

为一个积极目标而努力就是肯定自己，而不是否定自己，但我们该如何着手实现诸如"慷慨大方"或者"温暖"这样模糊的目标呢？可以将它们分解成更加具体的活动，这样我们就能将它们可视化，做出实施计划，并且衡量进展。例如，假如某人以"慷慨大方"作为改变目标，就可以制定出下列积极性的活动：我将每月留出 25 美元捐给某个慈善机构；既然亚当喜欢，我就将有明星签名的足球送给他；我要对艾米的奢侈再宽容一些。某个选择"温暖"作为改变目标的人可能会选择下列活动：我要向咖啡店的人问好；我每周要在教工食堂吃两次午餐；这周我要给妹妹路易斯打个电话，告诉她，她对我非常重要。

然而，实现这些目标并不仅仅限于一些具体的活动。如果因为想让人觉得我们很慷慨大方而将自己的足球送人，可是最终又后悔这么做，那么这并不能说我们做到了"慷慨大方"。我们为了培养积极性的特质而选择去做一些事情，但应该注意一定要热情地、真诚地去做，才能实现目标。

> 在笔记本上写有"改变我的负面行为"这个标题的那一页上，至少列出两个你可以做的积极性的活动，以帮助自己实现昨天列出的积极性特质或者活动。务必给每个活动附上时间范围。

★ 今天，在冥想中，我承认自己负面特质后面的恐惧。接受内心最深处的自我后，我放弃了曾用来保护自己的那些伤人的方式，转而去做些能表现真我的积极性事务。

第 305 天 改变负面行为

刚开始练习新的行为模式时，我们会感到害怕、傻乎乎的，或者很笨拙，这很正常。随着练习的延续，我们自然而然会有动力继续下去，而且会练习得更加自如。

一旦掌握那些引导我们实现目标的活动，就应该立即安排其他的活动。渐渐地就会发现，我们其实天生就想要按照自己选定的目标来生活。我们不再告诉自己要坚持目标，而是要达到目标，即变成一个行动真诚并能以积极方式回应别人的人。

而且，我们越是能够带动别人，尤其是那些参与我们的行为改变的亲密的人，就越会产生快速而深刻的变化。向他们"承认"负面特质，有助于确保我们不会再否认这些特质，或者将它们投射到别人身上；此外，我们还能得到宝贵的建议。让这些人成为目标特质相关活动的受益者，也有助于我们确保自己能得到一些令人满意的反馈。

今天，放松一下，想象一个虚构的人，将你的一个积极性的目标特质表演出来。当你拥有一个清晰且鼓舞人心的图像时，用自己替换那个虚构的人。之后，再花几分钟时间看着自己将那个积极性特质演示出来。

★借助想象力将我最初的形象，即妨害我现在恋情的个性防卫机制形成之前的形象重新创造出来。我思索这个真理："在精神力量的支持下，我可以让所有事物焕然一新。"

第 306 天　更好的态度

我们都注意到，不论阳光多么灿烂，一些人似乎一门心思地就是要忧伤。他们的房子也许很可爱，但却抱怨自己的房子不够大；他们承认自己有一份好工作，却坚持认为还可以拥有更好的。而其他人却似乎能从人生中的最小的奇迹中获得快乐。每个人都能成为以上这两种类型中的一类。不论外界情况如何，我们可以选择让自己痛苦或者满足。当我们在为自己特定的健康问题、工作、家庭生活，或者恋爱危机而苦苦挣扎时；或者，当我们面临一些更加普遍的、每一个单身者都偶尔会面临的问题时，诸如孤独、被排斥、自我怀疑以及失望，等等，我们必须记住内心的力量，要明智地选择自己要做什么样的人，以及如何去实现。

今天，在笔记本的一页上写下这个标题："从消极到积极"。在页面左侧列出你对生活的四个抱怨。在页面右侧列出与此相对的积极视角。例如，如果你抱怨工作中的文案工作很无聊，那么可以陈述自己是如何珍惜你的工作或者某些同事的，以此来回应。

★我了解到，现实远大于自己的感知，但我常常将自己的体验扩大化。今天，在静谧的时刻，我放弃原来有限的视角，让自己从更广阔的视角看世界。

第 307 天 真正的奇迹

作为爱的表达，奇迹自然会产生。真正的奇迹，就是激发奇迹的爱。

——某个婚姻教程

正如恋爱中的浪漫期一样，权力斗争期也终会结束。那些在权力斗争中坚持下来的情侣将会浴火重生，并且收获真爱的奖杯——充满激情的伴侣关系。

激情，一种使浪漫爱情如此令人心醉的化学物质，是真爱最为突出的特征。希腊人将这种激情称作性欲：这是一种根本的生命力，在安全的、不受恐惧干扰的情况下，具有这种劲劲跃动的能量的人常常感觉自己充满活力。当性欲被从刻板的个性防卫机制打造的监牢中释放出来之后，它沿着受伤的自我渠道一路奔涌向前，在此期间治愈创伤，恢复身体充分感觉体验的能力，放松紧绷的肌肉，让匮乏的情感丰富起来并激发思想以及行动的创造力。

尽管在此期间有许多令人狂喜的时刻，但最终的体验并非一个持久的沉醉，而是一种完全的幸福感，一种轻松快乐的生命力。这是一份来自真爱的礼物，一份来自身体上更加令人快乐、情感上更加令人满足、精神上更有意义的世界给我们的礼物。

今天，做一些重新恢复活力感的事情。好好伸展一下身体，放纵自己尽情地吃一次巧克力，读几首诗歌以滋养心灵。

★今天，在这个静谧的时刻，我想象自己的内心充满生命力并散发着平和之光。我认识到，这个形象可以成为现实。

第 308 天 分手很容易

随着"赌注"越来越多,我们的不适感也越来越大。当恋情开始变得紧张起来时,每个伴侣的焦虑感也随之增强。彼此的承诺使喜欢采取"要么打,要么逃"策略的旧脑惊恐不已,因为这激活了我们被阻塞的那些部分。

害怕面对遗失的自我可以解释为何许多情侣分手。害怕放弃安全的、为人接受的或受限制的表象自我,解释了为何一些情侣订婚后仅过去四十八个小时就会发生严重争吵。

我们不再只是一路漂泊,相互弥补——相互作为对方的遗失的自我,相反,必须全力以赴来达到顶峰,这样我们才能实现完整并帮助伴侣实现完整。可以肯定,这是一项艰难的工作。相对而言,分手看起来却简单许多,但是,这项艰难的工作值得我们付出努力。

今天,想一想你跟某个人在相处相当长一段时间后的分手情况。问自己下列问题:

你们最后一次或者最严重的一次争吵是为了什么?
我突然在恋人身上发现了以前没有注意到的事情吗?
我在挑剔恋人身上一些我从前认为令人愉快的特质吗?
为什么感觉跟这个人继续维持关系似乎比分手更加困难?

★ 今天,在安静的独处时间里,我要让浪漫的爱情观念逐渐消逝。随着头脑日渐清晰,我欢迎能给人带来更深层次的满足感的选项,这个过程就是在培养人生中的真爱。

第 309 天 更温柔的性别？

我给美国妇女俱乐部的建议是多抱怨，少种花。

——威廉·艾伦·怀特

与性别有关的偏见在社会化的各个方面都存在，但其中最大、最不公正的偏见就存在于我们早期处理愤怒情绪的训练中。男人被授予更大的权力来表达愤怒，而在同样的情况下，女人却被要求更加娴静和顺从，以免被人们指责为"泼妇"。人们不鼓励女人利用愤怒来表现她们的主导或者控制力，而是训练她们隐藏或者抑制自己的愤怒，直到它变成一个小小的"怨言"。

这两种愤怒相关的社会化——男性的与女性的社会化——在建立亲密的伴侣关系时，对个人起了很大的反作用。男人可以想都不想一下就愤而出击，而女人只要表达出对他不能与她感同身受的不满就会让男人极其厌恶。另外，由于女人一直压抑着愤怒，以至于变得尖酸刻薄、郁郁不乐，同时，男人大发雷霆的行为又让女人不知所措，又惧又恨。

今天，回想一下你自己的适合特定性别的、表达愤怒的社会化过程：人们教育你（作为男人或者女人）应该如何表达愤怒？人们教育你应该如何看待异性表达愤怒，或者对此应做出什么反应？

★今天，在这段安静的时间里，我进入内心社会化规则以外的区域。借助与宇宙之神的联系，我可以体验作为一个人的全部价值。

第 310 天 达到顶峰

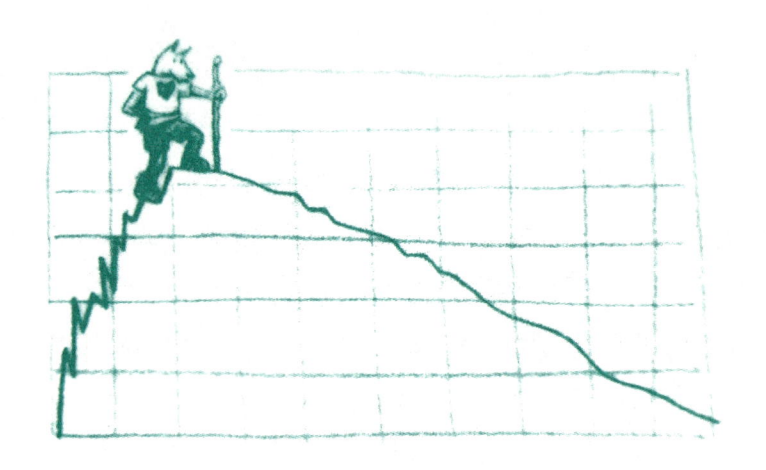

改变的效果是累积性的。我们进度越快，成绩就越好，就越有前进的动力。在特定某个点上，我们会抵达第一个陡峭的斜坡顶峰，此后，改变将会以更快、更轻松的步伐行进。由于生活中的其他人具有更客观的视角，他们甚至比我们自己还要更注意我们的进步。事实上，我们可以通过观察他们对我们更加积极的行为与态度，了解自己的变化程度。当意识到自己的努力没有白费，我们已经变了，就会对自己感觉很好。被围于个性防卫机制中的能量，以及用来保护我们免受伤害的能量将被释放出来——这是感受活力的额外能量——我们自然会发现，自己正在变成一个健康而且能治愈别人的人。

今天，做些让自己感觉高兴的事情，以奖励自己为改变而付出的努力。

★在这个安静沉思的时刻，我潜入自己的内心，我只是让自己在那里放松下来，并且面对在实现完整的过程中找到的快乐。

第 311 天 无私的爱

爱的乐趣在于爱别人,我们因自己体验到的激情,而非因自己激发的激情而更加快乐。

——拉罗什富科公爵

为了开启与伴侣之间的双向治愈过程,我们必须给予伴侣无任何附加条件的爱。无意识大脑对物物交换毫无兴趣。归根结底,给伴侣无条件的爱其实是我们自己个人福祉的关键。古希腊人造出了"无私之爱"一词来描述这种爱。在那时,这个词特指用来使被征服部落融合进联邦的最佳策略:希腊人发现彻底改变这些部落看待问题的视角,并且像亲人一样对待他们,要比采用暴力手段迫使他们服从更加有效。

用于现代的恋爱中,无私的爱指的是停止将另一个人视为异类,或者潜在的危险。相反,无私的爱将他人视为"我们中的一员",某个我们就像爱自己一样深深爱着的人。在练习无私的爱(或无条件的爱)时,我们尽自己最大能力满足另一个人的需求。我们这么做,别无所求,因为这样的行为是为了给伴侣爱。无条件的爱是最佳的、最有成效的表现方式。

今天,为自己特别关心的某个人做件事,但不要求(或者不奢望)任何回报。

★我用此思想加强自己的内在精神:我必须用无私的爱来看自己,就像我必须将完全的自己带给那些我真正信任与爱的人一样。

第 312 天　美好的世界

积攒起所有的爱，直到某个特别的人出现在我们眼前并没有什么意义，生命因为爱而精彩。我们不仅需要接受爱，而且还需要给予爱。就像肌肉一样，运用负责爱的那一部分自我的方法越多，我们就会变得更加可爱、更加亲切，我们的安全感及对这个世界的归属感也会随之增加，同时，鉴赏美的能力，以及发现实现自我机会的能力也会与日俱增。

当今的世界深受焦虑感的困扰。随着时间的飞逝，我们的星球正受到无情的开发，城市的危机日渐增多，分布广泛的社区也日渐面临失去灵魂的危险。如果能发掘出存在于内心深处的表达爱的能力，那么我们作为个人也能有所作为。如果努力表现得亲切有爱，不那么自顾自，尽量多接触别人，我们不仅能为世界做出自己的贡献，而且对自己以及我们未来的伴侣也有好处。

今天，想出一个方法来将你的爱传播到你周围的世界。也许，你可以帮助某个朋友解决不时之需，或者加入一个社区组织做一些慈善工作，或者将你所居住的街道打扫干净，为大家创造更好的环境。将来，要多留心其他机会来拓展自己爱的能力。

★在二十分钟的沉默冥想时间里，我想象，自己就像盛开的花朵在接受温暖的阳光照耀一样敞开心扉。在我内心中理智的地方，我认识到，这是一种给予爱与接受爱的方式。

第 313 天　两种层次的共情

我们更想让人们与我们感同身受，而不是为我们行动。

——乔治·艾略特

共情不仅是任何成功的关系中心不可少的要素，而且还是目的性对话中的关键部分，但不幸的是，我们每一个人都已经养成一定程度的以自我为中心的习惯，以便能熬过童年并且为自己开创独立的生活。现在，作为成年人，如果想与别人建立起更有意义的联结，就需要培养共情这种能力。

如果要在与人交谈时尽力表现出同情心，那么将共情分为两个层次会对此有所帮助。第一层次的共情传达出我们已听到并理解别人的情感，而且我们能想象到对方的感觉。例如："我能理解你为何这么难过；我可以想象我没给你打电话让你觉得被抛弃，并且很生气。"第二个层次的共情不仅传达出我们听到了对方的情感，而且我们自己也在体验他们的情感。例如："我能感受到没给你们打电话时你们感受的痛苦与伤害。"

第二层次的共情要求在一定程度上做到额外的自我超越，即对个性防卫机制的放松，这就使它比第一个层次的共情更难做到，然而，只要我们坚持不懈地努力达到第二层次的共情，就会获得一种自我发展的体验。这是对一段恋情彻底治愈的过程，而且会为我们开启一片更加宽广的人生领域。

第 314 天 无聊的天堂

> 幻想就相当于天堂，如果幻想逐渐消失，那就更好了，因为永恒的天堂会非常无聊。
>
> ——胡安·拉蒙·希梅内斯

这可能是单身生活中一个最令人丧气的经历——我们经常幻想与一个非凡的人邂逅、约会，甚至一同生活，这个人具有许多素质，诸如极富幽默感、头脑敏锐、能不可思议地将我们最难相处的朋友哄得团团转。事实上，这个人与我们完美伴侣的形象极其接近，比任何人都要更接近，然而，等该说的都说完，该做的都做完，这个人却并不能真正让我们兴奋起来。

这主要是因为，我们对完美伴侣的幻想很少代表我们真正需要那种人，即我们不知不觉间注定想要的那种人。他并没有那种积极特质与负面特质的特殊结合，因此不能成为我们的伊玛戈匹配者。没有负面特质这种有利于成长的东西，我们就会停滞不前，不再成长。我们需要某个人不仅帮助自己重新获得人生中失去的东西，还需要再次经历一些关键的问题与斗争，以便能最终一劳永逸地解决它们。我们尽可能地与幻想中的伴侣保持长久关系，但不可避免地会感到无聊，因此，不得不继续去进行真正的爱情事业：与我们的伊玛戈匹配者建立联系。

今天，尽力回忆并简单记下某一次你似乎找到完美恋人的情况，或者是你在两三个恋爱对象之间做出选择的情形。你是否最终选择了起初看起来最不完美的候选人？

★在这段宁静的独处时间里，我承诺要摆脱对完美恋人的幻想。通过此举，我迎来了得到真爱的机会。

第 315 天 倾听的能力

这是一个很常见的错误认识——听人说话是一个被动的、次一等级的活动，因为它没有谈话那么好沟通、那么令人满意，也没那么重要，而且，这比谈话更容易装模作样，至少表面上是这样的。如果说话人并没有注意我们是否在听，那么我们很容易分神做起白日梦来，因此，听人说话并不像谈话那样特别需要创造力。

真是太不幸了，倾听常受到这样的贬低，而且我们对培养倾听技巧也如此松懈！事实上，倾听是一种非常有用的工具，可以帮助我们打造与某个人的良好关系。这不仅给予他们支持与鼓励，使他们更愿意亲近我们，而且提供了宝贵的见解，使我们了解别人所处的奇妙的世界。想一想，如果你的经历与情感使别人动情并且热情地接受，这对你多么重要；再想一想，如果你收到一个确切的证据显示，某人并不记得你跟他（她）之间的一个重要谈话，或者你给他（她）分享的一个洞见，这会令你多么难过。我们不仅要学会用耳朵倾听，还要用我们的眼睛、心灵以及大脑来倾听。我们必须对别人的身体语言以及口头语言保持敏锐，也必须善于接收话语背后的信息、行为之后的意义，以及思想背后的情感。

今天，练习目的性对话技巧来特别尽心地做一个更好的倾听者。

★今天，在二十分钟的冥想时间里，我一动不动，让自己练习倾听自己的心跳声、呼吸，以及风声。我做出这个决定："我要敞开胸怀，接收更多的信息。"

第 316 天 自爱

自爱，并非是什么邪恶的罪过，自我忽视倒是罪大莫及。

——威廉·莎士比亚

我们保护自己免受爱的伤害，因为害怕重新激发过去生活中那些清晰的受罚时的声音。这些声音告诉我们，要排除我们身上的某些部分。我们已经厌恶自己身上某些方面，因为在成长的时候，这些方面就受到父母的排斥，诸如急性子、不加克制的性欲、反抗精神，等等。容许自己爱上伊玛戈匹配者不可避免会强迫自己与这些受到鄙视的特质重新联结起来，于是，我们再一次体验到从父母的排斥中感知到的死亡威胁。对自己的厌恶使我们担心别人也会讨厌我们，但是，为了维持伴侣的爱，我们觉得必须让自我憎恶保持原样，就像童年时期为了确保父母对我们的爱将它保持原样一样。这是一种自我毁灭的悖论。为了破解这个悖论，我们必须要爱自己，少厌恶自己。这意味着，形成新的对待他人的行为模式，尤其是对伴侣，即我们要学习去爱自己身上遭人厌烦的那些部分，即投射到伴侣身上的那些部分。

今天，再熟悉一下你常投射到他人身上的一些自己的遭人"鄙视"的素质。复习你在第 127 天列出的心理投射。

★ 腾出二十分钟时间用于独处，我认识到，我将来的伴侣会是一面镜子，使我有机会拥抱一直被置于阴影中的那部分自己。

第317天 自我背叛

在某种程度上，我们也拥有一些特别为自己赞赏的别人身上的特质，但这些特质都是被我们否认的自我的一部分。之所以排斥它们，要么是因为童年时期的照料者教我们这么做的，要么是因为我们发现它们不为某个社会环境接受。如果某个小男孩的父亲、同龄人以及教练训练他做运动时都要求他更具攻击性，那么他对别人痛苦的体谅可能就会受到阻碍。如果一个十几岁的小姑娘最终不得不放弃她唱歌的才华，要么是因为唱歌并不受到她的家人及朋友的重视，要么是因为她受人误导以为别人唱得比她好得多。事实上，如果孩子在人生的任何一个领域遭到严重的阻碍、恐吓，或者否认，那么他们都可能会形成一种全面的自卑感或者无助感，这会使他们贬低自己的许多特质。

否认自己的一部分，之后再将其投射到他人身上，最终是一种自我背叛。我们将明星及人生中的其他人理想化，却没有意识到，他们也有被我们压抑的素质。直到拥有自己的全部，我们才能成为完整的人。

今天，至少想出自己特别钦佩的三个在世名人。你喜欢这些人身上的什么素质？你在哪些方面可能也具有这些相同的特质，或者你将其视为可能在自己身上培养的特质，即你常倾向于否认自己的那些特质？

★今天，我默默地放弃自我背叛。凝视心灵屏幕上的图像，在那里，我看见自己显现出别人身上被我赞赏的特质。

第318天 性别解放

> 对你能否干一份工作的考核标准不应是你的染色体的排列。
>
> ——贝拉·阿布朱格

伊玛戈可以帮助我们与遗失的异性特质建立联系。通过伊玛戈,可以连接起我们小时候深受吸引的特质及行为,但由于它们不符合性别刻板印象,因此,我们自己未能形成这些特质或行为模式。

为了理解伊玛戈的这个方面,我们要想一想自己被迫基于性别相关的差异而遵从的各个方面,因为这是父母以及我们生命中的其他有影响力的人教导我们去相信的。以下这些陈词滥调是不是听起来特别熟悉?

男人都是自强不息的,女人总是依靠男人;

女人长于照料人,男人则不然;

女人总喜欢把自己打扮得更漂亮,男人则不然;

男人总喜欢与朋友竞争,女人则不然;

女人喜欢为自己营造一个家园,男人则不然。

伊玛戈匹配者的吸引驱使我们再次审视这些老生常谈。再次审视时,我们要避免小时候被教导的双重倾向。要学会将自己从狭隘的性别身份界定中解放出来,这样我们才能成长,从而发掘出所有的活力之源。

今天,回顾过往你跟某个异性之间的一段亲密关系。问自己,这个人身上哪些特别的特质,即那些通常与他(她)所在性别相联系的特质是你特别喜欢的?能将类似的特质吸收进自己的人生?在笔记本上将自己的想法记下。

★进入今天的沉思,我放松下来,思考着刻板印象之外存在的种种机会。我越过这些经常起破坏作用的界限,自由地体验自己的复杂性。

第319天 大笑游戏

从"咯咯"傻笑到狂笑，从听到有趣的笑话而发笑到笑得肚子疼，笑是一个精巧的技艺与自然的礼物，但我们还是能够培养这个技艺。童年时期，我们有奇妙的笑声储备以供使用。个人笑的能力即使不是在每一个小时，也在每一天都得到练习。

然而，随着我们日渐成熟，社会化的各种力量逐渐将笑的技能剥离，直到我们大多数人最终剩下打折的捧腹大笑，或者不自然的、抑制不住的傻笑。我们确实都有一种常用的笑的方式，在最值得笑的场合经常使用的，是招牌式笑容，表示我们很高兴，或者过得很愉快。为何不努力扩大你的笑声储备，使它能接近原先极其让人满意的储量？

在本周的某段时间中，做一件或者几件下列事情：
看一场滑稽电影或者喜剧；
学几个笑话或者滑稽故事，然后一有机会就讲给别人听；
听一个预先录制的笑声的音频，并加入其中。

★今天，带着喜悦的心情进入二十分钟的独处时间，我并未将其看作一段清静的时间，反而记起最近发现的某个非常滑稽闹腾的事情，于是，我放声大笑起来。

第 320 天 活力：表达悲伤

> 美好的事物如此之多，难以承受的事物亦如此之多，然而，无论何时当我表现出准备好承受艰难时，艰难即刻就转变成了美好。
>
> ——埃蒂·海勒申

如果我们还没有为我们失去的人与物表达适切的悲痛，就不可能感受到充分的活力。这些损失可能表现为多种不同形式，诸如一个搬走的朋友、一只死去的宠物、一段被抛弃的恋情、得知父母离异、被解雇、错失旅游机会、某件珍爱之物被人从家里偷走、为了抚养孩子不得不放弃某个事业机会，等等。

不论有意还是无意，只要一直压抑着不去表达悲伤，这种失落将一直压在我们心中、头脑中，以及灵魂中。这将削弱感受喜悦的能力并抑制我们对周围的有活力的事物敞开胸怀以及做出回应的能力。悲伤是活力疗法中重要部分。悲伤可以是纪念某个我们在意的逝者的重要方式。治愈伤痛的泪水流下来，我们也为建立新的心灵联结腾出空间。

因此，学习如何尊重及表达悲伤很重要。在此过程中，我们将悲伤从一个丑陋而压抑的事物变成了人生中美好而神圣的事物。

追溯你的童年、青少年及成年生活，至少想出五个你保留至今的损失。有哪些仍旧时不时引起你一阵阵痛苦的悲伤？

★ 感觉到不能承受沉重的未哭出来的泪水，我潜入内心寻求力量，让那些将我与早已逝去的人们紧紧相连的泪水顺畅地流出来。这样，我才能解开与早已结束的过去之间的牵绊。我相信这个思想："不论抓住过去的什么，都会阻碍我充分体验生活的洪流。"

第321天 活力：表达悲伤

如果不允许它们哭泣，眼睛会变得多么干涸！

——玛丽亚·奥古斯塔·特拉普

没有悲伤，就不可能有快乐。它们是同一种情绪的两个方面。我们能达到的快乐顶点是由表达及感受到的悲伤与痛苦的深度反映的，因此，如果我们不让自己表达悲伤，我们就会限制表达快乐的能力，但是，当眼泪流淌时，我们就增强了自己在各个层次上深刻感受的能力，这样我们就能以一种流动的有活力的方式感受生命了。

今天，试着做下面的练习来表达悲伤。从你昨天指出的仍旧不时给你带来痛苦的损失中挑出一个来。接着，搬两把椅子，将一把椅子放在自己面前，再坐在另一把椅子上。将"损失"（不论是实际图片还是象征性的图像）放在你面前的椅子上。

开始大声对损失说话，用"你"来称呼这个损失。用语言表达你所有的情感、你的人生曾受到什么样的积极影响、这个损失令你受到多大的伤害，等等。表达你可能依旧怀有的任何爱与恨，或者你从那时起形成的爱与恨。如果你感觉想哭，那么就让泪水涌出。同样，让自己自由抽泣，或者用你的拳头砸某个东西，或者痛苦地蜷缩起来。当你结束悲伤，想象自己站在某个埋葬地中，要进行最后的道别。想象损失被抬起放到地面，并盖上尘土。再想象在最后的土堆上摆满鲜花。之后，将这一幕场景留在想象中。

★死亡以各种形式出现，所有的形式都是到另一个现实的过渡。今天，在深深的沉思中，我接受过去的死亡，敞开胸怀迎接尚未发现的、无法想象的将来。

第 322 天 活力：表达悲伤

我看见悲伤变成透明。

——小野洋子

过去的所有损失会追随我们进入任何一段恋情。无论何时当我们再遭遇新的损失时，它都会浸入损失池中。我们越是举行隆重的仪式纪念这些损失，并且学会以适当的且让人满意的方式表达对损失的悲伤，在寻找并进入一段新的恋情中时，无意识的、未经处理的情绪就越不会突然爆发。

从彻底忘记或者不再想起来就难过这个意义上讲，我们可能永远无法克服损失，在许多情况下，期待悲伤彻底消失是不自然的，而且也不现实。例如，我们总会思念逝去的爱人，甚至有时，仍旧会为他们的逝去感到些许痛苦。我们的目的不是铲除悲伤，而是学会表达悲伤，这样它才能成为人生中的精神慰藉之源，而不是痛苦之源。即使我们已经埋葬了自己的损失，无论是从字面上讲的还是想象中的埋葬，悲伤仍旧会时不时回来。当它回来后，我们可以重返埋葬点，再说出自己的情感，直到记忆不再充满强烈的悲痛。

今天，专注于你的某个亲爱之人的逝去或者你某个心爱之物的损失，这是你希望能以某种方式进行纪念的损失。诸如父亲或母亲的逝去，一只宠物的死亡、一个夏季家人度假的田园小木屋的损毁、一个你珍惜的梦想的破灭，等等。接着，再想出一个慰藉的而有启迪的方式在下周某个时间来纪念这个损失。例如，用一段特殊的时间来翻看照片，写一篇日记，重新拜访某一个"圣地"，或者进行某种与你的损失或悲伤相关的活动。

★今天，在寂静的冥想时间里，我庆贺过去已经成为过去。我感到充实，因此要求拥有快乐，它将为我带来明天。

第 323 天 独立，但平等

当结婚的时候，人们应该问自己这个问题：你认为自己能跟这个女人白头到老，有说不完的话吗？

——弗里德里希·尼采

在一段理性的恋情里，伴侣接受彼此作为个人的独特性、每个人独一无二的感知世界的方式，以及每个人神圣的内心世界。成为一对固定的伴侣的一分子并不意味着作为个人要成为一个隐身人，恰恰相反，这意味着通过建立基于尊重、相互依赖及无条件的爱的基础上的伴侣关系，来验证并强化人们的个人身份。

理智的伴侣是指那些能在一起和谐地工作，能平等行使职责的人。为了维持这种合作型的爱，他们主要依靠的是目的性对话技巧。他们轮流镜像反射对方的话、确认彼此的体验，并表达对彼此情感的共情。只有这种坦诚关怀的对话才能使他们度过最大的危机，能享受最美好的时光。

今天，专门练习运用目的性对话技巧，至少在与三个人的交谈中练习这个技巧。

★今天，在静静沉思的时间里，我思索每个人的绝对的独立与独特，以及我对别人知道我需要什么及想要什么的假设之中的悖论。我决定保持恋情，而不是融合彼此，为此，我决定学习并运用对话技巧。

第 324 天 面对负面自我

面对负面的或者有问题的那部分自我——诸如童年创伤、遗失的自我、异性自我——不仅是违背我们的意愿,也是对抗造成这些问题的社会化。我们已经受到整个社会,尤其是现代心理学的训练,总是习惯于看事物光明的一面,以获得专业上所谓的"无条件积极关注"。

然而,有太多的人却无情地贬低自己。也许是因为这种极端的自我惩罚,今天,大多数人只是从积极乐观的一面来处理个人创伤治疗。与此同时,将那些难以面对的负面问题推到一边。这种"一切都好,没什么不好"的方式却有潜在危险,因为对阴暗面的否认会进一步加剧心灵的内部分裂。我们表面上可能看起来很快乐、兴致勃勃的,但在内心深处,那些负面自我正在沸腾。

我们不可能真正理性地治愈童年创伤,除非我们清除了自我厌恶的薄弱的基础。用虚假自尊的脆弱外表来粉饰这个基础只能加剧潜在的焦虑。我们必须同样清晰地,并且在同一时间,既看见正面的我们,也看见负面的我们,这样才能致力于实现自己的完整性。

> 今天,至少想出三个你在做本书练习时指出的你的消极方面。接着,针对每一个消极方面,指出你身上的一个积极方面,以帮助自己应对这个消极方面。

★在静静独处的时间里,我想象自己满怀爱意地接受并拥抱一直被自己否认及抛弃的那部分自我。

第 325 天 仰望云朵

你是否曾仰望天空看天上飘的一团团云朵,并试图从它们羊绒般的迂回曲折、凸起褶皱,光亮与阴影中辨认出各种图像?你是否曾流连忘返于欣喜地观看一个云图慢慢变成另一个,然后再变成另一个,就像在见证大自然的意识流。孩子本能地就喜欢赏云,而且有理由这么做:这不仅能刺激高度活跃的想象力,而且还能使他们与现行的宇宙重新建立连接。孩子感知跟宇宙的联系更紧密。即使是成年人,在仰望天空中的云朵,并释放大脑去做梦时,我们也能获得同样的精神操练与乐趣。在此过程中,我们摆脱了世俗的忧虑,并再一次体验到那一种流动的在整个创造过程中运动的活力,这种活力点燃了我们内心最深处的生命力。

今天,或者是在天空中布满富有启迪的云朵的第二天,花几分钟时间注视云朵并想象其中的图形。

★ 今天,在安全之所放松下来后,我清除了头脑中所有的固有图像,以便让想象力自由翱翔。我细细品味这个真理:"我可以像自己想象的那样自由。"

第326天 曲折的爱

也许，你隐藏自己的爱是对的，但是，你为何要将我踹下楼梯？

——约翰·菲利普·肯布尔

我们可能对爱情如此恐惧，或者不知该如何表达爱意，结果却无意间破坏了爱情。当爱情突然出现在我们的人生中，我们立刻就想将它割掉，就好像它是碍眼的杂草一样。

我们是如何做到的？我们也许会无情地逗弄约会对象，完全忽视他们请求我们别逗弄了，直到最后，他们不得以跑回自己的安全之所。我们也许为考验他们对我们的承诺，就故意表现得蛮不讲理，行为乖张。例如，总是迟到，关系还没发展到那一步就要求他们跟我们亲密接触；或者让自己的情绪反复无常；或者跟他们耍骗人的花招，因未能预期到我们的需求而惩罚他们；或者在事后揣测他们的每一个行为和动机。

我们怎样才能停止做这些事？首先，要坦诚地面对自己，要对常常施加在我们在意的人身上的那些特定的负面行为保持清醒；其次，可以用一些相处技巧以及在本书中学过的交流工具来取代这些行为。这样，我们才可以种下能绽放出永恒真爱之花的大树，同时，铲除那些令我们窒息的生机勃勃的杂草。

今天，指出你自己的两个负面的"爱"的举动，诸如不体贴、爱冲动，或者你常做的让人费解的事情，这些事情常常使其他人疏远你。问自己："我如何能克制自己不要做这些事情？我可以用什么相处技巧来取而代之？"

★今天，在这个寂静的时间里，我承诺要辨别我无意间阻止爱情绽放的各种方式。

第 327 天 志向高远

如果作为个人及恋人，要实现成长，那么就必须挑战自己。我们必须给自己制定较高的目标，也许比我们认为自己能达到的目标还要高，而不是仅制定自己能应付的目标。

就日常生活而言，这意味着什么？在工作中，我们应该尽量做到最好，而不是马马虎虎交差了事；回到家里，我们应该抵制拿着电视遥控器和一袋薯条瘫在沙发上的诱惑，应该更有创造性地利用时间。应该尽力去跟我们感兴趣的人交谈，而不是像我们通常那样躲开。不要告诉自己刚才遇见的那个极有魅力的人绝对不可能跟我们约会，而应该去邀请对方跟我们约会。

人生及爱情要求我们付出自己最美好的部分，不论这看起来多么可怕。如果总是明哲保身而且吝于付出，那么我们也会收获甚微。

第 328 天 长长的伸展

> 人们总是不了解真正的自我；在所有的宝藏中，自我的宝藏总是在最后才被发掘出来。
>
> ——弗里德里希·尼采

我们总是受一些人的吸引，因为这些人身上具有我们无意识间钦慕的特质，但因为童年时期的照料者对此贬低或者不予理会，我们却没有培养自己在此方面的特质。开始接近这些人后，我们对自己的感觉会更好一些，并觉得自己通过与他们的接触而变得更加完整。我们也许看电影时从不哭泣，但却喜欢跟那些哭着看完最动情的场景的好友一起看电影。或者，我们是那种总是寻求折中、不急于判断，并试图从两个方面理解问题的人，但在某个立场坚定、观点明确的朋友面前，却有一种奇怪的解脱感。

这种奇怪的吸引力在告诉我们：我们有改变的欲望及需求，即伸展自己以容纳自己身份中遗失的或被否认的那些方面。这并不容易做到。事实上，正是我们所钦佩的别人身上的那些特质，在以后可能会成为对他们不满的主要来源，因为我们无法长期接受别人在自己身上被禁止的一些事物。尽管如此，必须承认，这些特质在召唤我们前往以前从未去过的地方。

> 今天，至少指出两个事例，在其中，你特别受一些人的吸引，因为他们具有你早期照料者不赞赏的某个特定特质。对于每一个事例，问自己以下问题："我跟这个人的交往在哪些方面帮助我培养了这个特质？在哪些方面我仍旧需要开发这个特质？"

★我从未停止过惊叹，有如此多的方式召唤我实现自己的完整性。今天，随着放松下来，我倾听那个赞叹的声音，我知道："我赞赏的别人身上的特质，我也可能拥有。"

第 329 天 过渡期

在旧事物衰退与新事物的形成确立之前,有一个过渡时期。这个时期必然是一个充满不确定性、混乱与错误的时期。

——约翰·C.卡尔豪

从心底而言,人类易于受习惯性活动的吸引,因为这给了人们安全的假象。当我们努力学习新技能及行为模式,以便过上更有动力、更完满的生活时,这构成了一个主要障碍物。无论目前的生活多么枯燥、困难,或者让人不满,但我们对此已经习以为常,仅凭这一点就足以使我们不愿做任何可能导致改变的事情。

即使知道改变有好处,而且确实知道需要什么来实现这种改变,我们还是要做好精神准备来冒这个可怕的危险。我们不可避免会犯错误,而且这些错误更加深了我们认为改变很可怕的认识,但这些都是实现完整性道路上的必要的障碍物。最终,我们会过上被极大改善了的生活,那时,就会惊叹自己对于实现这种生活竟然曾经犹豫不决。

今天,创造一些自我激励!在笔记本写有"改变的好理由"标题的那一页,至少列出五件你对目前单身生活不满意的事情,在每一条目下面空出两行的间距。之后,对每一件不满意的事情,在你留出的空白处记下从将来的伴侣关系中,你想要得到什么,以此作为一个对此不满的积极性的替代。例如,你可能会写"晚上在家,我经常感觉很压抑",对此的一个积极性的替代可能是"我希望,有个人能晚上与我一起在家里做些有趣的事情"。

★在这段安全的独处时间里,我运用内心的力量来帮助自己克服对改变的恐惧。我秉持这一真理:"改变是发展的必要阶段,这会带来让人满意的结果。"

第 330 天 公开称赞

你希望在那些特别的人面前得到感谢或者赞叹吗？很有可能你喜欢，而且希望这样的事能经常发生，因此，想一想，如果你能够考虑足够周全，在朋友或者家人面前赞美其他人，那么他们该有多么高兴。

当我们让公众注意别人为我们做的善事，或者注意他（她）拥有的某个特别积极的特质，或者是他（她）对我们的生活的重要意义，我们的善意之举就更加有意义了。这不仅向被赞扬的对象展现了我们对他们足够重视，而且还有助于在我们周围的整个朋友圈中传播快乐与正向关怀，但一定要注意，不要太过于热情洋溢（你就是世界上最可爱的人）、不要太过亲密（我想让大家都知道你昨晚有多么性感），或者太好指使人（让我们向英雄致以三声欢呼），以至于让别人尴尬。我们更应该小心的是，不要让公开赞扬的黄金机会白白从我们身边溜走。

今天，至少想出两个你可以在不久的将来用来当众向某个跟你亲近的人表达感激或赞赏的机会。

★今天，在这个静谧时刻，我秉持这个思想："给出去的东西终有一天会回到我的身边。我要决定将来自己想让什么东西回到身边。"

第 331 天 性革命

在过去的三十年里,我们都目睹了一场性革命。谈论性已不再是什么见不得人的事,甚至已上了广播和电视。节育及性教育不仅得到广泛接受,而且可以很便利地得到。对于男女两性而言,婚前性行为已不再是个例,而成为一件再普通不过的事。

我们需要创造自己内心的性革命,不仅是解放个人的性革命,而且还是伦理方面的性革命。为了促成这个解放,我们要为自己建立一个新的性身份,要有意识地拒绝遵循性别相关的性刻板印象及性角色,因为这会阻碍我们最真实的性享受与性满足。我们必须尽力表达出社会化要求我们压制的那些性的方面。我们必须愿意拿性做试验,并与性游戏。此外,我们还必须努力挑战自己。首先,我们必须足够重视自己、他人以及性,从而能尽力争取打造尽可能好的恋情,它能使我们与一个同样自由并且负责的伴侣保持身心的亲密,并使我们成长。这才是真正的性教育。

今天,复习你在第 269 ~ 274 天绘制的性关系景象。通过再次体验这一景象来开启你自己的性革命。

★在无言的祷告中,我进入内心光芒四射的感官享受中。在此,我承诺要创造出内心的意识与信任的革命。

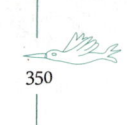

第 332 天 自我整合

通过别人来生活要比让自己变得完整更容易。

——贝蒂·弗莱顿

我们通常无法获得恋爱中的真正幸福，即个人的真正幸福，除非我们找到遗失的自我，并使其康复。直到那时，我们才能充分整合起来并体验到个人的完满。

我们很容易受到诱惑，企图通过伴侣的生活来逃避自我整合的艰巨任务。我们常说到拥有伴侣或者被伴侣拥有，因为总希望伴侣其实就是我们的一部分。如果我们在陌生人面前总是很腼腆，而我们的伴侣却不是，那么就可以依赖伴侣将陌生人引进我们的世界；如果我们觉得很难表达悲伤、恐惧的负面情感，那么我们就会让伴侣替我们悲伤或者害怕；如果我们很难决断，那么又会将这个任务强加给伴侣。不幸的是，这个策略并不能长期奏效。我们必须停止在自身以外的范围搜索自我发展所需要的东西，因为，如果继续使用这个模式，我们就会给自己找到真爱的机会蒙上依赖症的阴影。

必须尊重每一个富有启迪的故事中讲述的真理——无论是亚瑟王去寻找圣杯的故事中，还是《毛绒兔的故事》里所讲——即，实现个人完整的秘诀在自己的内心，我们才是应该意识到这一点的人。

指出一些你小时候听过的最喜欢的故事、神话或者传奇。它们是如何使你成为一个更加聪明、快乐以及更完满的人的？

★今天，我承诺要锻炼自己的某些方面，平时，我总是将它们强加给别人。我献上这个祷告："凡是值得培养的东西，我一定要在自己的内心中培养出来。"

第 333 天 玩耍的作用

玩耍是可能的狂喜。

——马丁·布伯

通过玩耍，孩子们可以在一个安全有保障的环境里试验自己的种种想法、探索各种情绪，并掌握各种技能。如果要度过满意的人生，那么玩耍就是他们的工作，而且他们由衷地爱好这个工作。

作为成年人，我们最好也时不时放纵自己借由孩子般的劲头玩耍一番。这可以创造奇迹，重新点燃活力感，而且让我们与遗失的、被隐藏的、被否认的那些部分的自我重新联结起来，但是，我们应如何克服对自己的种种抑制呢？

一种方式就是以成人的方式接受挑战。我们可以制订一份可行性计划，之后再努力让这些可能实现！另一种方式就是去一家游乐场，或者抽出一个下午到最近的一家玩具翻斗城。如果你不好意思一个人在玩具店里逛，那么就假装是在为侄子或者侄女买玩具——没有必要让人知道你其实是给自己心中的"孩子"买玩具。

今天，在笔记本的一页上写下"玩耍计划"，并将这一页分为三等份。在页面上端的三分之一写下一个副标题："玩耍与活动"，列出那些最能引起你玩兴的项目（运动、纸牌游戏、棋盘游戏、派对游戏、画画、跳舞、唱歌等）；在中间那三分之一处写下副标题："地点"，列出具体的可能提供有趣的玩耍的场所；在最后那三分之一处写下副标题："人员"，列出你的生活中可能有兴趣成为你的玩伴的人名单。接着，就按照你的列表试着玩一遍，并开始建立起一些联结。

★很久以前我就将一些"孩子气的东西都收起来了"，我想，这是成长的一部分。今天，进入内心的宁静之处，我重新考虑那个决定，并思考这个想法："拥有和平玩耍的能力是长大成人的标志。"

第334天 天堂

我们绝对要付出大量的努力才能抵达真爱的天堂,但是,一旦到达那里,就会发生奇迹般的变化。自发的行为会替代有意图的努力。不必再提醒我们要记得伴侣的需求,因为,只是出于单纯的快乐与理解,就让我们有足够的动力在具体行动中自然而然地表达出关心。

最不可思议的事情就是,我们最主要的相处难题也就此迎刃而解。为实现完整自我而做的苦苦挣扎已经成为过去,一起努力成为一件快乐的事情。随着伴侣的需求与自己的需求一起消散,我们发现自己处于一种感觉如同天堂般美妙的伴侣关系中。笑声随处可闻,日常生活的单调无聊有了更深刻的意义,枕边的交谈温柔而亲密。我们不再需要彼此间小心翼翼,因为这是在自己的家里。期待快乐让位于体验快乐。不再想要伴侣满足我们的需求,只要伴侣在我们人生中出现,就足以让我们珍惜。将来已经到达以取代过去,天堂已经失而复得。

> 今天,为改变这个艰巨任务重续能量。做一些放松性的、嬉戏的,或者快乐的事情。到最爱的餐馆犒劳自己一顿午餐,邀请好友来打牌,或者去看一场滑稽电影。

★沉入内心深处的神圣之所,我为这种快乐而庆贺,因为我知道,一种理性的有真爱的伴侣关系对我的意义远超所有童话故事加起来的总和。

第335天 现在就开始

> 生活上成功的人能稳稳看清目标,并坚定不移为实现此目标而努力。
>
> ——塞西尔·B.戴米尔

了解我们的伊玛戈画像细节能更清晰地展现自我完善过程的问题是什么。它可以指出哪里需要做出改变或者修改。如果在单身的时候能重新拥有一部分分裂的自我,那么我们就无须如此急切地在伴侣身上寻找这些部分。如果在单身时,可以通过一些所需的滋养及认可来治愈童年时的创伤(例如,通过跟朋友以及亲戚建立更理性的关系),那么我们就可以削弱负面的伊玛戈特质的强度。这样,就不会有那么多要填充的空虚,也不会有那么多的需求折磨我们以及伴侣。当出现问题时,我们也不会易于争斗、逃跑、惊恐,或者装死,而当我们与某人恋爱时,也不会有那么多的权力斗争,因为,我们已经抑制了一些以前无意间用来破坏关系的倾向性。伊玛戈会切实发生变化,它会像我们一样,变成一个情感发育更成熟的、更全面的人的形象。我们将会爱上一个更健康的人,而且,一个更健康的人也会爱上我们。

今天,回顾一下你的伊玛戈画像。至少指出画像中的两个积极的特质,下周你就可以开始在自己身上培养这两个特质,这样就不用急切地要在别人身上找到它们了。

★河流的流动由地形决定。与此不同,我可以决定自己前进的方向。今天,在这个静谧的时刻,我想象自己克服了所有的障碍物,充分实现了潜力。

第336天 体贴

如果坚持要跟另一个人建立亲密而持久的关系，那么我们必须现在就开始跟我们生命中的重要的人练习体贴的技能。除了其他方面之外，这意味着我们要对他们感兴趣或者关心的事物的线索在脑中保持警觉。接着，对我们的发现再进一步在脑中做笔记。例如，如果我们某个最爱的叔叔正好提到他喜欢爵士乐，那么我们就应该留意将这个细节存储进"可能的生日礼物"文件中；如果一个密友说起她对洋葱的厌恶，那么我们就应该将这个出乎意料的事放进我们的长期记忆中，这样，我们将来就不会准备炒洋葱给她吃；如果约会对象给我们吐露更喜欢在家里静静地团聚，那么我们就应特别留意，否则，我们原本想在外面热闹的迪斯科舞厅给对方一个意外的惊喜，到头来会让对方格外难过。

培养自己的体贴是对人生中的重要人物表达感激的好方法，而且，对方也会以同样的方法回报我们对他们的体贴。

在接下来的三天里，要特别密切地注意跟你亲密的某个人的一言一行，以便你能体贴地留意到对方透露出来的某些事情。当别人提供了这些内情，而你专门花时间将其记录了下来，你就可以回顾并照此行动了。

★ 今天，在安全之所，我决定放弃只顾自己的做法，而是要全神贯注接收别人的需求与渴望。我将此看作是一个神圣的任务，以及一个练习爱别人的机会。

第 337 天 付诸行动

计划使你陷入诸事中，但是，必须付诸行动，才能解脱自己。

——威尔·罗杰斯

精心的计划是做好事情不可或缺的一部分，但是，不要忘记，将这些事情切实付诸行动是更加重要的。在过去一年中，我们已经想出各种各样的机会来体验更多活力、运用目的性对话技巧、表达愤怒、提出改变行为的要求、发现遗失的自我、承认被我们否认的自我，以及改变负面行为，但是，有多少机会从身边溜走，而我们却没能将想出的计划付诸行动？

我们不应因为失去的机会，而陷入自我责备当中，应该以清醒、平静的心态回顾并评估，多长时间能练习一次我们所知道的正确的行为。只有这样，我们才能培养出必要的意识，以使自己能运用这些工具。

今天，仔细查看过去的一个月，对下面列表中的每一个技巧，用以下的评分标准评判你多久才能运用这个技巧：1= 从不使用；2=1 次或 2 次；3= 好几次；4= 许多次。如果你只能给某个特定技巧打"1"分，或者"2"分。你需要复习书中讨论该技巧的那个单元，以加强练习。

体验更多的活力：第 28 ~ 31 天；

运用目的性对话技巧：第 35 ~ 38 天，第 57 ~ 59 天，第 82 ~ 85 天；

提出改变行为的要求：第 146 ~ 151 天；

发现遗失的自我：第 215 ~ 220 天；

改变我的负面行为：第 300 ~ 305 天。

★在这个虔诚而静谧的时刻，我认识到，有许多的机会可以使用那些我正在练习掌握的工具。我在思索这一真理："一个经常使用的工具将成为实现完整自我的旅途上陪伴我的伙伴。"

第 338 天 测量尺

要改变根深蒂固的行为模式可能会既艰难又令人沮丧，而且，这一切努力与不适也不会产生立竿见影的效果。这不像买一套新衣服，或者学一些必胜无疑的笑话，或者极大程度地改变我们的发型。事实上，我们很难监测人们自身的改变，因为变得完整的过程是在日常生活中，让人不易察觉地、一点一点慢慢发生累积而成的。

我们已经习惯以特定的方式看自己，这使我们经常忽视了自己所做练习的初始效果。从我们的视角看，似乎是外面的世界发生了变化，而不是自己。上司忽然对我们更友善了，这让我们困惑不已，因此推测可能是其家庭生活更加幸福了，或者加薪了，而实际上，这也许是因为我们对工作更积极的态度，或者是因为运用刚刚掌握的技巧而不再苛求自己了。我们的约会运气也变得越来越好，这让我们欣喜不已——我们的约会对象更加有趣，而且，他们更喜欢我们了，我们也更喜欢他们。事实上，这并非运气变好了，而是因为我们改变了自己、对别人更加体贴、更能理解别人和自己，这些都是我们的艰苦努力结出的丰硕成果。

今天，暂时停止忧虑你在过去一年里是否有进步，以及如何取得进步的。短暂休息一下，为现在庆贺！想一想目前生活中你喜欢做的所有事情。

★ 在独处的时间里，我承认，我的内心发生了缓慢而深刻的变化。

第339天 悔恨

> 如果一个人每晚不能赦免自己及同伴，这让他如何生活？
>
> ——约翰·沃尔夫冈·冯·歌德

在悲伤、无眠，或者充满感情的反思的时刻，你是否曾沉溺于过去的有意无意伤害过别人的种种方式中，以至于让自己痛苦不堪？这样的事情我们每个人都会偶尔发生。也许，我们曾在朋友背后说流言蜚语、在工作中耍阴谋诡计胜过某个同事、在一次愤怒的长时间争吵中伤害了某个家人的感情，或者违背了对某一个前任恋人的忠诚诺言。时过境迁，但我们仍旧感觉歉疚。

不论我们曾对别人做过什么，如果一味沉溺于自己的悔恨中，那么我们也是在伤害自己，而且，在此过程中，自我失败感及自视甚低的感觉会持久化。如果我们还没有通过忏悔及道歉给另一个人弥补，那么就去向另一个人道歉，这也许会帮助我们克服我们的过度悔恨。但无论我们是否道歉，都必须向前走，并且要原谅自己的这些行为，对自己发誓在将来要有意识地努力做得更好。因为，在原谅的过程中，我们体验了人性，而且随着熟练地原谅自己，我们也会更易于原谅别人。

今天，回忆并至少指出三次你在过去伤害过他人的情形。你至今仍旧为此烦恼。之后，原谅自己每一次给别人的伤害，并发誓将来要做得更好。另外，如果你还没有向这些人道歉，而且对此设想并不排斥，那么请考虑现在就向他们道歉。

★今天，在宁静而安全的处所，我通过原谅自己来放弃悔恨，放弃这个神奇的幻想："以为我的痛苦能够消除自己做的错事。"

第 340 天 倾泻怒火

如果两个人共同致力于打造一段理性的恋情，那么他们就必须接受彼此所有的情感，尤其是愤怒。他们意识到愤怒就是一种痛苦的表现，而这种痛苦通常源于童年时期。他们尽力避免在彼此面前突然爆发出愤怒或者懊恼，因为他们知道，倾泻负面情绪会产生破坏性的作用。他们不会浪费时间去想出各种阴损的方式伤害另一个人，而是去开发出各种富有建设性与想象力的方式去处理他们的愤怒及其他负面情绪，他们还会帮助伴侣也这么做。当我们学会以适当的方式表达愤怒，愤怒之后的能量就会内纳入激情与亲密中，否则，无论我们的愤怒是否有道理，最终都会伤害伴侣、伤害自己，以及这段恋情。

今天，再次熟悉你学过的更加有效地表达愤怒的技巧（第 136 ~ 139 天）。

★ 今天，进入安全处所，我深深地呼吸，更加彻底地放松下来。我让自己感受愤怒的强度，因为我将它视为一种生命力，以避免其死亡。我想，这个能量要么创造激情，要么毁灭恋情。我选择将自己所有的愤怒转变为激情。

第 341 天 爱的愿景

人们必须学习才能知道怎么去爱别人,但不能仅从书本上学习,当然也不能只从本书学习。爱别人是我们必须教会自己的事情,因为,我们必须超越一些特定的本能冲动、负面行为以及情绪冲突,否则,它们会阻碍个人对爱的追求。

学习爱别人需要勇气、想象力,最重要的是练习——现在就开始跟与你亲近的任何一个人开始练习,诸如家人、好朋友和一直有好感的人,渐渐地再跟我们将与之确立固定恋情的那个特别的人练习。练习爱别人意味着积极主动地表达爱并付诸行动,而不是坐等着爱自动产生。另外,这也不意味着机械地尝试做到"友善待人"以便能得到爱的回报。相反,这是寻求与其他人进行更好的交流,并且关心他们的福祉。这样,我们才能摒弃自私自利,超越生命的隔离状态,并且重新建立起跟宇宙的联结。

今天,至少回忆起三个特别的时刻,当时你成功地向他人表示了你的爱,并且将他们的福祉看得同自己的一样重要。这些人可以是你的家人、好友及恋人。尽量精确地记起当时发生的事及自己的感觉。愉快地回忆这些美好的往事。

★今天,在一片静谧中,我敞开心扉鼓起爱的勇气。因为我知道:"只有通过爱别人,我才能变得完整。"

第 342 天 爱的愿景

> 爱是一种选择——这不是一种简单的，或者必然的理性选择，而是心甘情愿地体贴他人并且不含一点装腔作势和欺诈在内。
>
> ——卡特·海沃德

那么，这个叫爱的东西是什么？这篇《爱的愿景》可以作为其定义。

首先，爱是一种态度，赋予另一个人以价值，这个价值独立于其对我们个人所具有的价值。这意味着，这个人并不仅仅只是为了我们的利益而存在，而且他的价值并不由他做了什么或者没有做什么来决定。他是宇宙给予我们的人生中的一件礼物，是由于他的选择而免费授予我们的礼物。

其次，爱是一种行为，这种行为在一段恋情中的任何时刻都表达了上述态度，而不仅是在当一个人满足我们的需求的时候，而且，爱可以持续存在，甚至当另一个人成为我们的烦恼之源时也依旧存在。事实上，爱不仅能在美好的时光与快乐的情感中发展，也能够在我们因为差异而发生冲突或关系紧张的时候继续发展。

最后，爱是对另一个人全部福祉的承诺，包括他们情感创伤的治愈、心理成长和精神发展，而且这些是无条件授予的。这意味着，另一个人在我们面前总是安全的，而且总是存在于我们的意识中心。

现在，大声朗读这篇《爱的愿景》，这样，你几乎能在自己的大脑中听到其中的话语。

★ 今天，在一片寂静中，我思索这个真理："爱是无论自己感觉如何，都必须做的事情。"

第343天 爱的愿景

> 爱，不是像块石头一样，仅仅坐在那里就可以了；爱就像面包一样，要动手去做，并且要一直不断去重做，才能常做常新。
>
> ——厄休拉·K.勒奎因

知道什么是爱还不够，我们还应该知道什么不是爱。爱不仅是一种感情。我们必须将爱与浪漫、性陶醉、自我满足，以及许多强迫症相关的情绪区分开。爱不是一种静止的存在状态。这是一个有机的过程，如果想要它蓬勃成长，那么必须为它提出持续的滋养，要想方设法使它保持活力。

当各种情绪都发泄完了，真爱就会到来。真爱是我们能安全地体验各种不同情绪的基础。在一段理性的恋情中，感激与喜悦之情总是伴随着爱，但它们并非爱的实质。

关注人生中的爱并因此赋予其实质，一定程度上涉及训练我们的大脑，使它们知道真爱是什么，并在了解之后就别无所求。通过积极地想象我们体验过的爱的时刻和不断用语言描述某一特定的"爱的愿景"，可以实现爱。

今天，对自己承诺，从现在开始，连续三天，每天练习一次想象爱的时刻（就像你在本单元第1天中做的那样），并且用语言表达"爱的愿景"（像昨天做的那样）。留出几分钟在每天固定的时间来做这个练习。将来，你也许会想要每周或者每月做一次这个练习，或者，无论何时，当你想要弄清楚自己所处方位时候，都可以练习。

★今天，进入一片沉寂中，我将爱想象成一株生长在自己关爱的阳光下的植物。细心地浇灌它时，我可以看见它正在成长，看见它的花朵绽放。我意识到，这株植物就生长在自己心中。

第 344 天 训练伙伴

又到了海上！又一次在海上漂泊！

——拜伦勋爵

许多人对约会感到气馁，因为我们常感觉约会对象实在很无趣。童话里常讲述一些精彩故事，诸如一见钟情，被某人迷得神魂颠倒，男女主人公从此幸福到永远，等等。我们一心一意在等候着被别人带入这种梦境之中，结果却发现自己的约会对象依旧只是一只"青蛙"，并没有变成"王子"，于是大失所望。

真实情况是，童话故事缺乏实质的内容。虽然真爱需要付出更大的努力以及坚定不移的奉献精神，但它结合了现实与梦想。真爱既符合预期，又是实现个人复新及恢复精神的坚实基础。只有打破幻想泡沫，并且摒弃虚无缥缈的童话故事，我们才能全力以赴地实现发现真爱的承诺。

这并不意味着我们要亲吻遇到的每只"青蛙"，但确实意味着，我们要在每只"青蛙"身上找出其闪光点，并利用约会对象推动自己在完整自我的旅途上继续向前。通过在约会对象身上运用伊玛戈技巧，你可以将无聊的电影和乏味的晚餐变成一个对双方而言都丰富而充实的夜晚。这样，你的每个约会对象都会变得更有意义、更可爱。通过练习技巧，在每一次约会中，你始终都能看见自己要达到的目标，也给了自己一个成长的机会。也许"青蛙"不会变成"王子"，但你可能会拥有一个真正的好朋友！

回顾本书中的所有单元，并从中选出两个学过的相处技巧。对自己发誓："在下一个约会对象身上试验这些技巧。"

★在这个沉思的时间，我认识到，建立关系需要的不是坐等别人来填补你的空虚。我秉持这一真理："每种关系都是在我实现完整自我的旅途上向前迈出的一步。"

第345天 时间炸弹

浪漫的爱情并非像表面看起来那样。这种观念纯粹是一个幻想，即我们爱别人是因为他们自身，我们的爱还要包括他们独特的需求及小怪癖。实际上，我们爱上的是遗失的自我的心理投射，而且还满怀期望，盼着伴侣可以在交往中给予我们所需要的东西。

伊玛戈的结合产生了一种虚假的完整性。拥有一个自信、慷慨，在压力下镇定自如的伴侣，并不等同于自己也具有这些素质。可以确定的是，如果我们企图让另一个人提供给自己缺失的东西，那么绝不会成功。

浪漫的爱情是一颗时间炸弹，携带着毁灭自己的机制。浪漫爱情之所以会粉碎，是因为它只是一种依恋而不是真爱。当浪漫爱情破碎后，我们只剩现实，只能凭借独特的机会与伴侣共同度过权力斗争期，从而维持真正且持久的爱情关系，这种真爱能够帮助自己和伴侣一起变成完整的人。

今天，让自己再熟悉一下你在第 215 ~ 220 天列出的遗失的自我的特质。这些特质是你在爱情的浪漫阶段会在伴侣身上寻找的特质，但是通过忠诚的真爱，你也可以在自己身上培养出这些特质。

★今天，深深地呼吸并放松下来后，我进入神圣的静谧之处。我对这个真相惊叹不已："原来，别人身上最吸引我的特质正折射出自己身上最需要培养的特质。我决定变成自己所爱的样子。"

第 346 天 停止信号

无论你做什么，我都爱你，但是，你一定要做那么多吗？

——珍·伊尔斯利·克拉克

当爱上某个人时，我们总喜欢让自己的浪漫幻想以及满腔柔情肆意飞奔。我们在恋人身旁不必像在别人身旁那样抑制自己的情感，仅这一点就足以让人欣喜若狂，但不幸的是，我们对一些重要的冲动还是缺乏同样的克制力。无论何时，如果感到难过或者不满意，那么我们都会猛烈抨击他人。有时，我们仅仅因为自己烦躁易怒就陷入这种指责模式。既然祸不单行，我们索性将自己能想到的所有批评话语一股脑地说出来。

无论何时，我们想批评或指责自己在意的人时，就应该将此视为一个停止信号。接着，我们应该仔细审视我们的抱怨。批评是成人版的哭泣与哭诉。无意间，我们以幼稚的方式将痛苦强加给他人，以使自己的需求得到满足。我们挑剔别人的不完美，嫌弃他们不能对我们想要的东西未卜先知。为了打造更理性的关系，首先，我们要识别批评后面的需求是什么；其次，再提出改变行为的要求来传达这个需求。

今天，指出你对某个亲近自己的人提出的一个特别的批评。你是如何能将这个批评转换成改变行为要求自己？一旦做出这个转换，下周的某个时间，你应该考虑去找这个人当面提出改变行为的要求。

★有时，我似乎如此执着于持续的懊恼与抱怨，而不去直接要求得到自己想要的东西，这让我惊叹不已。今天，在这段静静反思的时间里，我选择满足欲望，而不是表达懊恼。

第 347 天 无活力的思想

> 对真理而言，信念是比谎言更为危险的敌人。
>
> ——弗里德里希·尼采

成长使我们形成了一套观念，这套观念告诉我们这个世界，或者更确切地说，告诉我们家庭与各种关系如何运行。这些观念帮助我们建立起秩序、解释纷争，并且可以缓解恐惧。

这些观念以各种形式出现，例如："当我生气或害怕的时候，最好还是躲进自己的内心世界里。""如果我讨好某个人或跟某个人调情，只要把他们哄得高兴了，就能得到自己想要的东西。""只有我去拿，才能得到自己想要的东西。"如果家庭越是混乱不安稳，那么我们就越是会紧抓住这些信念不放，以便在面对冲突的信息及情感动荡时能保持自己的安全感及归属感。这些观念深深嵌在大脑中，充当日常思想及行为的安全模范，给予我们渴求的精神及情感稳定性。

但在这个压力重重的世界里，无论这些观念多么有用，我们还是应该审视、质疑，并且调和它们的刻板性。如果成年后我们想发现并建立有效的恋情，那么就必须摒弃自己的"信念"，并且更新观念，以适应自己所处的日新月异的世界。

在接下来的一整天里，思考一下，你的信念，即童年时期形成的固定观念是如何影响你的思想及行为的。你能像童年时期那样表现吗？你能听到自己做的某个陈述反映出自己的一个"无活力的思想"吗？

★今天，在二十分钟的沉默时间里，看见自己身上已经变得陈腐的那部分，我想象有一阵清风吹拂过浑浊的水面，从而超越了自己原有的观念。

第 348 天 预警

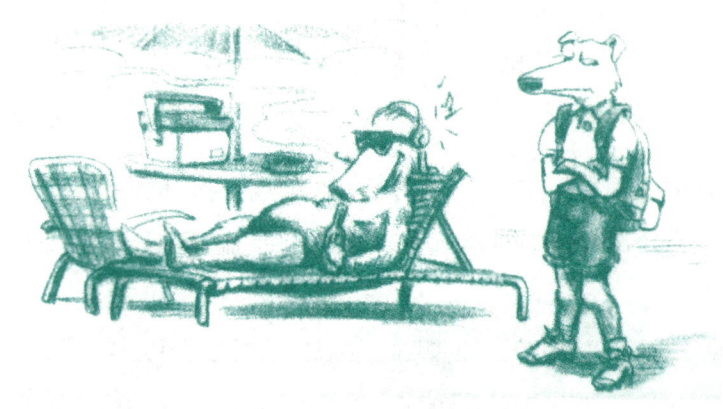

在考虑伴侣问题时，我们必须慎重地向某个对自我完善问题毫无意识的人做出承诺，但更重要的是，我们必须寻找某个愿意成长并改变的人。由于伊玛戈的缘故，我们也许对自己会受到何人吸引并没有太大的选择权，但是，却可以选择只跟某个想要并且重视理性的伴侣关系的人在一起。我们被浪漫幻想遮住视线的时候，我们很难做出这个决定。

但是，在某个时刻，我们必须评估自己未来的伴侣能够做到理性的欲望及能力。我们评估的人不一定要跟自己有同样的动力，或者能流畅地表达自我成长，而只需愿意并且能够做到类似程度的改变。在成功的恋情中，通常是一个人暂时比另一个付出更多的努力，但另一个人必须逐渐赶上来。我们必须记住这一条人性定律："正如我们的个性防卫机制必须改变，以便治愈伴侣的创伤一样，他们的个性防卫机制也一定要改变，这样，才能治愈我们的创伤。"

思考过去的浪漫爱情。对每一段恋情，问自己以下问题："跟我相比，在多大程度上，我的伴侣愿意并且能够改变以及成长？"将你的答案记下。

★今天，进入内心深处，我认识到伴侣们所创造出的美丽的对称性，他们甘愿自觉地意识到治愈自己和对方的创伤。

第349天 伟大的设计

> 如果我们的人生目标是过一种悲天悯人及无条件地去爱的生活,那么,世界真的会变成一座花园,在那里,有各种各样的花朵在生长,盛开。
>
> ——伊丽莎白·库伯勒·罗斯

当我们实现了真爱,某个荣耀的事情就会发生,这是比我们治愈个人创伤及治愈伴侣创伤更加重要的事情。通过这些创伤的治愈,整个大自然距离完善自己更近了一步。我们都是生命大挂毯中的一部分。一根自然挂毯丝线引发的事件会影响整体。当我们痛苦时,整个大自然都能感受到我们的创伤;当我们的创伤治愈时,大自然的痛苦也被平息。

今天,由于人类的自私冷漠、考虑不周,以及遭受的苦难,大自然正遭受极度的阵痛。我们曾受到伤害,现在我们又成了大自然的破坏者。我们在污染土地、海洋与空气;我们在大量屠杀动物。幸运的是,我们还有希望,因为我们不仅只是自然挂毯中的一根丝线,我们也位于大自然的顶端。大自然给我们的大脑装备了一个前额叶——与此相伴的是具有自我意识及自知之明的能力——我们因此也具有自我修正的潜力。我们是大自然的一个部分,它通过我们了解自己,也可以修复自己。通过学习建立理性的爱来完善自己及伴侣,我们重新获得完整性,更有能力来帮助大自然治愈创伤了。

今天,至少指出三个具体而且可行的方式,来帮助你周围的自然环境变得更好、更健康。

★我将所有的生命与自然视为紧密交织在一起的整体,这样,当自然挂毯中的一根丝线被扯动,其他丝线都会紧抽在一起。我献上这个祷告:"但愿我这根丝线能促成创伤的快速治愈。"

第 350 天 重新获得自我

在你的体内，有一个你不认识的艺术家……如果你知道，如果你早在盘古开天辟地之前就已经认识它，就赶快说是。

——贾拉尔·阿德丁·鲁米

我们对自己的许多方面并没有意识，直到在一些跟自己亲近的人身上看到同样的方面，才会意识到它们的存在。被我们否认的自我特征就属于这一类：我们拥有一些积极的特质，但并不愿意承认，直到另一个人以某种方式让我们注意到这些特质。

例如，当我们被他人使用语言的方式所吸引时，应当考虑自己一定有类似的语言能力，但是我们并不会承认自己有这个能力。也许另一个人会帮助我们明白，自己确实有这个能力，或者，也许我们从不费心去拓展自己潜在的语言才能，而是将精力专注于自己身份的其他某个方面，因为在我们小的时候，这个方面受到了身边人更多的支持，诸如运动技能、运用工具的娴熟技巧，或者是保持沉默及接受命令的技能，等等。在这种情况下，也许其他人的语言才能的展现，会激励我们开始培养自己的自然的使用语言的方式。不论哪一种情况，我们都在重新拥有被否认的自我，变成更加完整的个人。

想一想你过去及现在的亲密关系，至少指出别人身上三个你特别赞赏的但你却不承认自己也具有的特质。接着，再从这些特质中选出一个，接下来一周，努力地去展现这个特质。

★我开始意识到，有时我通过赞赏别人来放弃自己的某些特质。在这个独处的时刻，我重新拥有自己的一切，并且也允许别人拥有他们的一切。我尊重这个思想："羡慕与赞赏是自我排斥的不同形式。"

第 351 天 分担痛苦

当我们能够敞开心扉接受自己内心的悲伤时，也等于增强了自己同情他人的能力；而当我们能够向别人表达怜悯之情时，也等于增强了管理自己的内心创伤的能力。处理悲伤使我们同宇宙能量更加协调一致。为了处理自己的悲伤，我们必须全面梳理自己的损失。之后，我们必须想出办法来改变这一情况，这样，我们才能更加积极地面对他人。

帮助别人应对悲伤的方法很简单，只需要在别人需要的时候，给予倾听的耳朵，或者可以依靠的肩膀。我们必须警惕试图"修理"创伤的做法，只有他们自己能够做这样的事，但我们可以邀请别人出去吃饭或者看电影，请他们帮忙完成一个他们喜欢的项目，或者引导他们参加一个活动来恢复其活力感，以便尽力分散注意力，不要老是想着悲伤的事情；然而，有的时候，某个人需要的只是一个温暖的拥抱。在寻求克服悲伤的过程中，我们不仅能在解决自己的痛苦的过程中学到一些东西，而且也能在分担别人的痛苦的过程中取得收获。

今天，在你认识的人中指出三个可能需要安慰的悲伤的人。之后，从中选出一个人，再想出一件你可以做的事，在这一周来帮助这个人克服他（她）的悲伤，使其感到自己更有活力。

★进入内心的避难所，我让自己接受内心感受到的过去的损失。因为我认识到，只有当自己充分体验到所有的情绪状态之后，我们才拥有完全的活力。

第352天 现学现用

你将要做的事很重要。你所需要的就是去做。

——茱蒂·葛兰恩

掌握相处技巧的秘诀就是，在每一个可能的情况下运用这些技巧。我们现在已经非常清楚自己的童年创伤及个性防卫机制了。认识到这一点，现在就可以开始努力克服它们，因为跟我们生命中的重要人物的每一次互动都是一次练习的机会。此外，我们多少也了解了一些未来伊玛戈匹配者的创伤及个性防卫机制，因此，当发现任何我们在意的人身上表现出这些创伤及防卫机制时，就可以开始更有效地处理它们。

例如，如果因为害怕自己被抛弃而总是喜欢黏着别人，我们就可以有意识地避免过度占有朋友；或者当某个家人短时间内没有联系我们时，不会过于担忧。此外，既然知道自己很有可能被某个由于害怕被排斥而索然离群的人所吸引，我们就可以跟这种"孤僻的人"练习目的性对话。这样可以训练我们确认他们的观点并对此表达共情的技巧。不论我们选择在哪个方面操练，重要的是，我们必须持之以恒地在我们走向完整的旅程上前进。只有这样，我们才能给田野施好肥，爱才能在那里逐渐茁壮生长。

今天，指出日常生活中的两个你很难与之相处的人。思考每一个人的个性防卫机制。接着，再选择其中一个人，发誓要跟他练习某个你觉得可能有用的特定的相处技巧。

★在我们内心最深处，我秉持这一重要的真理："我可以独自开始治愈创伤之旅，以备迎接自己人生伴侣的到来。"

第 353 天　原谅你自己

> 如果你还没有原谅自己做过的某件事情，那么，你如何能原谅别人？
>
> ——多洛丽斯·休伯特

小时候，我们会很小心地向同龄人隐藏自己任何"怪异"的特质或者行为。由于遵守习俗是最重要的规则，因此，这种掩饰就成为一种机械反射，一种基本的生存原则。例如，一个富有大男子气概的六年级男生不会让任何人发现他还要抱着一个泰迪熊睡觉；一个优秀的九年级女生也会尴尬至极——如果有人偷看了她的日记，并发现她喜欢上九年级的一个"独行侠"。

长大以后，我们很难摆脱这些根深蒂固的保护自己隐私生活的习惯。我们从不会透漏自己喜欢一觉睡到下午，或者跟德国牧羊犬"嗲声嗲气地"说话感觉多么舒适，或者深更半夜跑到当地一家快餐专营店，只为了喝它们出售的橘子奶昔。不知为何，我们不由自主地为这些个人怪癖感到羞愧，只因为它们是如此个人化，似乎没有人会做这些事。但是，构成隐藏的自我的许多特质与行为，其实本质上并没有什么错，而且，如果不跟别人分享它们，那么就无法与别人更加亲密。我们也不会知道别人也有类似的怪癖，并且，这些怪癖并不会让我们犯错、变傻，或者变坏——它们只是使我们更有个性。

今天开始原谅你自己。让某个人知道你隐藏自我的某个特质或者行为。编一个幽默的"忏悔"插入对话中，或者做一个假装严肃的公告来宣布自己的某个秘密特质或者行为，以此来让某人感觉你跟他很亲近。

★进入内心深处，那里生机勃勃、充满勇气。借助原谅自己的力量，我接受自己曾大费周折试图向别人隐藏的怪癖。

第354天 解脱自己

单身时，我们很容易沉溺于以往的关系带给我们的伤害中。一次又一次，我们重温那些撕心裂肺的时刻：当某个同事窃取我们的创意来给老板留下好印象时；当挚爱的约会对象无情地抛弃我们，转而投向他人怀抱时；或者，当一个深受我们信赖的伙伴嘲笑我们要写一本畅销书的雄心壮志时。我们依旧对这些人生事件不肯放手，未必是因为它们如此不公平，而是因为它们太戏剧化。虽然都是负面事件，但它们都是我们情感生活中的强烈体验。现在，在没有类似强度的情感体验的情况下，我们再次回忆起这些过去的伤害，以再次感受旧有的、令人上瘾的肾上腺素的控制。为了解脱自己，并积极热情地看待将来，我们必须挣脱过去的羁绊。

今天，想一想你最近的过去，或者遥远的过去中某个曾令你气愤的人，你至今仍旧对其不能释怀，愤愤不平，想要报仇雪恨。如果这个人不再是你生活中的一部分，那么运用告别方法（第104～108天）来实现最终的解脱。如果这个人依旧在你的生活中，就原谅过去的伤害，如果可能，最好是面对面地原谅。

★我意识到，自己常常回想起过去痛苦的往事，这让我感觉到那些往事很重要，并能够产生一种活力感。今天，在这个安静的时刻，我决定放弃回忆，通过谅解来让自己恢复活力。

第355天 体验

> 终有一天，将会有这样一种亲密：当一个人哭泣，另一个人就会尝到盐的味道。
>
> ——无名氏

真爱给予我们的满足是肤浅的浪漫无法比拟的。浪漫爱情难以抑制地追寻意义——有时这被视为对真正的活力感的渴望——在真爱中，这会被超然的体验取而代之。梦幻的东西让位于更有活力、更有实质内容的现实。如果浪漫爱情充满了希望、誓言，以及彼此忠诚的宣言，那么真爱就是希望变为现实，誓言得到兑现，宣言成为实践。

相比浪漫爱情，这就是真爱的确定性以及改天换地的力量。鲜活的人生取代了想象中的典范、永恒的知识取代了短暂的精神错乱。真爱是建立在永久的个性改变的基石之上的。当风暴来临，它不会随风而逝，也不会像浪漫爱情那样的"沙滩城堡"易于陷入怀疑与恐惧当中。相反，它能给我们带来永恒的确定性和舒适，以及快乐。

今天，想一想你跟某位家人或朋友之间某种一直享有的长期的积极关系。对你而言，是什么原因令这种关系如此特殊的？你是否能在这种关系中发现其他关系中不存在的坚如磐石的基础？

★我将通向真爱的旅程视为一座我必须攀登的高山。尽管道路艰难陡峭，但我意识到，每迈出一步都会更加接近自己心中以及别人心中的圣地。

第 356 天 突破

> 爱的经历并不重要。重要的是，人们能够去爱。也许，正是透过这唯一的一瞥，我们看到永恒。
>
> ——海伦·海丝

表面上，每个人都是彼此不同的个体。就在这个表面之下，我们依旧是独特的自己，有着一个受到我们独特的人生体验影响、滋养以及伤害的心灵，但是，所有人在内心深处共享一个核心，即生命的精华，也有些人称之为人类的精神或者灵魂，还有些人称之为我们内心的上帝。一旦我们突破了包裹在真爱外面的层层自我，它就会从精华之处散发出来。

作为人类个体，我们通过自己独特的个性以及行为过滤出这个真爱，因此，它具有我们独特的色彩。当我们跟另一个人结合为彼此忠诚的伴侣，我们就被爱所包围。它将融合每一个伴侣的色彩，并照亮每一个伴侣的人生，使其如棱镜一般闪耀着不可思议的可能性。学会发掘自己内心最强大的爱的力量，并将其分享给另一个人，我们逐渐就能感受到那种赋予宇宙中所有生命以能量的力量。

今天，至少回忆起你人生中经历过的三个时刻，当时，你感觉对某人产生来自灵魂深处的震撼——一种温暖、快乐及慈悲的感觉。这种感觉与你自己即刻的利益毫无任何关系。也许，你过去看着一个刚出生的婴儿时，或者看着亲爱的祖父或祖母熟睡的面容时，曾有过这种感觉；也许，听闻一位朋友的善行时，或者初次意识到某一位恋人有多么勇敢，或者多么脆弱时，你也产生过这种感觉。

★在这个祈祷的时刻，我深深地呼吸着，将不同部分的自己想象成一幅抽象绘画作品上鲜亮的色彩。我认识到，随着自己一步一步走向理性，这幅绘画作品中的图像将日益清晰。

第 357 天 开拓

为了实现任何一种真正而且持久的好的转变，我们必须清醒地了解自己是谁，表现得如何，以及有什么意图。随着练习新的行为，我们会逐渐意识到自己身上产生的进步。这是一个积极的而且令人精神振作的过程。新的态度与行为将产生新的体验，而这又会产生新的内在形象。这样的循环是无穷无尽的。

虽然，冲破习惯的旧有领域，并开启改变之轮的转动艰巨而令人胆怯，但如果我们要取得任何进步的话，那么这是至关重要的，而且，让车轮脱离原有的车辙远比让它一直转动困难得多。我们必须决定去做开拓先锋。有的时候，这意味着要对抗阻碍我们的各种社会力量，在涉及性别角色以及性别刻板印象时，尤其如此，但是，正如人们所言，如果你不去解决问题，那么这个问题就一直存在。解决方案就是前进。这样，才能抵达目的地——我们内心的自我最渴望到达的地方。

今天，至少指出两种令你害怕的改变方式，即使你知道这些改变对你有好处。接着，再以勇敢的开拓精神，从中选择一种，然后，想出一件具体的事情下一周来做，以开启改变之路。

★ 借助内心的力量，我秉持这一真理："我坚持改变的承诺将会转动车轮，并且使它的动力一直持续。这样，我才能真正完成自己寻求的成长。"

第358天 做记录

> 对待自己都不真诚的人，不可能制作出伟大的产品。
>
> ——詹姆斯·拉塞尔·洛威尔

既然已接近这本书的尾声，是该开始思考写本新书的时候了。这是一本你们自己写的书。坚持每一天或者每一周记日志也许是唯一的最佳方式，来确保自己可以过理智的生活，并对那些长期存在的，或者那些微妙的、难以察觉的模式增强意识。当设立这个重要的目标，以此来寻找并且维持理性、忠贞的恋情后，记录我们每天或者每周的进展就变得格外重要。

日志常常只是用来处理失望、释放懊恼以及发泄怒火。一个伊玛戈日志可以并且应该能够更加鼓舞人心、更有创造性。在这个日志中，我们可以记录什么方法有效果，及其产生效果的原因；我们可以赞扬自己有所收获，还可以鼓励自己"风物长宜放眼量"——拓宽自己关于爱的愿景，并想象出各种方式来武装自己，以及武装未来的伴侣来实现这个愿景。

越是意识到自己身上产生的积极变化，我们就越会有更多的能量走得更远。一本日志就是我们抵达这个意识的护照。它可以捕捉瞬间背后的意义、行动后面的思想，以及肉体背后的精神。

今天，决定你自己如何开始着手坚持不懈地记日志。考虑你多久记录一次、每天记日志的最佳时间、每一条日志写多少字。

★今天，在这个神圣而静谧的时刻，我认识到，即使这本书结束了，练习依旧要继续下去。我坚信这一真理："坚持这项练习，最终会坚持完成发现完整自我的过程。"

第 359 天　无为与有为

我们都在追寻人生的意义，诸如，对自己以及对别人的认识、对希望及恐惧带来的问题的解答、对困惑不解的行为的解释以及经历过的一些貌似随机的神秘事件发生的原因，等等。但是，对意义的搜寻可能会变得不可控制，从而阻碍我们更自由、更自然地体验人生。如果我们一直执着于这个目标，那么就会忘记欣赏沿途的美景，而且，实际上，大多数重要的工作以及我们追寻的意义正是每一天在旅途上形成的！为了防止被某种强制性的态度掌控，我们必须发掘内心神圣的平和精神，这样，才能单纯地享受周围的世界。我们应该暂时关闭大脑，让各种感觉随意漫游，沉醉于当下人生的美妙时刻，不要总是想着人生的种种不解之谜，也无须为分析人生而烦忧。我们必须停止忙碌，让自己清静无为。

宣告今天将只是你清静无为的一天，不要去忙碌地做事。好好利用每个机会来享受各种感觉，诸如，视觉、听觉、味觉、触觉、嗅觉以及感觉，不要被迫去思考。

★今天，进入一个宁静的地方，将自己从强制性活动中解脱出来。发誓将这种内心的宁静带到今天，并品味当下的每一刻，更加深刻地意识到我是如何运用思考及分析将自己与体验分隔开的。

第 360 天 变得清醒

为了成长及治愈创伤，我们需要一个伊玛戈伴侣。无论你喜欢与否，我们的自我完善问题需要通过跟别人相处来解决，这似乎是自相矛盾的。学会更理性地、更有效地与伴侣生活，是一个动态的过程，通过这个过程，我们可以实现自己的完整性。

由于已经知道伊玛戈是什么样的，因此我们就已知道必须跟哪种人一起完成自己必须面临及处理的事情。我们认识到在我们追寻伴侣的过程中会发生什么事。虽然"完美伴侣"答应使我们免受痛苦，但是，还是不能通过选择"完美伴侣"来逃避重新面对童年创伤的现实。当遇见自己的伊玛戈匹配者时，我们已经为将会发生的事情做好了准备。

伊玛戈匹配者既能深深地伤害我们，也能治愈我们的创伤。如果希望在我们的伴侣关系中治愈创伤，而不是进一步受到伤害，就必须心甘情愿地去审视我们的伊玛戈问题，无论这有多么困难。除非对自己的伊玛戈了如指掌，并认可我们面临的旅程，再接着与伴侣有意识地、尽心尽力地努力解决这些问题，否则，我们会一直在人生中梦游，注定要一次又一次犯同样的错误。

今天，让自己再熟悉一下你在第 50 天绘制的伊玛戈画像。

★ 求助内心的"上帝"，我让自己接受全意识。我的目标是变得完全清醒。

第 361 天 安然无恙

什么都不要怕，因为每一次重新开始的努力都使以前所有的失败成为借鉴，所有的罪过成为体验。

——凯瑟琳·廷利

在整个自然界中，安全感是实现最大的身心健康的必要先决条件。要在人类关系中创造出安全感需要两种不同的活动。首先，我们必须放弃自己的各种恐惧，诸如害怕做自己、害怕出错，或者害怕犯傻、害怕没有魅力、害怕改变、害怕失去另一个人。也许最难放弃的恐惧就是，我们害怕另一个人会伤害自己。我们必须学会同伴侣在一起时放松自己，这意味着培养爱、信任，以及忠诚。

我们必须停止让伴侣害怕我们。相反，我们应为伴侣以及我们信任的朋友创造一个热情且安全的康复环境。为了实现这个目标，我们必须调整自己的个性防卫机制，使其不再指向我们的伴侣。我们不要再批评伴侣，或者对其进行其他形式的辱骂，而是努力保障其情感及精神上的幸福。这样，自己的生命力就转变成为无条件的爱——这是对另一个人的幸福的关心，这使我们摆脱了狭隘、可怕、摇摇欲坠的自我世界，从而走进更加宏伟、更加坚实的世界。这是一个万物和谐相连的世界。

至少专注于过去的两段浪漫恋情中，问自己以下问题："在哪些方面，我害怕自己的伴侣？在哪些方面，他（她）害怕我？"

★借助内心的智慧，我承认这一真理："我有权选择在一个充满爱的地方，或是在一个可怕的地方度过我的人生。我选择充满爱的地方。"

第 362 天 自我更新

不愿用新药的人，就得预备着害新病；因为，时间乃是最大的革新家。

——弗朗西斯·培根

新的一天给我们重新开始的机会。一个试验更易于接受的态度或更有用的行为的机会。就恋爱来说，更是如此。跟某个人的每一次邂逅（即使这是我们认识数年的人）都可以转变成一次使双方恢复活力的体验。

不必让过去的错误始终萦绕在心头，也不要让旧惯例使我们及他人都觉得无聊。正如同身体会新陈代谢一样，每一天的我们都不再是肉体上相同的一个人。我们的大脑也在不断产生新的思想、新的行为以取代陈腐的思想和行为。这样，我们才不会在精神上及情感上腐败。只有当我们一直专注于将来怎样做，自我更新才会发生。如果我们过于沉浸在过去的创伤中，从来没有走出这些创伤，就绝不会前进。我们也绝不会发现新的一天的兴奋之处。

你发誓明天将为自己的某个家人做一件有创意的事情：试验一种新的态度、一种新的行为，或者一个新的计划。

★在这个虔诚而静谧的时刻，我放弃了可能依然怀有的对过去错误的任何评判。这个至理名言是我的指导原则："我可以专注于将来，因为这样有希望实现新的成长。"

第 363 天　邀请新的练习对象

在走向自我发展的旅途上，我们必须睁大眼睛寻找机会，让别人也参与这个过程：分享我们的思想，激发我们的镜像反射能力、确认别人权利的能力，以及表达共情，听我们坦白自己的恐惧及缺点，以及帮助我们在某一刻意识到它们的存在。这样做的指导思想就是继续练习我们的新态度、新技巧及新行为，并且训练量要日渐增大，且训练环境也越来越有"风险"。起初，可以在几个支持我们的朋友身上试验，或者在一个治疗小组内试验。我们变得更加自信，可以到自己觉得风险更大的环境中试验。例如，跟工友，接着再跟约会对象——但他（她）不是"命中注定的那个真命天子"，也许只是我们正在进行的功利性约会对象，但我们已经向他们介绍了本书中的一些理念。

越是能够邀请别人加入各种层次的练习中，体验就会越丰富，我们成长得就越快。在低风险或者中等风险的环境中，我们对新行为容易感到舒适自如，于是，当真爱映入眼帘的时候，就越能够成为更好、更真实的自我。

今天，发誓要在接下来的三天里，每天至少利用两个机会练习一种新态度、一种新技巧或一种新行为。

★深深地呼吸并彻底放松下来，我认识到，自己做的练习已经使我产生了一种更强烈的安全感。在这个更加安全的地方，我承认，我需要将自己的新技巧带给那些我信任的人。

第 364 天 前进的旅程

在我们小的时候，我们常常想，等长大了，我们就不会如此脆弱了，但是，成长就是要接受我们的弱点……活着就意味着脆弱。

——玛德琳·恩格尔

一段理性的恋情是一个不断前进的旅程，而不是一个目的地。每个伴侣都在不断努力重新获得曾失去的力量及能力。情侣双方都注重发展自己的异性自我，从而可以享有更充实的人生。随着作为个人以及夫妻在成长，他们开始将自己的意识转向周围的世界。这样，所有使他们自己能够实现个人完整的功课也能够帮助这个世界实现完整和疗愈。

不幸的是，许多夫妻很难真正相信"直到死亡将我们彼此分离"这句话的含义。他们希望自己的婚姻能够天长地久，但是也知道，如果遇上麻烦，那么总是可以离婚的。未来的婚姻伴侣必需更加严肃地对待这个誓言，不是为了道德的缘故，而是为了他们自己的情感健康、思想健康及精神健康。人们无法通过离婚发现自我，只能通过在一个稳固而忠诚的恋情中变得更加理性来发现自我。有意识的关系之旅是揭示和恢复我们最初完整性的最有效的方式。

今天，想象你在撰写自己的婚姻誓言。这个誓言必须以"直到死亡将我们彼此分离"为结束句。你想给对方许下什么诺言？你想给你们夫妇俩设立什么目标？

★接受了更加广阔的视角后，我相信，我是一个有内在目标的人，这个智慧不是我个人人生体验的结果，而是一个注入我基因中的结果。我所需要做到的只是努力配合正在发生的事情。

第 365 天 毕业典礼

祝贺大家！你们已经结束了长达一年的伊玛戈疗程，现在已经毕业了，从此进入一种更佳的人生状态。你们已经辨认出了自己的童年创伤、自己的伊玛戈画像，因此能更好地理解自己会受哪一种类型的人吸引，以及你跟这个人很有可能遇到的相处问题。你已经很了解一段忠诚而稳固的恋情的价值，这种恋情会促使夫妻致力于治愈彼此的创伤，并且帮助彼此实现自我，而且，你们已经培养了许多技巧用来帮助打造这种恋情。回顾过去的一年，为你们取得如此巨大的成就庆贺！只要继续在日常生活中运用伊玛戈疗法，你们就可以展望更加光明的未来。这个冒险从明天开始。

今天，再通过大声朗读来重申你自己所做的《爱的愿景》（第 342 天）。

★ 今天，在祈祷中，我接受这个挑战：获得自己想要的爱人，并与之相爱一生。这取决于我是否能够给予将来伴侣其所需要的爱。